Computer Architecture

개념과 원리 중심의

컴퓨터 구조

Concepts and Principles

최종필 / 최진구 지음

머리말

컴퓨터 분야는 전통적인 공학 분야에 비하면 일천한 역사를 갖고 있지만 빠른 기술 발전의 덕분으로 다른 어느 분야에서도 이루지 못했던 급격한 발전을 이룩한 것이 사실이다. 많은 기술 발전 내용을 올바로 후학들에게 전달하고 새로운 기술을 창조할 수 있도록 하기 위해서는 신구 기술의 적절한 조화와 균형이 필수적이다. 하루가 다르게 발전하는 컴퓨터 구조 기술을 가르치기 위한 다양한 접근 방법이 제시되고 있다. 컴퓨터 구조를 다루는 책도 이론적인 면을 강조하거나, 구현 기술적인 면에 치중하거나, 설계에 비중을 두는 책 등 다양하다. 그러나 처음 컴퓨터의 동작 원리를 처음 접하는 사람에게는 한쪽에 치우치기보다는 균형을 잡으면서도 필요한 핵심적인 내용을 빼놓지 않는 것이 중요하다. 기교만을 습득하고 원리나 개념을 놓친다면 앞으로 등장할 새로운 기술을 습득하는 데 어려움을 겪을 수도 있기 때문이다. 저자도 수년간 대학에서 강의를 하면서 개념적인 접근, 설계를 위주로 한 접근 등을 시도했다. 그 결과로 컴퓨터 관련 학과에서 꼭 필요하고 핵심적인 내용을 간추리고, 원리와 개념을 다지면서도 기술적인 면을 적절하게 균형을 맞춰 소개하는 것이 필요하다는 것을 알게 됐다. 이 책은 이런 면에서 적절하기 때문에 이론이나 구현 기술적인 심화 등 차후에 더 깊이 있는 공부를 하는 데 단단한 기초가 되어 줄 것이다.

이 책의 특징은 다음과 같다.

1. 간단한 프로세서의 구조를 통해서 컴퓨터의 동작 원리를 이해할 수 있게 했다. 처음 접하거나 원리를 이해하는 데는 아주 간단한 가상적인 모델이 가장 좋은 도구다.
2. 현대의 첨단 컴퓨터 기술을 이해하기 위해서 실제로 많이 사용되는 대표적인 프로세서인 인텔 x86 프로세서와 ARM 프로세서의 경우를 소개해, 위의 간단한 가상적인 모델이 실제로 어떻게 확장되어 사용되고 있는지 알 수 있게 했다.
3. 컴퓨터 제작자를 위한 논리회로나 설계적인 관점보다는 컴퓨터 시스템을 프로그래머의 관점에서 볼 수 있게 서술했다.

4. 시스템 프로그래밍 과목을 접하지 않았던 사람도 1, 2, 3장의 내용을 통해서 어셈블리어와 기계의 관계에 대해서 충분히 이해할 수 있을 것이다.
5. 고성능 컴퓨터의 핵심이 되는 메모리 계층 구조, 파이프라인, 멀티프로세서를 다뤘다.
6. 컴퓨터 구조에서 큰 논쟁거리였던 RISC와 CISC의 쟁점과 사상, 그리고 컴퓨터 성능 향상에 끼친 영향을 알아본다.

기존의 컴퓨터 구조 교재보다 완성도 높은 책을 만들고자 했던 처음 생각과는 달리 집필을 마감한 후에 돌이켜보자니 부족한 부분이 있는 듯해 아쉬움이 남는다. 그렇지만 개념과 원리 중심으로 컴퓨터 구조를 이해시킬 수 있는 한 학기 강의용 교재로는 적당하리라고 본다. 미진한 부분은 계속해서 보완해 더욱 완벽한 책을 만들 것을 약속하며, 이 책이 나오기까지 수고해 주신 ITC 최규학 사장님과 직원들, 강의를 통해서 이 책의 기초가 될 수 있도록 도움을 준 학생들에게 감사하다는 말을 전한다.

최종필, 최진구

차 례

제11장 멀티프로세서 ········· 277

1장 _ 컴퓨터 시스템 개요

1.1 컴퓨터 아키텍처란 무엇인가?

1.2 컴퓨터 아키텍처의 발전

1.3 성능 측정

컴퓨터 시스템을 이해하려면 컴퓨터를 구성하고 있는 하드웨어 및 소프트웨어의 구성 요소에 대해서 알아야 한다. 이 장에서는 기본적인 컴퓨터 아키텍처의 의미를 설명하고, 컴퓨터 아키텍처 기술의 발전과정을 기술한다.

1.1 컴퓨터 아키텍처란 무엇인가?

(1) 컴퓨터 아키텍처

컴퓨터 시스템은 컴퓨터를 중심으로 컴퓨터의 전체 기능을 실현하기 위해 여러 개의 처리 기능을 조합하여 구성한다. 컴퓨터 아키텍처는 컴퓨터의 설계사상 및 논리적 구조, 명령어 집합과 형식, 운영체제, 사용 언어, 데이터 형식, 레지스터, 주소지정 방식 등의 기본 요소, 즉 하드웨어와 소프트웨어를 포함한 컴퓨터 시스템 전체의 설계 방식을 말한다. 컴퓨터 아키텍처는 프로그램의 논리적 수행에 직접적으로 영향을 받으며, 컴퓨터를 구성하는 하드웨어 장치와 명령어 집합이 결합된 것이라고도 한다.

컴퓨터 시스템은 크게 하드웨어와 소프트웨어에 의해 실행되고 있는 기능으로 구성되어 있다. 컴퓨터 하드웨어는 특정한 외형을 가진 물리적 자원으로 전자부품, 전자회로로 구성되어 있으며, 중앙처리장치(CPU: Central Processing Unit), 기억장치(메모리, 하드디스크, 디스크), 입출력장치(마우스, 프린터) 등을 나타낸다.

컴퓨터 소프트웨어는 특정한 외형이 없는 정보에 해당되는 명령과 데이터를 나타내며, 컴퓨터의 작동과 프로그램에 의해 수행되고 있는 기능을 말한다. 소프트웨어는 컴퓨터 하드웨어로 하여금 명령을 효과적으로 수행할 수 있도록 프로그래밍 언어를 사용하여 작성해 놓은 프로그램이다.

컴퓨터에서의 소프트웨어는 사용 목적에 따라서 시스템 소프트웨어와 응용 소프트웨어로 구분된다. 시스템 소프트웨어는 컴퓨터의 하드웨어와 소프트웨어의 기능이 효율적으로 실행되도록, 이들을 관리하고 제어하는 프로그램의 총칭이다. 시스템 소프트웨어는 운영체제, 언어 번역기, 장치 드라이버, 펌웨어(firmware) 등으로 구성된다.

운영체제는 컴퓨터 시스템 자원을 좀 더 효율적으로 관리하고 운영함으로써 사용자에게 편의성을 제공하고자 하는 시스템 소프트웨어다. 이는 사용자 응용 프로그램과 컴퓨터 하드웨어 중간에 위치하며, 응용 프로그램이 하드웨어를 효율적으로 사용할 수 있게 해 주고 전체적인 컴퓨터 시스템의 효율을 극대화하기 위해 하드웨어 및 소프트웨어 자원(resource)을 제어, 관리하는 프로그램이라고 할 수 있다. 운영체제는 컴퓨터를 사용하는 데 필요한 가장 기본적인 소프트웨어로서, 사용자 프로그램이 하드웨어 및 기타 소프트웨어를 이용하는 데 필요한 서비스를 제공해 준다. 일반적으로 운영체제가 하는 일은 크게 프로세스 관리, 메모리 관리, 주변장치 관리, 파일 관리 등으로 크게 나눌 수 있다.

펌웨어는 소프트웨어 계층에서 가장 낮은 것으로서, 컴퓨터가 전원을 켜는 순간 시스템을 적정한 상태로 초기화하고 컴퓨터가 정상적으로 동작하도록 설정하는 소프트웨어를 말한다. 대표적인 펌웨어는 PC에서의 바이오스(BIOS: Basic Input/Output System)다. PC에서의 바이오스는 소프트웨어와 하드웨어의 중간 매개체 역할을 하는 것으로 운영체제가 동작하기 전에, 전원이 켜지면 POST(Power On Self Test), 하드웨어의 초기화, 디스크 부트를 수행한다. 부트로더는 프로세서가 실행하는 특별한 프로그램으로 운영체제를 프로세서가 실행할 수 있도록 보조 메모리에서 읽어서 메인 메모리로 읽어들이는 것으로서 일반적으로 펌웨어 안에 들어 있다.

응용 소프트웨어는 사용자가 원하는 기능을 수행하기 위해 실행하는 프로그램으로 게임, 업무용 프로그램 등이다. 응용 소프트웨어는 프로세서가 인식해 실행할 수 있는 기계 명령어 프로그램으로 일반적으로 C 언어와 같은 고급 언어로 작성되어 기계 명령어로 번역된다.

일반적으로 컴퓨터의 기본적인 성능은 하드웨어에 의해 결정되며, 소프트웨어는 하드웨어가 제공하는 기능을 이용해 최적의 결과를 얻을 수 있게 도와주는 것일 뿐이다.

(2) 컴퓨터 기본 구조

컴퓨터 아키텍처는 개념적으로 네 가지 관점으로 구분할 수가 있는데, 바로 구성(structure), 조직(organization), 구현(implementation), 성능(performance)이다. 컴퓨터를 구성하고 있는 다양한 하드웨어 요소들 간의 상호연결 방법을 컴퓨터의 구성이라 정의하고, 조직은 컴퓨터 내의 다양한 구성요소의 관리며 컴퓨터 구조의 특성을 구현하는 방법이다. 구현은 상세한 하드웨어 설계며, 성능은 컴퓨터 시스템의 동작을 정의하고 있다. 컴퓨터는 소프트웨어인 프로그램 코드를 정해진 순서대로 실행하며, 컴퓨터를 구성하는 기본적인 하드웨어는 중앙처리장치(CPU), 기억장치, 입출력장치다.

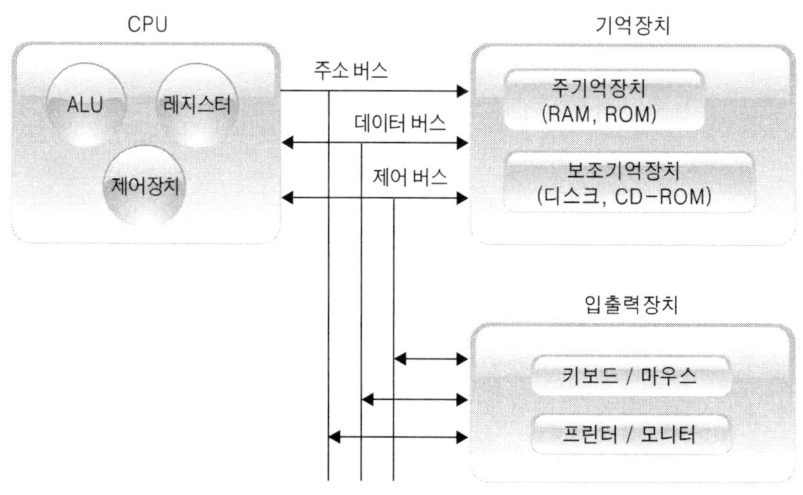

【그림 1-1】 컴퓨터 기본 구조

프로그램 코드를 실행하려면 필요한 명령어와 데이터를 메모리에서 읽어서, 그 명령어를 해석하고 실행하며, 실행한 데이터를 저장해야 한다. 따라서 컴퓨터의 기본 동작은 다음과 같이 요약될 수 있다.

- 입력장치로부터 명령어나 데이터 정보를 받아 주기억장치로 전달하고 저장한다.
- 주기억장치에 저장된 명령어나 데이터는 중앙처리장치의 제어에 따라 인출된다.
- 인출된 프로그램이나 데이터는 중앙처리장치에서 해독되고 실행된다.
- 실행된 데이터나 정보는 주기억장치 또는 보조기억장치에 저장되고 출력장치를 통해 출력된다.

이런 기능의 수행에서 가장 중요한 역할을 하는 것이 중앙처리장치(CPU)다. 이 장치는 프로세서(processor)라고도 한다. 프로세서는 컴퓨터에서 가장 중요한 부분이며, 컴퓨터의 성능과 특징이 프로세서에 따라서 좌우된다. 프로세서는 일련의 명령어가 지시하는 방식으로 데이터를 처리할 수 있는 장치다. 프로세서가 명령어나 프로그램을 실행하기 위해서는 모든 프로세서가 각기 정의된 기계어 프로그램을 정의하고, 정의된 프로그램의 해석을 통해서 그 내용에 따라 실행할 수 있게 만들어져 있다. 프로그램은 일련의 명령어로 구성되어 있고 명령어는 기계어의 형태를 갖는다. 프로세서 종류에 따라 명령어는 다르며, 그 기능도 달라진다.

그림 1-1은 일반적인 컴퓨터에서 흔히 볼 수 있는 중요한 장치들을 보여주고 있다. 프로세서 내부에는 제어장치, 레지스터, ALU(산술논리 연산장치)가 있으며, 레지스터는 프로세서 내부에 있는 기억장치로서 소량의 데이터를 일시적으로 저장할 수 있다. ALU는 연산에 필요한 데이터를 받아서 제어장치가 지시하는 순서에 따라 산술 연산과 논리 연산을 수행하는 장치며, 데이터를 처리하는 장치다. ALU의 내부는 가산기, 누산기, 데이터 레지스터, 상태 레지스터 등으로 구성된다. 이 외에도 프로세서 내의 연산, 입출력, 기억 등의 수행을 제어하고 관리하는 제어장치가 있다.

컴퓨터가 어떤 일을 처리하려면 우선 처리할 프로그램과 데이터를 주기억장치에 저장한 후에 프로그램의 명령어들을 하나하나 해독해 처리함으로써 실행 결과를 얻는다. 따라서 기억장치는 프로그램 실행에 필요한 모든 정보(프로그램과 데이터)를 저장하는 메모리다. 주기억장치는 컴퓨터 작업 수행에 필요한 운영체제, 처리할 프로그램과 데이터, 연산 결과 등을 기억시키는 장치로 매우 중요한 역할을 한다. 최근의 컴퓨터 구조에서는 기억장치의 접근 시간과 사용 용도에 따라 캐시 메모리, 주기억장치, 보조기억장치 등의 계층적 구조로 구분된다.

기억장치는 주기억장치와 보조기억장치로 구성되는데, 주기억장치는 실행 중인 프로그램과 데이터가 저장되는 곳이고 보조기억장치는 당장의 실행과는 무관한 프로그램과 데이터가 저장되는 곳이다. 보조기억장치로는 하드디스크, 디스크, 자기디스크 등이 있으며 일반적으로 전원이 공급되지 않아도 기억되어 있던 데이터가 지워지지 않는다. 주기억장치는 DRAM을 사용하며 DRAM은 프로세서보다 처리 속도가 매우 느리기 때문에, 주기억장치의 데이터에 접근하는 동안 프로세서는 대기 상태에 놓이게 된다. 이는 프로세서의 효율이 떨어지는 결과를 초래한다. 따라서 주기억장치보다 용량은 작지만 처리 속도가 빠른 캐시 메모리를 프로세서와 주기억장치 사이에 둬서 주기억장치의 프로그램이나 데이터를 캐시 메모리에 기억시킨다. 필요한 데이터가 캐시에 있는 경우 프로세서는 캐시 메모리에만 접근하므로 성능이 향상된다.

입출력장치는 주변장치로 데이터를 읽어들일 수 있는 입력장치와 실행된 결과를 외부로 보내는 기능을 가진 출력장치로 구성된다. 입력장치는 프로그램이나 데이터를 컴퓨터 내부로 읽어들이며, 입력장치와 프로세서 사이의 인터페이스 장치를 통해 데이터를 주고받는다. 입력장치로는 키보드, 마우스, 스캐너 등이 있다. 출력장치는 컴퓨터 내부의 연산, 제어, 기억장치로부터의 데이터 및 정보를 출력 매체를 통해 컴퓨터 외부로 음성, 문자, 기호, 그림 등으로 나타내 주는 장치다. 출력장치로는 모니터, 프린터, 스피커 등이 있다.

1.2 컴퓨터 아키텍처의 발전

(1) 컴퓨터의 발전

전자식 전자부품만을 사용해 만든 세계 최초의 컴퓨터인 애니악(ENIAC: Electronic Numerical Integrator and Calculator)은 1944년 미국의 펜실베이니아대학교의 에커트(J. Presper Eckert) 박사와 모클리(John W. Mauchly) 박사에 의해 완성됐다. 애니악은 주요 부품으로 18,900여 개의 진공관과 1,500개의 릴레이 및 그 밖의 많은 부품이 쓰였으며, 소비전력 150 kW에 길이 30 m, 무게는 30톤으로 설치면적은 약 140 m^2나 되는 초대형 전자계산기였다. 애니악은 기억용량이 100여 개의 문자로 한정됐으나 가감산은 매초 5,000번, 승산은 360번, 제산은 170번 정도를 할 수 있었다. 이는 탁상계산기로 20분 정도 걸리는 것을 10초 이내에 처리할 수 있는 능력에 해당했다. 그러나 프로그램은 6,000개에 달하는 스위치와 배선반에 의존했으므로 비능률적이었다. 즉, 외부 프로그램 방식을 사용해 사람이 일일이 조작해 줘야 하는 단점이 있었다.

이러한 단점을 해결하는 방안으로 제안된 것이 프로그램을 미리 기억시키는 방법이다. 폰 노이만(John von Neumann, 1905~1957) 박사가 1945년에 발표한 논문에서 "전자계산기에 기억장치를 갖추고, 연산의 순서를 부호화해 기억시킨 후, 기억된 내용을 순차적으로 꺼내어 명령을 해독해서 연산을 실행한다."라는 이른바 프로그램 내장(stored program) 개념을 주장했다. 폰 노이만의 논문은 그 후 오늘날까지 디지털 컴퓨터의 발전에 큰 영향을 끼친 전자계산기의 기본사상이 됐다.

1946년 이후에 애니악의 기능을 향상시킨 EDVAC(Electronic Discrete Variable Automatic Computer)이 나왔다. 이 컴퓨터에서는 2진법을 적용해 프로그램을 내부에 저장하는 방식을 처음으로 시도했다. 캠브리지대학교에서도 EDVAC과 유사한 프로젝트가 계속 진행됐으며, 이 프로젝트에서는 프로그램 저장 방식의 EDSAC(Delay Storage Automatic Calculator) 컴퓨터가 개발됐다. 이후 하버드대학교에서 MARK-I, II, III, IV가 연속적으로 개발됐다. MARK-III부터는 데이터와 명령어를 위한 메모리가 분리 되는 하버드(Harvard) 구조가 도입됐으며, 이 하버드 구조는 오늘날에도 신호 처리 분야 등에서 널리 사용되고 있다.

최초의 상업용 컴퓨터는 1951년의 UNIVAC(Universal Automatic Computer) 컴퓨터가 시작이다. 이후 IBM사가 1952년에 IBM701을 처음으로 발표해 1950년대의 컴퓨터 산업은 천천히 발전하기 시작했다. 이후 트랜지스터를 사용하면서 컴퓨터는 더욱 고속화되면서 1964년에 IBM사가 IBM360 시리즈를 발표했고, DEC사에서 처음으로 미니컴퓨터 POP-8을 발표했다.

이후 1971년에는 인텔사가 4004 마이크로프로세서를 처음으로 발표했으며, 이는 컴퓨터의 가격을 낮추는 역할을 했다. 1977년에 개인용 컴퓨터인 PC(Personal Computer)가 애플사에서 발표됐다. 이후 많은 컴퓨터 회사에서 개인용 컴퓨터를 개발했다. 이와 더불어 1961년에 CDC사에 의해 CDC6600이라는 슈퍼컴퓨터가 개발됐으며, 크레이(Cray)사는 1976년에 Cray-1이라는 슈퍼컴퓨터를 발표했다. 1980년대와 1990년대에는 많은 상업용 멀티프로세서와 병렬처리 컴퓨터들이 도입됐다.

(2) 컴퓨터 발전의 세대별 분류

컴퓨터가 본격적으로 등장한 후 현재까지 컴퓨터의 성능, 메모리, 프로세서 등은 급격하게 발전했다. 이러한 발전과정은 매우 광범위하고 다양해서 제조 기술과 컴퓨터 구조의 급진적 변화에 따라서 여러 세대로 구분할 수 있다. 진공관 시대부터 시작해 트랜지스터, 집적회로(IC), 고밀도 집적회로(LSI), 초고밀도 집적회로(VLSI), ULSI로 구분되며 일반적인 세대별 분류는 다음과 같다.

● **1세대 컴퓨터(1951~1958)** ●

컴퓨터 데이터를 저장하고 처리하는 회로소자로 진공관을 사용했다. 주기억장치로 자기드럼을 사용했고, 입출력 보조기억장치로 천공카드 또는 종이 테이프를 사용했다. 프로그램은 기계어로 작성했다. 진공관을 사용하기 때문에 전력소모가 많고, 열 발생이 많으며, 따라서 신뢰성이 낮았다. 냉각장치가 필요했고 그 부피가 매우 커서 넓은 공간이 필요하다는 등의 단점이 많았다. 이 시기에는 소프트웨어보다는 하드웨어 개발에 중점을 뒀으며, 컴퓨터의 상품화와 실용화가 시작된 시기였다. 이 세대의 대표적인 기종으로는 UNIVAC I, 80, 90과 IBM 650 및 700 계열, Burroughs 220 등을 들 수 있고, 이 컴퓨터들은 주로 공학적 계산과 자료 분류 등에 사용됐다.

● **2세대 컴퓨터(1958~1963)** ●

1948년 트랜지스터가 발명되어 회로소자가 진공관에서 트랜지스터로 변경됐다. 기억장치를 이루는 회로소자로는 트랜지스터와 다이오드 등 반도체 소자가 사용됐으며, 주기억장치로는 접근 시간이 짧은 자기 코어가 이용됐다. 보조기억장치로는 용량이 큰 자기 드럼, 자기 디스크가 사용했다. 입출력장치로는 자기 테이프와 종이 카드가 사용됐으며 운영체제(OS: Operating System) 개념을 도입하고, 다중 프로그램 방식을 실현했으며, 적용 분야도 정형적인 관리 업무와 과학기술계산 등 다양한 목적에 사용됐다. 또한 프로그램 언어인 FORTRAN, COBOL, ALGOL 등이 개발되어 컴퓨터의 이용이 좀 더 쉬워진 것도 이 시기였다. 이 세대의 대표적인 기종으로는 IBM 1401, 7070, UNIVAC III, 1107, USSC 80, CDC 3000 계열 등을 들 수 있다.

● **3세대 컴퓨터(1964~1970)** ●

단일 트랜지스터를 사용하다가 수십 개에서 수백 개의 트랜지스터, 다이오드 등이 1개의 반도체 칩으로 집적된 집적회로(IC: Integrated Circuit)가 개발됐다. 컴퓨터에서도 SSI, MSI 칩을 사용해 구성했으며 프로세서 집적회로를 사용했고 주기억장치도 반도체 메모리를 사용했다. 중앙처리장치는 소형화되는 반면 기억용량은 커졌으며, 다양한 소프트웨어를 구사할 수 있는 기능이 크게 개선됐고 관리 프로그램과 처리 프로그램 및 사용자 프로그램 등의 소프트웨어 체계가 확립됐다. 이 시기에 운영체제, 다중 프로그램, 실시간 처리 시스템, 시분할 시스템 등이 실현됐다. 이러한 기능으로 사용자와 컴퓨터 간의 대화가 가능해져, 모니터 등 단말기에 의한 자료 처리가 보편화됐다. 이 세대의 대표적인 기종으로는 IBM 360 계열, UNIVAC 1108, CDC6000 계열, Burroughs 5500, Honeywell 200 계열, NCR Centry, G.E. 400, 600, PDP, NOVA, HP 등이 있다.

● 4세대 컴퓨터(1971~1995) ●

대규모 집적회로(LSI: Large Scale Integration)를 소자로 사용한 세대를 말하며, 매우 작은 면적의 칩에 수십만 개의 논리소자를 집적했다. 따라서 기억용량의 증가와 프로세서 처리 속도 면에서 크게 발전했다. 특수 목적의 프로그램이 많이 개발됐으며 분산 처리, 네트워크, 모듈러 설계 기법이 도입됐다. 대표적인 시스템은 VAX 9000, Cray X-MP, IBM/309이다. 특히 개인용 컴퓨터(PC) 부문에서 1977년 애플사가 개발한 최초의 마이크로컴퓨터가 발표됐으며, IBM사도 1981년 개인용 컴퓨터를 발표했다. IBM은 오픈 아키텍처 정책으로 컴퓨터 설계에 대한 모든 사항을 공개했다. 이로써 IBM PC 호환 기종 업체가 많이 생기게 되었으며, 저가격 고성능의 매력으로 IBM PC가 많이 이용됐다.

● 5세대 컴퓨터(1996~) ●

인공지능(AI), 전문가 시스템(expert system), 패턴 인식 시스템, 의사결정 시스템(DSS), 퍼지 이론(fuzzy theory) 등, 컴퓨터를 이용해 좀 더 복잡한 계산을 수행하고 고도의 시스템 분야에 대한 활용이 활발하게 전개되는 세대다. 주요 회로소자는 초고밀도 집적회로(VLSI)를 사용했다. 프로그래밍 언어는 자바나 C++ 등의 객체 지향 언어를 사용하고 있다.

(3) 아키텍처의 발전

컴퓨터 아키텍처의 발전은 컴퓨터 성능을 증가시키기 위한 끊임없는 노력으로 이뤄지고 있다. 일반적으로 성능의 향상은 한 개의 명령어가 더 많은 일을 수행하거나, 같은 일을 수행하는 데 더 적은 수의 명령어를 사용하는 것으로 가능해진다. 이는 더 적은 메모리 접근을 필요로 하고 궁극적으로는 동작 속도가 향상된다.

● 폰 노이만 구조 ●

폰 노이만이 제안한 컴퓨터의 구조를 폰 노이만 구조라고 하는데, 이 구조는 모든 프로그램과 데이터가 실행되기 전에 반드시 메모리에 저장돼야 하는 프로그램 내장 개념을 갖는다. 폰 노이만 구조에서는 산술논리 연산장치, 명령어 제어장치, 메모리로 구분된다. 명령어와 데이터는 명시적인 구분 없이 메모리 또는 보조기억장치에 저장된다. 프로그램 제어장치는 메모리로부터 명령어를 한 개씩 가져와서 실행하며, 프로그램은 순차적으로 실행된다. 프로그램과 데이터도 순서대로 메모리에 저장되어 있다. 이 개념이 거의 모든 컴퓨터 설계의 근간이 되어 왔다.

● 하버드 구조 ●

프로그램과 데이터가 메모리에 저장되는 방식에서 프로그램과 데이터가 각기 다른 메모리에 저장되는 컴퓨터 구조를 하버드 구조라고 한다. 하버드 구조에서는 프로그램과 데이터를 전송하는 버스가 완전히 분리되어 있어서, 한 사이클에 프로그램과 데이터를 동시에 읽어 올 수 있다는 장점이 있다.

컴퓨터의 성능이 증가함에 따라서 또한 명령어 수가 증가되어 복잡해졌으며, 명령어를 읽어 오는 방식을 지정하는 주소지정 방식도 프로세서에 따라서 다양해졌다.

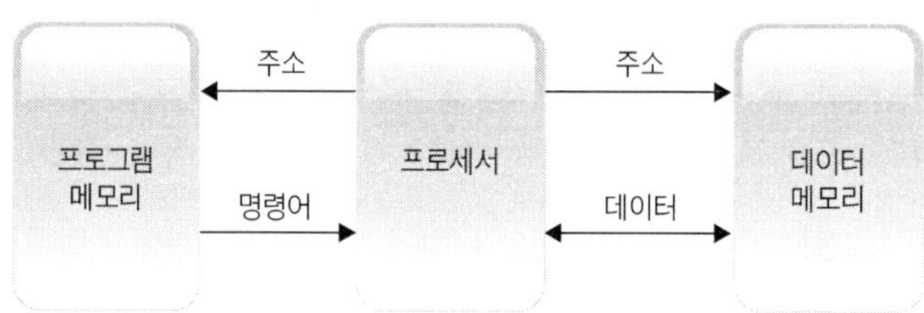

【그림 1-2】 하버드 구조

프로세서 아키텍처는 크게 두 가지로 구분된다. CISC(Complex Instructions Set Computer) 프로세서와 RISC(Reduced Instruction Set Computer) 프로세서다. 전형적인 CISC 프로세서에는 인텔의 x86, 펜티엄 계열, 모토로라의 MC68000 계열 등이 속한다. RISC 아키텍처로는 모토로라/IBM사의 PowerPC, MIPS 아키텍처, Sun SPARC, ATMEL, ARM 등의 프로세서가 있다.

● CISC 프로세서 ●

CISC 프로세서는 단일 처리장치, 외부 메모리, 상대적으로 적은 레지스터, 많은 명령어 수 등을 특징으로 한다. 프로세서의 발전과 더불어 프로세서에서의 클록 속도 향상이 점차 어려워졌다. 또한 CISC 방식의 경우에는 사용할 수 있는 명령어를 많이 내장하고 있지만, 실제 주로 사용되는 명령어는 그중 10% 이하에 불과하다. 이 점을 해결하기 위해 명령어 수와 주소지정 방식을 단순화함으로써 사용빈도가 높은 명령어들만을 내장해 프로세서를 간단하게 구성하게 하는 구조가 등장했는데, 이것이 바로 RISC 프로세서다.

● RISC 프로세서 ●

RISC 프로세서는 여러 가지 특징이 있다. 일반적으로 명령어 수를 줄이는 대신에 프로세서 내부 캐시, 슈퍼스칼라, 명령어 파이프라인, 비순차 명령 실행, 레지스터 개수 증가, 메모리 읽기/쓰기 아키텍처 등 프로세서 기본 기능의 수행 속도를 향상시켰다. 최근의 CISC 프로세서도 RISC 프로세서의 슈퍼스칼라 기능 등을 채택하고 있다. RISC 프로세서는 높은 계산 능력과 낮은 전력 소모로 인해 널리 사용됐으며 특히 임베디드 분야에서 많이 사용되고 있다. 최근에는 인텔 펜티엄과 같은 전통적인 CISC 아키텍처에서도 RISC 특징을 많이 채택하고 있으며 RISC에서도 역시 CISC 기능을 조금씩 추가하고 있어서 RISC와 CISC의 구분이 점점 불분명해지고 있다.

(4) 컴퓨터 아키텍처 기술의 발전

컴퓨터 아키텍처 기술의 발전에 직접적으로 영향을 주고 있는 기술로는 하드웨어 기술과 소프트웨어 기술을 들어서 설명할 수 있다. 하드웨어 기술은 프로세서 기술, 메모리 기술, 반도체 기술 등이며, 소프트웨어 기술로는 운영체제 기술, 응용 프로그램, 프로그래밍 언어 등이 있다.

컴퓨터 산업은 지난 60여 년 동안 급진적으로 변화해 왔다. 특히 컴퓨터를 구성하고 있는 프로세서와 메모리의 발전이 컴퓨터 아키텍처의 발전에 크게 기여했다. 컴퓨터 초기 세대에서는 진공관에서 트랜지스터로의 대체와 반도체 공학 분야의 트랜지스터 집적 기술이 컴퓨터 발전에 많이 기여했다. 최초의 반도체 트랜지스터는 1948년 벨연구소의 존 바딘(John Bardeen), 월터 브래튼(Walter Barttain), 윌리엄 쇼클리(William Shockely)

등에 의해 개발됐다. 이후 1959년 텍사스 인스트루먼츠(Texas Instruments)는 트랜지스터 6개를 결합해 하나의 칩에 모은 집적회로(IC)를 개발했다. 이후 계속 회로의 집적도가 높아져서 IC(Integrated Circuit), SSI, MSI, VLSI, ULSI 등으로 발전했다. 집적도와 제조 기술의 발전으로 메모리 분야에서도 다양한 RAM 형태가 등장했으며 용량, 가격, 성능을 모두 고려한 컴퓨터가 설계됐다.

1969년 인텔사는 1 K비트(128바이트)의 용량을 갖는 메모리의 개발에 성공했고, 하나의 칩에 여러 가지 기능을 집적해 프로그램으로 구현하는 IC의 개발에 착수해서 1971년 최초의 4비트 마이크로프로세서인 4004를 발표했다. 1972년에는 4004의 뒤를 이어 8비트 프로세서인 8008을 발표했으며, 8008보다 처리 속도를 10배 개선하고 메모리가 64 KB인 8080을 발표해 컴퓨터의 가능성을 보여줬다. 1980년대에 애플사의 개인용 PC 시장이 점점 커지자, IBM사도 인텔사의 8088을 채택해 PC를 발표했다. 8088/8086 프로세서는 16비트 프로세서로 메모리를 1 MB까지 주소지정할 수 있었다. 이후 8086을 개량한 80286은 8086과 유사하나 메모리 공간을 16 MB까지 주소지정할 수 있게 했다. 이후 컴퓨터에의 응용은 더 빠른 프로세서 속도, 더 많은 메모리 및 데이터 경로를 요구했다. 이에 인텔사는 최초의 32비트 프로세서인 80386을 발표하게 됐다. 데이터 버스와 메모리 주소가 32비트며, 메모리 공간은 4 GB까지 주소지정할 수 있다. 이후에도 80486, 펜티엄 시리즈 등으로 2년마다 2배 이상의 성능 향상을 보여줬다. 1965년 마이크로칩 속에 내장된 트랜지스터 수가 18개월에서 24개월이 지날 때마다 두 배씩 증가할 것이라고 예언한 무어의 법칙(Moore's law)이 적중했다. 실제로 프로세서는 2년마다 2배 이상의 성능 향상을 이루며 발전해 왔다. 인텔사의 펜티엄 프로세서는 지난 10년간 산술 연산 능력에서는 80배, 멀티미디어 처리 능력에서는 350~450배 향상됐다. 최신 프로세서는 이미 4 GHz 가까이까지 속도가 빨라졌다.

마이크로프로세서의 설계 고도화에 맞춰 제조공정 기술도 향상됐다. 최초의 마이크로프로세서인 4004는 10마이크론 공정 기술로 생산됐으며, 80486은 1.0마이크론에서 0.8, 0.6마이크론 공정 기술로 생산됐다. 펜티엄은 0.35, 0.13마이크론으로 최근에서 60나노, 45나노 공정 기술을 사용하고 있다. 지속적인 공정 기술 개발로 제조공정 기술이 한 단계 발전할 때마다 프로세서는 고속화, 미세화, 저전력소비, 저비용으로 생산됐다. 또한 공정 기술이 발전함으로써 더 많은 트랜지스터를 집적할 수 있으며 고성능 프로세서를 만들 수 있었다.

프로세서 내에 집적한 트랜지스터의 수는 4004에는 2300개의 트랜지스터, 8080에서는

3300개의 트랜지스터, 1989년에 발표된 i486DX에는 120만 개, 2000년의 펜티엄에는 4200만 개의 트랜지스터가 내장됐고 최근 인텔이 발표한 45나노 펜린 칩에는 총 8억 2000만 개의 트랜지스터가 탑재됐다. 이렇게 트랜지스터가 더 많이 집적된다는 것은 처리 능력이 더 커진다는 것을 의미한다. 표 1-1에서는 인텔사의 프로세서 발전을 보여주고 있다.

프로세서는 한 번에 처리하는 능력에서도 8비트에서 16, 32, 64, 128비트로 발전했으며, 2~3년마다 성능이 개선된 새로운 프로세서가 등장하고 있다. 집적도가 높아짐에 따라 프로세서 주변의 메모리 관리장치, 산술 보조 프로세서, 캐시 등이 프로세서 내부에 내장되고 있다. 메모리도 집적도의 증가에 따라서 고속화와 고용량, 저소비전력으로 발전했다. DRAM의 용량은 매년 약 60% 증가했고, 속도는 매년 약 10% 증가했다.

DRAM의 집적도 제조 기술은 급속도로 발전해 1970년대 초반에 4 Kb DRAM, 1970년대 이후 16 Kb DRAM, 1980년에는 64 Kb, 1983년 256 Kb DRAM이 출시됐으며 1986년 1 Mb, 1989년 4 Mb, 1992년 16 Mb, 1996년 64 Mb, 1999년 256 Mb, 2002년 1 Gb 제품이 출시됐다. 현재는 4 Gb DRAM이 개발 중이다.

| 표 1-1 | 인텔 프로세서의 발전

마이크로 프로세서	제작연도	트랜지스터 수(개)	속도	메모리 용량	캐시	제조기술	비고
4004	1971.11	2,300	106 kHz	640 B	없음	10 μ	최초의 프로세서
8008	1972.4	3,500	200 kHz	64 KB	없음	10 μ	터미널
8080	1974.4	6,000	2 MHz	64 KB	없음	6 μ	최초의 가정용 컴퓨터
8086	1976.3	2.9만	4.77/8/10 MHz	64 KB	없음	3 μ	이동 컴퓨팅
8088	1978.6	2.9만	4.77/8 MHz	1 MB	없음	3 μ	데스크톱 PC
80286	1979.6	13.4만	6/10/12 MHz	64 KB	없음	3 μ	데스크톱 PC
386DX	1982.2	27.5만	16/20/25/33 MHz	16 MB	없음	1.5 μ	데스크톱 PC
486DX	1985.10	120만	25/33/50 MHz	4 GB	없음	1.5 μ	데스크톱 PC, 서버
Pentium	1993.3	310만	60/66 MHz	4 GB	8 KB	0.8 μ	데스크톱 PC
Pentium Pro	1995.11	750만	200~150 MHz	4 GB	256 KB(L1) 512 KB(L2)	0.6/0.35 μ	데스크톱 PC, WS 서버
Pentium-2	1997.5	750만	300~233 MHz	64 GB	512 KB(L2)	0.35 μ	데스크톱 PC, WS 서버

(계속)

마이크로 프로세서	제작연도	트랜지스터 수(개)	속도	메모리 용량	캐시	제조기술	비고
Pentium-3	1999.2	95만	650~450 MHz	64 GB	512 KB(L2)	0.25 μ	데스크톱 PC, WS 서버
Pentium-4	2000.11	42백만	1.3~2.8 GHz	4 GB	256 KB(L2)	0.18 μ	데스크톱 PC, WS 서버
Pentium-4(HT)	2004.6	1억25백만	2.4~3.8 GHz		1 MB(L2)	90 nm	데스크톱 PC, WS
Pentium-D	2005.5	2억30백만	2.8~3.2 GHz	64 GB	1 MB(L2)	90 nm	데스크톱 PC
Core2 Duo	2006.6	1억67백만	2.33 GHz	64 GB	4 MB(L2)	65 nm	데스크톱 PC
Core2 Quad	2007.1	5억82백만	2.0~3 GHz	64 GB	8 MB(L2)	45 nm	데스크톱 PC

아키텍처 부분에서도 고정소수점 연산에서 부동소수점 연산, 캐시 메모리의 도입, 파이프라인, 멀티프로세서, 슈퍼스칼라, 분기 예측, 동적 실행, 선예측 실행, 확장적 구조 등으로 발전했다. 이와 함께 운영체제 및 프로그램도 멀티프로그래밍, 시분할 처리, 분산 처리, 멀티프로세서 운영체제, 고속 병렬 처리 등으로 발전됐다.

1.3 성능 측정

여기서는 컴퓨터에서의 성능을 제시하고 성능을 측정하는 성능 분석에 필요한 기본 내용을 살펴본다. 컴퓨터는 클록 신호에 따라서 정해진 순서대로 명령어를 실행한다. 각 명령어의 실행에는 정해진 클록 수가 필요하다. 이 클록 수는 프로세서의 내부 구조와 메모리 구조에 따라서 각기 다르다. 클록 신호의 주기가 짧을수록 프로세서의 실행 속도는 빨라질 수 있다. 클록 주기는 프로세서 사양에 나타나 있으며, 클록은 주파수의 역수다. 예를 들어 100 MHz 클록은 10 nsec 주기다.

$$\text{주기(sec)} = 1/\text{주파수(Hz)}$$

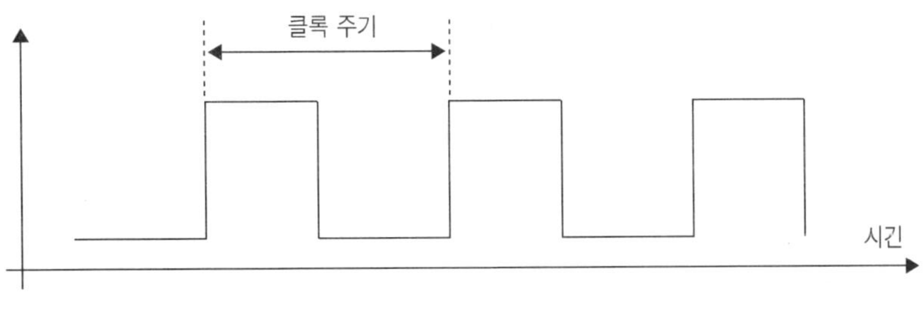

《 그림 1-3 》 클록 신호

어떤 프로그램을 수행하는 데 걸리는 클록 사이클의 수를 계산할 수 있으면 수행 시간을 알 수 있다. 프로세서에서 프로그램을 실행하는 데 걸리는 시간은 실행 명령어 수, 평균 명령어 실행 클록 수(CPI: Clock Per Instruction), 클록 주기의 곱이다. 실행 명령어 수는 어떤 프로그램이 처리되기 위해서 실행되는 명령어의 수다. 명령어당 실행 클록 수는 한 명령어 실행에 필요한 평균 클록 주기의 수며, 클록 주기는 프로세서 클록 신호의 주기다.

프로세서 처리 시간 = 실행 명령어 수 × 평균 명령 실행 클록 수(CPI) × 클록 주기(1/주파수)

흔히 MIPS는 1초에 처리되는 명령어의 수를 100만 단위로 나타내는 처리율을 의미한다. 예를 들어 컴퓨터의 성능이 10 MIPS라면 1초에 1000만 개의 명령어를 실행할 수 있다는 것이다. 일반적으로 프로그램을 처리하는 데 걸리는 시간은 다음과 같이 표시할 수 있다.

$$\frac{\text{초}}{\text{프로그램}} = \frac{\text{명령어 수}}{\text{프로그램}} \times \frac{\text{클록 사이클 수}}{\text{명령어 수}} \times \frac{\text{초}}{\text{클록 사이클 수}}$$

프로세서에서의 처리를 빠르게 하려면 클록 사이클의 길이를 줄이거나, 프로그램 실행에 필요한 클록 사이클 수를 적게 하거나, 동일한 프로그램을 실행하는 데 필요한 명령어 수를 적게 해야 한다. 컴퓨터 시스템에서 성능을 개선하기 위해서는 컴퓨터를 구성하는 프로세서, 메모리, 입출력장치 등의 특성이 서로 동등해야 하며, 컴퓨터 구조는 프로그램의 실행 시간을 최적화할 수 있는 구조로 설계, 개발되고 있다.

컴퓨터 시스템의 성능을 측정하고 비교하는 데 사용하는 프로그램을 벤치마크 프로그램이라 한다. 이 프로그램은 컴퓨터 아키텍처나 운영 방식에 의해 처리 성능이 정해지므로 시스템에 따라서 성능의 차이가 나타난다. 벤치마크 프로그램으로는 Whetstones, Dhrystones, SPEC(System Performance Evaluation Cooperative) 등이 있다. Whetstones는 합성 벤치마크 프로그램으로서 특정 성능 특징을 테스트하기 위해서 만든 프로그램이며, 부동소수점 연산의 성능을 측정할 수 있다. Dhrystones는 Whetstones와 유사한 합성 벤치마크이지만 Whetstones가 부동소수점 연산 성능을 측정하는 반면, Dhrystones은 정수 연산 성능을 측정할 수 있다. SPEC는 종합적인 성능 측정(컴파일러, 부울 함수 최소화 프로그램, 스프레드시트, 산술 연산 처리 속도) 벤치마크의 표준으로 사용되며, C/유닉스에서 많이 사용되는 프로그램 중에서 선택됐다.

연습문제 exercise

1. 컴퓨터의 기본 구조를 이루는 구성요소는 무엇인가?
2. 프로세서 내부의 기본적인 구성요소에 대해서 설명하라.
3. 컴퓨터 용어에서 구조(architecture)와 조직(organization)의 차이점은 무엇인가?
4. 컴퓨터를 구성하는 요소를 계층적으로 분류할 때 하드웨어와 소프트웨어의 경계를 이루는 지점은 무엇인가?
5. 컴퓨터와 같은 복잡한 시스템을 다룰 때 계층적으로 나누고, 각 부분의 역할과 인터페이스를 명확히 만드는 이유는 무엇인가?
6. 하버드 구조와 폰 노이만 구조의 차이점을 설명하라.
7. 폰 노이만 구조의 컴퓨터에서 데이터의 이동이 많아서 시스템에서 병목이 생기는 곳은 어디인가?
8. 폰 노이만 구조에서 병목을 일으키는 이유로서 많은 데이터의 이동 외에 또 무엇을 들 수 있는가?
9. 프로세서와 메모리 간의 성능을 높이기 위해서 사용하는 기법은 무엇인가?
10. 일반적으로 구성하는 메모리 계층 구조에서 속도가 빠르고 용량이 작은 것부터 나열하라.
11. 캐시 메모리가 프로세서와 메모리 간의 성능을 높이기 위한 것이라면 가상 메모리는 메모리 계층 구조상에서 어느 위치와 연관된 것인가?
12. 일반적으로 컴퓨터 시스템에서 프로세서와 다양한 주변장치를 연결하는 데 사용하는 데이터 전송 채널을 무엇이라고 하는가?
13. 컴퓨터의 급속한 발전의 원동력으로 가장 큰 영향을 미친 기술은 다음 중 무엇이라고 생각하는가? 그 이유를 설명하라.

    소프트웨어 기술, 컴퓨터 구조의 개념, 컴퓨터의 구성장치, 논리 구현을 위한 전자 기술
14. 컴퓨터 발전과정에서 세대를 분류하는 기준에는 어떠한 것들이 있는지 설명하라.

15. 컴퓨터와 반도체 집적 기술의 발전 속도를 나타내는 말로 자주 사용되는 것은 무엇인가? 또한 그 의미를 설명하라.

16. 컴퓨터 발전의 역사를 구분지을 때 현재는 어디에 해당하는가?

17. 논리 회로 구현 기술의 관점에서 컴퓨터의 각 세대별 구현 기술을 기술하라.

18. 제1세대와 제2세대에 사용한 주기억장치 기술의 차이는 무엇인가?

19. 고급 언어와 운영체제를 사용하기 시작했고, 현재의 대형 컴퓨터의 많은 개념이 나온 시기는 언제인가?

20. 마이크로프로세서의 혁명은 어느 시기에 해당하는 말인가? 또한 그 의미를 설명하라.

21. 컴퓨터 시스템의 성능을 측정할 수 있는 척도로서 처리량과 응답 시간이 있다. 어느 항목이 배치 처리(batch processing)와 연관이 깊다고 할 수 있는가? 시분할 멀티태스킹은 어느 항목과 연관이 깊다고 할 수 있는가?

22. 프로그램의 실행 시간을 나타내는 CPU 시간을 분석하면 세 가지 요소의 곱으로 생각할 수 있다. 이 세 가지 요소는 무엇인가?

23. 반도체 기술의 발전으로 소자의 동작 속도가 빨라졌다. 프로그램의 실행 시간을 이루는 세 가지 요소 중에서 이것이 영향을 미치는 곳은 어디인가?

24. 명령어 처리의 병렬성을 증가시키기 위해 새로운 마이크로프로세서 설계에서는 파이프라인의 단의 수를 늘렸다. 이런 변화는 CPI(cycle per instruction)를 늘리겠는가 줄이겠는가?

25. 주어진 문제를 해결하기 위해서 알고리즘을 살펴보던 중 시간 복잡도가 더 작은 알고리즘을 발견해 이에 맞게 프로그램을 다시 작성했다. CPU 시간의 어떤 요소에 영향을 주는 행위인가?

26. 기존에 100 MHz로 동작하던 프로세서에 대항하기 위해 다른 회사에서 새로 발표한 프로세서의 클록 속도가 200 MHz라고 한다. 이 자료만 가지고 성능이 2배가 됐다고 말할 수 있는가? 그 이유를 설명하라.

27. 동일한 프로그램을 펜티엄 4의 4 GHz 컴퓨터와 펜티엄 4의 2 GHz 프로세서의 컴퓨터에서 각각 실행할 경우 성능을 비교하라.

28. 프로세서 클록 주파수가 4 GHz이고, 명령어당 평균 실행 클록 수는 1이며, 실행 명령어 수가 100만 개인 프로그램을 컴퓨터에서 실행했다.
    (1) 이 프로그램의 실행 시간은 얼마인가?
    (2) 컴퓨터의 수행 능력을 MIPS 단위로 나타내어라.

29. 컴퓨터 성능에 영향을 미치는 요소에 대해서 논의하라.

30. 클록 주파수가 1GHz이면, 프로세서에서 사이클은 몇 초인가?

31. 다음 용어를 간략히 설명하라.

1) 레지스터
2) 주기억장치
3) RAM
5) ROM
6) ALU

32. 플래시롬과 EEPROM의 차이점을 설명하라.

2장 _ 프로세서 구조

이 장에서는 컴퓨터의 핵심인 프로세서 구조와 명령어 집합을 살펴본다. 먼저, 컴퓨터의 기본적인 기능에 대한 동작과정을 통해서 프로세서의 구조와 동작 원리를 설명하고, 다음으로 명령어 집합, 메모리 동작 및 주소지정 방식을 설명한다.

2.1 프로세서의 기본 구조

프로세서는 그림 2-1과 같은 내부 구성요소들로 구분할 수 있다. 산술논리장치(ALU: Arithmetic and Logical Unit), 레지스터, 제어장치로 구성되는데, ALU는 모든 연산 기능을 수행하고 데이터를 처리하는 핵심적인 역할을 수행한다. 좀 더 자세하게 살펴보면 레지스터에는 프로그램 카운터(PC: program counter), 누산기(AC: accumulator), 명령어 레지스터, 주소 레지스터, 데이터 레지스터, 상태 레지스터, 스택 등이 있다. 제어장치는 모든 장치가 유기적으로 동작하도록 제어 신호를 보내준다.

또한 프로세서 내부에는 ALU와 레지스터들 간의 데이터 전송을 위한 데이터 버스와 제어장치에서 발생되는 제어 버스가 있다. 이 내부 버스는 외부 장치와 정보를 전송하기 위해 데이터 버스, 주소 버스, 제어 버스를 이용한다.

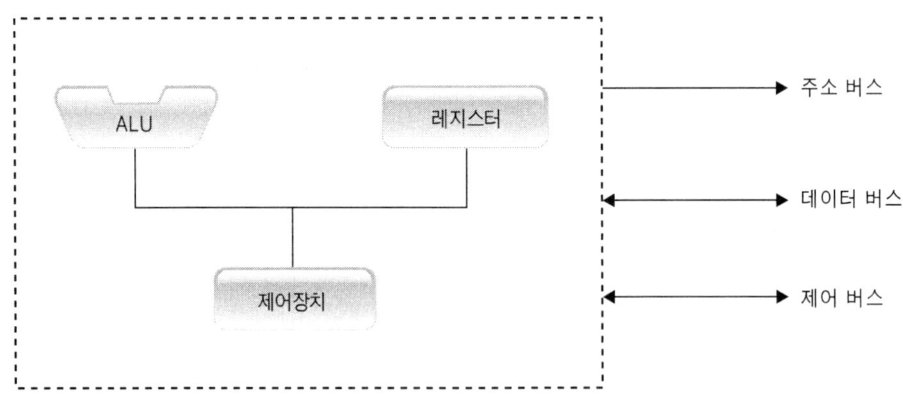

【그림 2-1】 프로세서 내부 구조와 버스

(1) 산술논리장치(ALU)

산술논리장치는 프로그램의 산술(사칙 연산) 및 논리 연산(AND, OR, NOT 등), 비트 연산, 시프트 등의 연산이 수행되는 장치다. 프로세서가 읽고 실행하는 명령어는 ALU에 제어 신호를 보내어 ALU가 수행하는 데이터의 흐름을 제어한다. 일반적으로, 수행하고자 하는 오퍼랜드(피연산자)를 읽어들여 연산 또는 데이터 처리를 한 후에 목적 레지스터나 메모리에 결과를 저장한다. 그림 2-2에 가장 기본적인 ALU 구조가 나타나 있다. 이항 연산을 기준으로 하여 두 개의 입력과 하나의 출력을 갖는다. 명령어 코드에서 지시하는 산술, 논리, 시프트, 비트 연산 등을 수행하도록 구현됐으므로 ALU를 통해 수행될 연산이 명령어 코드에 의해서 선택된다. 이 명령어 코드에서 연산 코드 및 오퍼랜드의 주소지정 방법에 따라서 ALU에서 실행할 내용, 입력 데이터의 저장장소, 연산 결과값의 저장장소가 정해진다. ALU를 통한 연산의 실행에서, 오퍼랜드 1과 오퍼랜드 2가 데이터의 입력으로 선택되고, 연산 코드에 의해서 지정된 연산이 실행되며, 연산 결과값이 출력되어 지정된 곳에 저장된다. 대부분의 ALU는 연산의 결과를 상태 레지스터에 전달한다. 상태 레지스터에는 캐리 플래그(carry), 음수 플래그(negative), 제로 플래그(zero) 등의 상태를 나타내는 정보가 담겨진다.

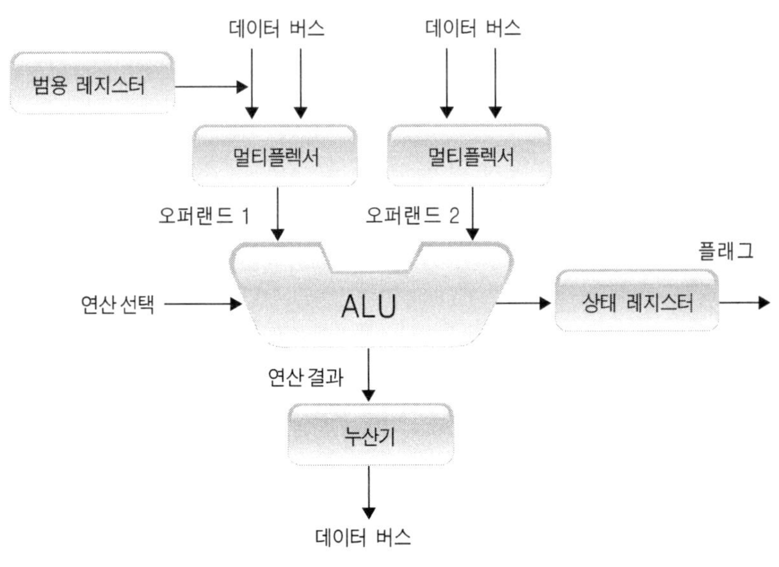

《 그림 2-2 》 ALU의 내부 구조

ALU는 프로세서에 따라서 다양하며, 일부 프로세서는 성능을 향상시키기 위해서 여러 개의 ALU를 사용하거나 곱셈과 나눗셈 장치를 별도로 갖는 경우도 있다. 또한 독립된 여러 개의 산술논리장치를 갖고 있는 경우도 있다. 산술 연산에는 고정소수점 연산용 장치와 부동소수점 연산용 장치를 별도로 두는 경우도 있다.

(2) 제어장치

프로세서 내부의 레지스터, ALU 등은 프로세서의 클록 신호를 기반으로 제어장치에 의해 동기적으로 동작한다. 한 클록 사이클에 수행되는 프로세서 내의 동작을 마이크로 연산이라 한다. 프로세서 내에서 각 명령어에 따라 그 실행에 필요한 마이크로 연산들을 지정하고, 수행에 필요한 제어 신호를 발생하는 장치를 제어장치라고 한다. 즉, 제어장치는 프로그램 수행에서 명령어를 인출해, 해석 및 실행하기 위한 제어 신호들을 순차적으로 발생시킨다. 제어장치는 입출력장치의 제어, 명령어의 해석과 지시, 기억장치 및 연산장치의 제어 등의 역할을 한다. 프로세서의 명령어 실행과정은 다음과 같다. 명령어가 저장되어 있는 메모리로부터 명령어를 인출한다. 명령어의 인출은 프로그램 카운터에 의해서 지정된다. 메모리로부터 인출되는 명령어는 프로세서 내의 레지스터에 저장되고 어떤 종류의 명령어인지가 해독되며, 해독에 따라서 명령어가 실행된다. 제어장치는 각 기계어 명령어에 의해서 정해진 과정을 통해 실행 단계별로 필요한 제어 신호가 발생되는데, 제어 신호의 기능은 다음과 같다.

- 각 명령어 실행 단계의 순차적 제어 클록 발생
- 명령어 인출과 해독
- 주소지정 방식에 따른 유효 주소 계산 및 오퍼랜드 인출
- 각 레지스터의 입출력 제어
- ALU에 대한 연산 및 입출력의 지정
- 메모리 읽기 또는 쓰기 신호

순차적인 제어 신호를 생성하는 구현 방법에는 고정배선(hardwired) 제어장치와 마이크로프로그램(microprogrammed) 제어장치의 두 가지 방식이 있다. 고정배선 방식은 제어 신호를 생성하는 데 논리 회로를 사용해 구현한 것이며, 마이크로프로그램 방식은 프로그램 형태를 이용하며, 마이크로명령어의 각 비트 또는 필드가 직접 제어 신호를

생성한다. 마이크로명령어는 명령어 실행을 위한 제어장치 내의 제어 프로그램을 구성하는 명령어다. 마이크로프로그램은 제어 메모리에 저장되고 제어 메모리로부터 마이크로명령어를 가져다 각 명령어 실행에 필요한 제어 신호를 생성한다. 일반적으로 제어 메모리는 ROM으로 구성한다.

마이크로프로그램 제어장치에서 필요한 제어 신호가 명령어 내부에 표시되는 방법에 따라서 마이크로프로그램을 구성하는 명령어 형식을 수평적 마이크로명령어와 수직적 마이크로명령어로 분류한다. 수평적 마이크로명령어는 연산 필드의 각 비트와 제어 신호를 일대일로 대응시켜서, 그 수만큼의 비트들로 이루어진 마이크로명령어들을 사용하는 방식이다. 하드웨어가 간단하고 해독에 따른 지연 시간이 없다는 장점이 있으나, 마이크로명령어 비트 수가 길기 때문에 더 큰 용량의 제어 기억장치를 필요로 한다는 단점이 있다. 수직적 마이크로명령어는 마이크로명령어의 필드에 인코딩된 비트들을 포함시킴으로써 제어 기억장치의 용량을 줄일 수 있게 한다. 하지만 제어 신호를 얻기 위해서는 해독기를 이용해 인코딩된 비트를 해독해서 필요한 수만큼의 제어 신호들로 확장해야 한다. 인코딩에 의해서 마이크로명령어의 크기가 작아진다는 장점이 있으나 해독 시간만큼의 지연 시간이 발생한다는 단점이 있다.

(3) 내부 버스

프로세서 내부에도 데이터, 주소, 제어 버스가 있으며 외부 버스와 각기 연결되어 있다. 컴퓨터 시스템에는 주소 버스, 데이터 버스, 제어 버스가 있는데, 이 버스들은 같은 기능을 가진 신호선의 묶음으로 각 장치 간에 전기적인 신호를 전달한다. 프로세서 내부에는 ALU와 레지스터 간의 데이터 이동을 위한 데이터선과 제어장치로부터 발생되는 제어 신호선, 주소들로 구성된 내부 버스가 있다. 이 내부 버스는 외부의 시스템 버스와 직접 연결되지는 않으며, 반드시 버퍼 레지스터 또는 시스템 버스 인터페이스를 통해서 접속된다.

주소 버스는 프로세서에서 출력되는 것으로 메모리 또는 입출력장치의 주소를 지정한다. 데이터 버스는 프로세서의 외부 장치인 메모리, 입출력장치 등의 데이터를 읽거나 쓰기 위한 데이터선들로 양방향 버스선이다. 버스의 폭은 정보를 전달하는 신호선의 수이며 한 번에 전달하는 단위다. 예를 들면 64비트의 데이터 버스에서는 64비트 데이터가 한꺼번에 전달된다. 제어 버스는 프로세서가 외부 장치를 제어하기 위한 신호들의 선이다. 주로 읽기, 쓰기, 인터럽트 처리를 위한 신호, 버스 제어선 등이 있다.

(4) 레지스터

레지스터는 프로세서 내부에 위치하며, 데이터나 명령어 등을 일시적으로 저장하는 가장 빠른 메모리의 일종이다. 프로세서가 데이터를 일시적으로 저장하거나 연산의 결과 값을 저장하기 위해 외부에 있는 주기억장치를 사용하는 것은 메모리 접근 시간이 매우 길기 때문에 비효율적이다. 그래서 성능 향상을 위해서는 프로세서 내부에 레지스터를 많이 둬서 주기억장치 접근을 최소화해야 한다. 일반적으로 프로그램 수행에 사용되는 명령어, 데이터, 주소, 연산의 결과 등을 일시적으로 저장하기 위해서 프로세서 내부 레지스터를 사용하면 성능을 향상시킬 수 있다. 그러나 프로세서의 내부 레지스터를 무한정으로 증가시킬 수는 없다. 가격, 복잡성, 프로세서 크기 등의 이유로 많은 수의 레지스터를 내장할 수는 없다. 레지스터의 종류와 수는 프로세서에 따라서 매우 다르다.

일반적으로 프로세서 내부의 레지스터는 전용(special purpose) 레지스터와 범용(general purpose) 레지스터로 구분된다. 전용 레지스터는 프로세서가 명령어를 수행하는 데 필요한 특정 데이터를 저장하거나 읽는 데 사용하는 레지스터다. 이런 종류로는 프로그램 카운터(PC), 상태 레지스터, 주소 레지스터, 명령어 레지스터, 누산기 등이 있다. 범용 레지스터는 명령어 수행에 필요한 것이 아니라, 일반적인 데이터, 연산 결과, 주소 등을 일시적으로 저장하는 데 쓰이는 레지스터다. 데이터 연산에 있어, 메모리로부터 데이터를 인출할 경우에는 접근 시간이 많이 걸리기 때문에 프로세서 내부의 레지스터에 데이터를 기억시켜 두고 연산을 수행한다. 이 범용 레지스터는 다수의 레지스터로 구성되며 각기 이름이 부여되어 있다.

그림 2-3은 8086 프로세서의 레지스터를 나타낸 것으로, 다음과 같이 구성되어 있다.

- 16비트 세그먼트 레지스터 CS, DS, SS, ES
- 16비트 범용 레지스터 AX, BX, CX, DX, BP, SI, DI, SP
- 16비트 IP, 16비트 상태 레지스터

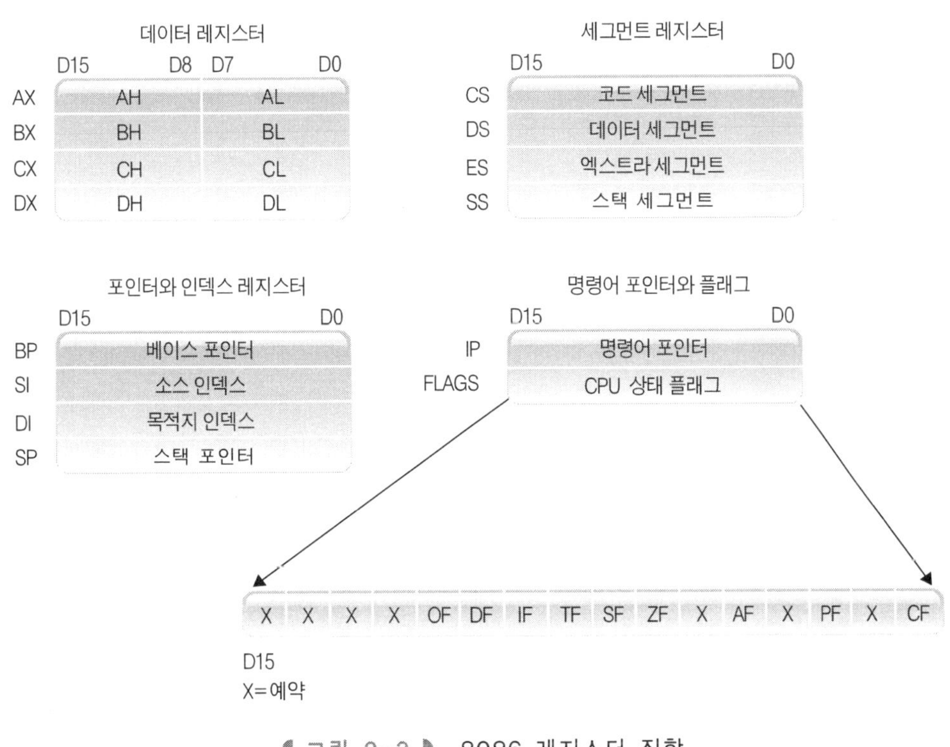

◖ 그림 2-3 ◗ 8086 레지스터 집합

그림 2-4는 ARM 프로세서의 레지스터 집합을 나타낸 것이다. ARM은 31개의 범용 레지스터(r0~r15)와 전용 레지스터인 R13(stack pointer), R14(link register), R15(program counter), CPSR(Current Program Status Register), 5개의 SPSR(Saved Program Status Register) 레지스터로 구성된다.

프로그램 상태 레지스터로는 CPSR 1개와 SPSR 5개를 갖고 있다. 사용자 수준에서 프로그램에서의 쓰기 동작을 위해서는 15개의 범용 32비트 레지스터(r0~r14), 프로그램 카운터(r15) 그리고 현재 프로그램 상태 레지스터(CPSR)를 필요로 한다. 나머지 레지스터들은 오직 시스템 수준에서 예외 처리용으로 사용된다. 이 중에서 r14, r15 레지스터는 다음과 같은 용도로 사용된다. r14(LR: Link Register)는 서브루틴을 호출하는 분기 명령이 호출되어 실행될 때 복귀 주소를 저장하는 레지스터다. r15(PC: Program Counter)는 현재 수행 중인 명령어 다음에 실행할 명령어의 주소를 저장하고 있는 레지스터다. 레지스터 LR, PC 외의 범용 레지스터는 특수 목적으로 사용되지 않는다.

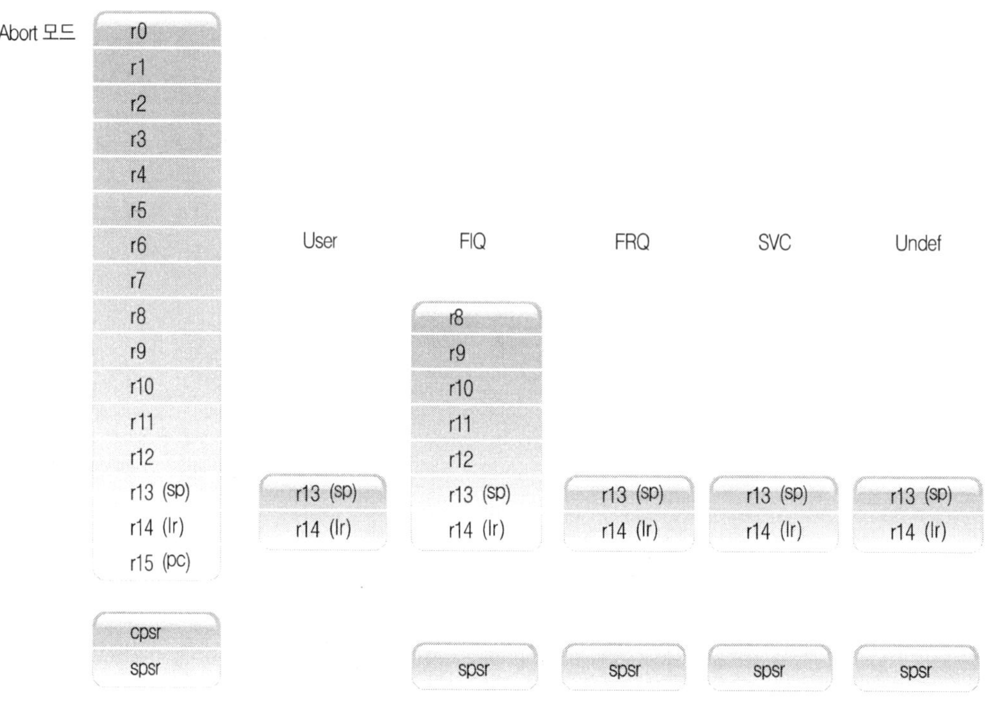

《 그림 2-4 》 ARM 프로세서 레지스터 집합

다음은 전용 레지스터 중에서 공통적으로 많은 프로세서에서 사용되는 레지스터에 대해서 설명한다.

프로그램 카운터(PC)는 프로세서가 실행할 다음 명령어의 주소를 저장하고 있는 레지스터다. 즉, 프로그램의 실행을 제어하는 레지스터며, 이 카운터의 내용은 다음 실행할 명령어 메모리의 주소가 된다. 일반적으로 프로그램 카운터는 자동적으로 증가하지만, 분기 명령, 인터럽트 명령어 등이 실행되는 경우에는 자동으로 증가하지 않고 목적지 주소의 값으로 변경된다.

상태 레지스터는 명령어 실행 후의 각종 상황을 나타내는 상태를 표시하는 조건 플래그들을 저장하고 있는 레지스터다. 상태 값으로는 일반적으로 N(Negative), OV(Over Flow), Z(Zero), DC(Digital Carry), C(Carry) 플래그 비트가 있다. 이 상태 값은 명령어 수행 결과를 의미하는 어떤 상태를 나타내고 있으므로 자주 사용된다. 예를 들어, 연산 결과가 '0'이면 상태 레지스터의 Z 플래그 비트가 '1'로 된다. 그래서 이 상태 값은 조건부 처리 명령에 의해 프로그램의 흐름을 제어하는 데 사용될 수 있다.

ARM 프로세서의 상태 레지스터로 사용되는 CPSR(Current Program Status Register) 레지스터가 그림 2-5에 나타나 있다. 사용자 수준의 프로그램에서 코드의 비트 상태를 저장하는 데 이용된다. 이런 비트들은 일반적으로 비교 연산의 결과를 기록하기 때문에 조건적인 분기를 해야 하는지를 판단하는 데 사용된다. 레지스터 하위 부분의 비트는 프로세서의 모드(mode)를 제어하고 명령어 집합(T), 인터럽트가 동작하는지(I, F), 사용자 수준이 프로그램으로부터 보호되는지를 관리한다.

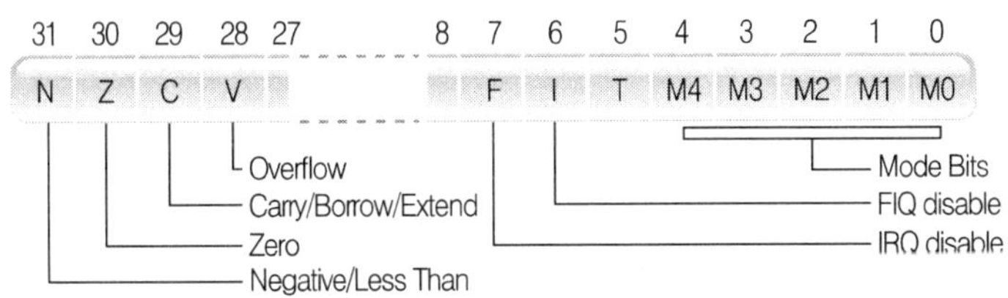

◀ 그림 2-5 ▶ ARM 프로세서의 상태 레지스터

누산기(AC)는 ALU에서 수행한 산술 및 논리 연산의 결과 값을 임시적으로 저장하는 레지스터다.

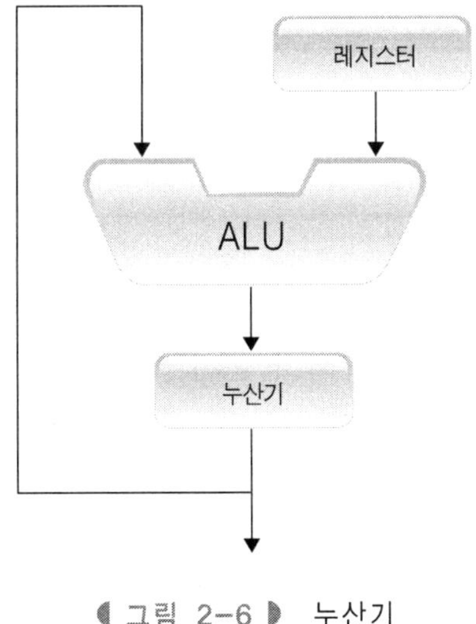

◀ 그림 2-6 ▶ 누산기

주소 레지스터는 인출할 명령어 또는 데이터 메모리의 주소를 일시적으로 저장하는 레지스터다. 명령어 레지스터는 메모리로부터 인출한 명령어를 일시적으로 저장하는 레지스터다. 데이터 레지스터도 어떤 데이터를 일시적으로 저장하는 레지스터다.

일반적으로 프로세서는 하나 이상의 스택 레지스터를 내장하고 있다. 스택은 외부 메모리에서 인터럽트, 서브루틴 콜 등을 실행할 때 프로그램 카운터 값, 상태 레지스터 값 등의 내용을 잠시 저장해 둘 필요가 있을 때 이들을 저장하는 레지스터다. 스택은 LIFO(Last In First Out) 구조며, 여러 개의 레지스터 형태로 구성되어 있다.

스택에는 스택 포인터(SP: Stack Pointer)가 있다. 이 스택 포인터를 통해서만 스택 메모리에 접근할 수 있다. 프로세서가 데이터를 나중에 사용할 목적으로 스택 레지스터에 값을 저장하기 위해서는 푸시(PUSH)를 한다. 그런 다음 스택에서 값을 읽어 올 때는 팝(POP)을 수행한다. 푸시 동작은 스택 포인터의 값을 하나 증가시킨 후에, 스택 포인터가 지정하는 스택 주소에 데이터를 쓴다. 팝 동작은 스택 포인터가 지정하는 주소에서 데이터를 읽은 후에, 스택 포인터를 하나 감소시킨다.

스택의 용도 중 하나는 서브루틴 내에 선언된 지역 변수를 일시적으로 저장하는 장소를 제공하는 것이고, 서브루틴 호출 시 현재 사용하는 레지스터를 스택에 푸시하고, 서브루틴 복귀 시 스택의 팝을 통해 원래의 레지스터 값으로 환원시킨다.

2.2 명령어 실행

컴퓨터에서 기본적인 수행은 주기억장치에 저장되어 있는 프로그램을 실행하는 것으로 프로그램은 명령어들로 구성되어 있다.

프로세서는 프로그램을 실행하기 위해 먼저 주기억장치에 저장되어 있는 명령어를 인출하고, 인출한 명령어를 해석해 해석한 명령에 따라 실행을 한다. 실행한 결과 값을 레지스터나 외부 메모리에 저장한다. 이렇게 프로세서가 한 개의 명령어를 실행하는 데 필요한 처리과정을 명령어 사이클(instruction cycle)이라고 한다. 명령어 사이클은 메모리에 저장되어 있는 명령어를 명령어 레지스터에 읽어들이는 인출(fetch) 사이클, 읽어온 명령어를 해독하는 해독(decode) 사이클, 해독된 명령어를 실행하는 실행(execute) 사이클, 실행한 결과 값을 저장하는 저장(store) 사이클로 구분된다.

(1) 명령어 인출

프로그램 카운터가 지정하는 메모리 주소에서 명령어를 프로세서로 가져 와서 내부의 명령어 레지스터에 저장하는 것을 인출이라 한다.

(2) 명령어 해독

명령어 레지스터에 저장된 내용이 해독된다. 해독은 어떠한 명령어인지를 알아내는 것으로, 명령어 종류에 따라서 지정된 연산, 이동 등의 동작이 실행된다.

(3) 명령어 실행

해독된 명령어가 지시하는 내용의 연산 동작을 수행한다.

(4) 결과 저장

ALU에서 이루어진 연산의 결과는 누산기로 출력되어 저장되며, 결국에는 내부 데이터 버스를 경유해 데이터 메모리에 저장된다. 또한 실행의 결과로 인해 바뀐 프로세서의 상태는 상태 레지스터에 저장되어 음수, 제로 등의 판정에 사용된다.

하나의 명령어 실행이 완료되면 프로그램 카운터가 자동으로 증가해 다음 명령어가 실행될 수 있게 한다. 하지만 점프와 같은 명령어는 자동으로 증가된 값을 사용하지 않고, 새로운 값을 프로그램 카운터에 쓰고 이 값을 사용한다. 변경된 프로그램 카운터의 값을 주소로 하는 명령어를 인출해 실행하게 된다.

명령어 실행 도중 인터럽트가 들어오면 인터럽트 서비스를 처리하기 위해 인터럽트 사이클로 들어간다. 인터럽트는 프로그램 실행 중에 발생하는 돌발적인 이벤트에 의해 실행 중인 프로그램 처리가 중단되고, 인터럽트가 요청된 프로그램을 우선적으로 처리하는 것을 말한다. 요청된 인터럽트 루틴을 처리한 후, 다시 중단됐던 지점으로 복귀해 하던 일을 계속 처리하게 된다.

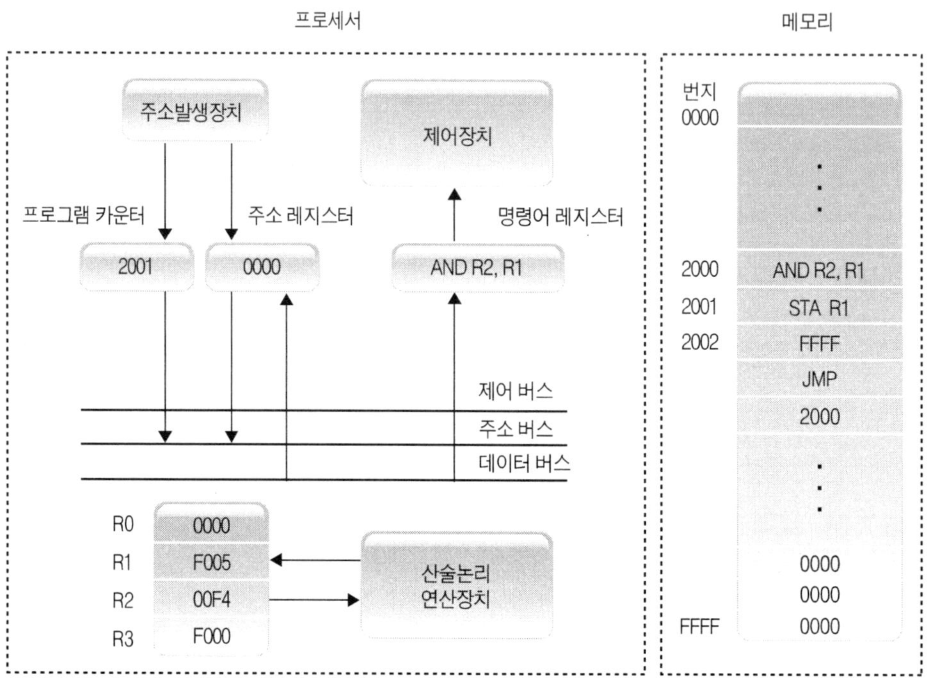

《 그림 2-7 》 메모리에 저장된 명령어와 실행

2.3 명령어 집합

프로세서는 고유한 명령어들을 갖고 있으며, 프로세서가 인식해 실행할 수 있는 명령어 집합이 정의되어 있다. 프로세서의 기능은 실행되는 명령어들에 의해서 결정되며 각 명령어는 기계어 또는 어셈블리 명령어다. 여기서는 일반적으로 명령어라고 한다. 어떤 한 프로세서를 위해 정의되어 있는 명령어들의 집합을 명령어 집합(instruction set)이라고 한다. 명령어의 종류와 개수는 프로세서마다 다르며 프로세서를 설계할 때 결정된다. 명령어 집합에는 프로세서가 수행할 연산의 종류, 연산을 수행할 데이터의 형태, 명령어 형식, 주소지정 방식 등이 정의된다.

(1) 명령어 형식

프로세서는 명령어를 해독할 때 정의되어 있는 명령어 형식에 따라서 해석한다. 명령어 형식은 컴퓨터가 실행할 연산과 그 명령어 수행에 필요한 데이터가 저장된 장소를 나타내는 것으로 구성된다. 즉, 명령어의 일반 형식은 연산 코드와 오퍼랜드로 구성된다. 연산 코드는 프로세서가 수행할 연산을 나타내며, 오퍼랜드는 명령어를 수행하는 데 필요한 데이터 주소를 나타낸다. 하나의 명령어에 오퍼랜드는 1개 이상 있을 수 있다. 명령어에서 연산 코드 부분이 n비트이면 2^n개의 연산을 실행할 수 있다. 즉, 연산 코드의 크기는 프로세서가 가질 수 있는 최대 명령어 개수를 지정한다. 오퍼랜드는 처리될 데이터 그 자체 또는 데이터가 기억되어 있는 메모리의 주소, 혹은 읽을 값이 저장된 레지스터나 연산 결과를 저장할 레지스터를 나타낸다.

다음 연산, R1 = R1 + R2는 어셈블리어로 ADD R1, R2로 표현된다. 이 연산의 종류는 덧셈이며, 오퍼랜드는 R1, R2이고, 결과 값을 저장하는 목적지 오퍼랜드는 R1이다. R1과 R2의 레지스터에 저장된 데이터에 대해서 덧셈 연산을 수행하고 결과 값을 R1에 저장하게 된다.

각 명령어는 일정 크기의 비트로 표현되며 비트 수는 명령어 수와 오퍼랜드들을 정의한다. 연산 코드와 오퍼랜드의 비트 수와 배치 방식을 나타낸 것을 명령어 형식(instruction format)이라고 한다. 명령어 형식은 가변 길이 명령어와 고정 길이 명령어가 있다. 가변 길이 명령어 형식에서는 명령어의 길이가 각기 다르므로 더 많은 종류의 연산 코드를 제공할 수 있으며, 레지스터와 메모리에 접근하는 주소지정 방식을 다양하게 사용할 수 있다. 그러나 프로세서의 복잡도가 증가한다는 단점이 있다.

오퍼랜드에는 데이터, 메모리 주소, 레지스터 등이 표현될 수 있다. 오퍼랜드의 데이터는 비트의 수에 따라 표현 가능한 수의 범위가 결정된다. 예를 들어, 오퍼랜드가 양의 데이터를 나타내기 위해서 8비트가 할당되어 있다면 수의 범위는 0~255이다. 오퍼랜드의 메모리 주소는 프로세서가 인출한 메모리 영역의 범위에 따라서 결정된다. 1024 KB 메모리(RAM)에 대한 주소 할당을 위해 최소 20개의 주소 비트가 필요하다($2^{10} \times 2^{10} = 1024$ K).

레지스터도 마찬가지로 비트 수에 따라 데이터가 저장될 레지스터의 수가 결정된다. 오퍼랜드에 데이터가 저장된 또는 저장될 주소를 지정하는 방법을 주소지정 방식(addressing mode)이라고 한다. 오퍼랜드의 주소 부분이 오퍼랜드에 있을 경우 메모리 주소를 직접 나타내므로 직접 주소지정(direct addressing)이고, 오퍼랜드의 내용을 저장하고 있는 장소의 주소를 나타내는 경우에는 간접 주소지정(indirect addressing)이다.

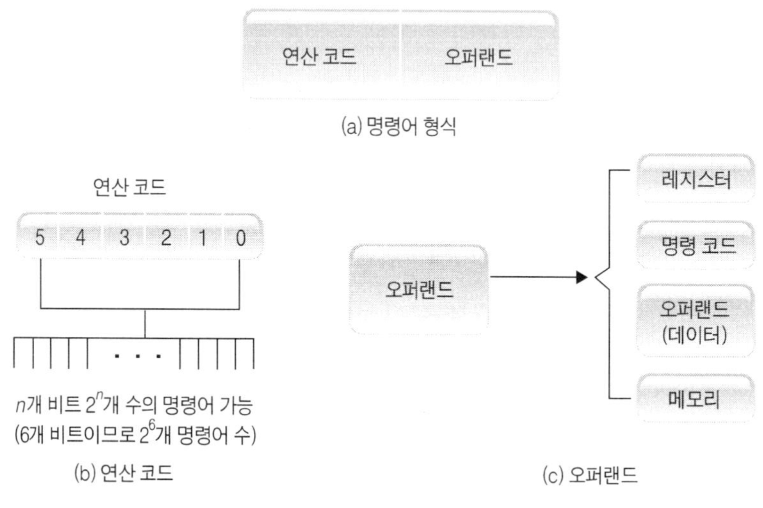

《 그림 2-8 》 명령어 형식

각 명령어는 연산 코드와 다수의 오퍼랜드로 구성된 형태로 코드화되므로 명령어 길이는 프로세서와 밀접하게 관련된다. 고정된 명령어 길이나 가변적인 명령어 길이로 구성하기도 하며, 또한 혼합된 형태도 가능하다. 명령어 길이가 가변인 경우에는 많은 연산 및 주소지정 방식을 지원할 수 있다. 고정 길이 명령어인 경우에는 연산 코드와 오퍼랜드를 합쳐서 명령어 크기가 1인 명령어가 되기 때문에 소수의 연산과 주소지정 방식을 지원할 수 있을 뿐이다. 가변 길이 명령어 형식과 고정 길이 명령어 형식의 절충형이 혼합형 명령어 형태며, 코드 크기를 줄이면서 다양한 명령어 길이를 제공하는 형식이다. 예를 들어 인텔 80 × 86 계열, VAX 등 CISC 프로세서에서 주로 가변 길이 명령어 형식을 사용하고 Sun, Sparc, ARM, Alpha 등 RISC 프로세서에서 주로 고정 길이 명령어 형식을 사용하고 있다.

(2) 오퍼랜드 수에 따른 명령어 분류

오퍼랜드의 형태로는 주소, 숫자, 문자, 논리 데이터 등이 사용될 수 있다. 이 오퍼랜드들을 명령어 형식 내에 표현하는 여러 가지 방법이 있다. 오퍼랜드에서 모든 비트가 주소지정에 사용될 수 있는데, 오퍼랜드 수에 따라서 그림 2-9와 같이 명령어를 분류할 수 있다. 명령어 형식에서 한 개의 오퍼랜드만 포함하는 것을 1-주소 명령어(one-address instruction)라고 한다. 오퍼랜드의 수에 따라서 1-주소 명령어, 2-주소 명령어, 3-주소 명령어, $1\frac{1}{2}$-주소 명령어, 0-주소 명령어라 한다.

《 그림 2-9 》 오퍼랜드 수에 따른 명령어 분류

● 3-주소 명령어 ●

연산에 필요한 두 개의 오퍼랜드와 연산 결과를 저장하는 한 개의 장소를 모두 갖고 있는 명령어다. 3개의 오퍼랜드 필드는 각기 프로세서 레지스터 또는 메모리 주소를 나타낸다. 오퍼랜드의 비트 수는 메모리 주소를 지정할 수 있는 범위를 나타낸다. 이 형식을 이용해서 프로그램을 작성하면 프로그램을 가장 짧게 작성할 수는 있으나, 하나의 명령어를 나타내는 명령어의 길이가 길어진다. 또한 명령어의 크기가 커서 하나의 명령어를 인출하기 위한 메모리 접근 시간이 길어질 우려가 있다. 실제로 많이 사용되지는 않는다.

예를 들어 ADD R1, R2, R3 명령은 R1 레지스터와 R2의 레지스터에 있는 내용을 더한 결과 값을 R3 레지스터에 저장하는 명령이다.

ADD R1, R2, R3 ; R3 ← R1 + R2

● 2-주소 명령어 ●

이 명령어는 연산에 필요한 두 오퍼랜드의 저장장소 중 하나가 결과 값이 저장되는 장소로 사용된다. 즉, 하나의 저장장소는 읽힌 후에 결과 값으로 덮어써진다. R1의 레지스터와 R2의 레지스터 내용을 더한 결과 값을 R1에 저장하는 명령어의 예는 다음과 같다.

ADD R1, R2 ; R1 ← R1 + R2

● $1\frac{1}{2}$-주소 명령어 ●

$1\frac{1}{2}$-주소 명령어인 경우에는 ADD B, R1에서 B는 메모리 주소 B에 있는 내용이고, R1은 R1 레지스터의 내용이다. 메모리 주소와 레지스터를 지정하므로 $1\frac{1}{2}$-주소 명령어라고 한다. 이런 형식의 명령어 예는 다음과 같다.

ADD B, R1 ; R1 ← R1 + M[B]

● 1-주소 명령어 ●

1-주소 명령어는 연산에 필요한 피연산자 중의 하나와 결과 값의 저장장소가 묵시적으로 누산기(AC)라는 레지스터로 지정된다. 명령어를 실행할 때 누산기에 기억된 데이터의 값과 오퍼랜드의 데이터 값을 연산해 그 결과를 다시 누산기에 저장한다. 누산기는 묵시적으로 약속되어 있으므로 명령어에서 누산기라는 표시를 할 필요는 없다.

ADD R1 ; AC ← R1 + AC

● 0-주소 명령어 ●

0-주소 명령어는 오퍼랜드를 명시하지 않으며, 명령어 자체에 함축되어 있는 동작을 이용해서 연산에 사용할 데이터를 찾는다. 스택 동작이 여기에 속한다. 명령어를 실행할 때 처리될 데이터의 주소와 처리 후 저장될 주소가 고정된 경우에 사용하며 스택 구조

로 되어 있다. 스택은 LIFO 데이터 구조를 갖는다. 푸시와 팝 명령이 있으며 동작이 그림 2-10에 나타나 있다. 그림 2-10에서 SP는 스택 포인터라는 레지스터로, 항상 스택의 위치를 지정하고 있다. 푸시 명령에서는 증가하고, 팝 명령에 감소한다.

```
PUSH R1  ; SP ← SP + 1, S[SP] ← R1
PUSH R2
ADD
POP R3   ; R3 ← S[SP], SP ← SP - 1
```

스택에서 두 개의 오퍼랜드를 꺼내어 덧셈을 한 후에 그 결과를 스택에 저장하는 연산이다. ADD 명령어의 실행에 앞서 두 오퍼랜드가 스택에 저장돼야 하고, 결과는 스택에 저장된다. 프로그램을 작성할 때 이 명령어 형식을 사용하면 각 명령어의 길이는 가장 짧으나 필요한 명령어의 개수는 가장 많아진다.

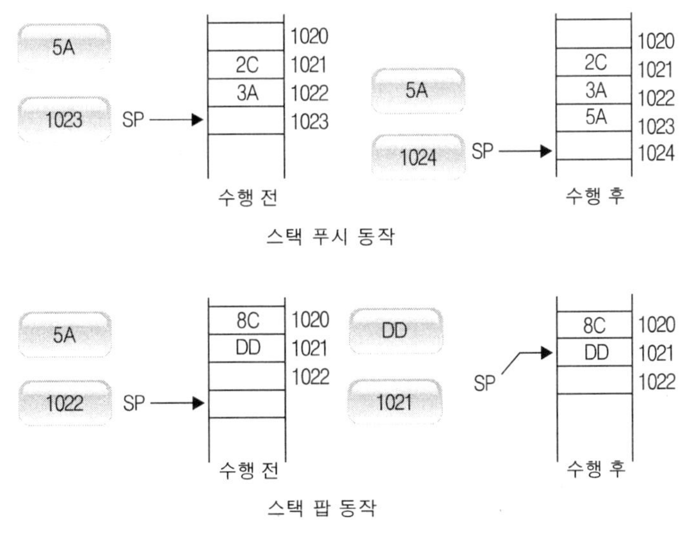

【 그림 2-10 】 스택의 푸시와 팝 동작

표 2-1 명령어 형식 예

명령어 종류	예
3-주소 명령어	ADD R1, R2, R3 ADD A, B, C
2-주소 명령어	ADD R1, R2 ADD A, B
1과 1/2-주소 명령어	ADD B, R1
1-주소 명령어	ADD R1
0-주소 명령어	ADD

예제) 네 가지 명령어 형식에서 연산 코드는 6비트, 오퍼랜드의 메모리 주소는 10비트, 레지스터부는 4비트라 가정하고 A = B + C를 구현하고 명령어 길이와 프로그램 길이를 비교하라.

명령어 종류	프로그램	명령어 길이	프로그램 길이
3-주소 명령어	ADD A, B, C ; M[A] = M[B] + M[C]	6 + 10 + 10 + 10 = 36비트	1명령어 (36비트)
2-주소 명령어	LOAD R1, B ; R1 ← M[B] ADD R1, C ; R1 ← M[B] + M[C] STA A, R1 ; M[A] ← R1	6 + 4 + 10 = 20비트 6 + 4 + 10 = 20비트 6 + 4 + 10 = 20비트	3명령어 (60비트)
1-주소 명령어	LOAD B ; AC ← M[B] ADD C ; AC ← AC+ M[C] STA A ; M[A] ← AC	6 = 10 = 16비트 6 = 10 = 16비트 6 = 10 = 16비트	3명령어 (48비트)
0-주소 명령어	PUSH B PUSH C ADD POP A	6 + 10 = 16비트 6 + 10 = 16비트 6 = 6비트 6 + 10 = 16비트	4명령어 (54비트)

(3) 연산 종류

프로세서가 실행하는 프로그램을 구성하는 명령어들은 그 명령어가 실행하는 내용에 따라 데이터 이동, 산술논리 연산, 제어, 입출력 명령어로 분류할 수 있다.

● 데이터 이동 명령어 ●

데이터를 프로세서 내의 한 장소에서 다른 장소로 값의 변경 없이 이동시킨다. 프로세서가 직접 접근할 수 있는 물리적 장소는 레지스터와 메모리이므로, 데이터 이동 명령어는 메모리로부터 레지스터, 레지스터에서 메모리, 메모리에서 메모리, 레지스터에서 레지스터로 데이터를 전송하는 네 가지 경우가 있다. 이런 명령어로는 MOVE, STORE, LOAD, PUSH, POP 등이 있다.

● 산술논리 연산 명령어 ●

산술 및 논리 연산 명령어는 ALU에서 실행되는 명령어로서 산술 및 논리 연산, 시프트 등의 동작을 수행한다. 명령어로는 ADD, SUBTRACT, MULTIPLY, DIVIDE, INC, DEC, AND, OR, SHIFT, COMPARE, ROTATE 등이 있다.

● 제어 명령어 ●

프로그램을 구성하는 명령어들은 특별한 제어가 없어도 한 명령어씩 명령어를 순차적으로 실행한다. 즉, 프로그램 카운터 값이 일정한 단위로 자동으로 증가한다. 그러나 현재 실행되는 명령어가 분기 명령어, 서브루틴 호출 명령어, 복귀 명령어 등인 경우에는 다음 실행할 명령어는 분기될 목적지 주소에 있으므로 그에 해당하는 목적지의 주소 값이 프로그램 카운터(PC)에 적재돼야 한다. 제어 명령어로는 JUMP, CALL, RETURN, BRANCH-CONDITION 등이 있다. 조건 분기 명령어에서의 분기 조건은 상태를 나타내는 상태 레지스터의 플래그 비트에 의해 설정될 수 있다. 연산 결과에 따라서 설정되는 상태 레지스터의 각 플래그 값에 따라서 조건 분기가 결정된다.

● 입출력 명령어 ●

프로세서와 외부 입출력장치 간의 데이터 이동을 위한 동작들이 수행되는 명령어다. 입출력 명령어로는 INPUT, OUTPUT 등이 있다.

(4) 주소지정 방식

명령어를 실행하기 위해서 처리해야 할 데이터에 접근하기 위한 주소를 계산하는 방법을 주소지정 방식이라 한다.

메모리 주소지정은 명령어 오퍼랜드를 참조하기 위한 방법이며 레지스터를 이용한 주소지정, 영역 설정으로 지정, 메모리 주소지정 등으로 구분할 수 있다. 일반적으로 명령어 형식에서 프로세서의 명령어 비트 수는 프로세서가 한 번에 처리하는 데이터 길이인 워드의 크기와 같게 맞춘다. 명령어 비트의 수가 제한된 제약 조건하에서 다양한 방법으로 오퍼랜드를 지정하고 더 큰 용량의 메모리를 사용할 수 있게 하려면 여러 가지 주소지정 기법이 필요하다.

명령어가 처리해야 할 오퍼랜드는 기본적으로 메모리에 저장된다. 오퍼랜드가 저장된 메모리 주소를 명령어 안에 직접 포함하는 것보다는 포인터, 인덱싱, 상대 등의 여러 가지 기법으로 오퍼랜드에 접근할 수 있게 하는 것이 유리할 수가 있다. 오퍼랜드가 저장된 장소의 주소를 지정하는 방법에 따라서 주소지정 방식은 다음과 같이 구분된다.

● 즉치 주소지정 방식 ●

오퍼랜드를 명령어에 직접 명시하는 형태로 실제 값을 명령어에 포함시키는 방식이다. 오퍼랜드의 내용이 실제 연산에 사용할 데이터이므로 이 값은 상수로 간주되며, 변수의 초기값을 설정하는 데 많이 사용된다. 그 외에도 값 설정, 산술 계산, 비교 명령어 등에 많이 사용된다. 이 방식은 어떤 상수 값을 나타내므로 메모리에 접근할 필요가 없으며, 따라서 실행 사이클이 짧아진다. 상수 값의 크기는 오퍼랜드 부분의 비트 수에 의해 제한되며, 일반적으로 2의 보수 형태를 사용해서 저장된다. 다음은 즉치(immediate, 또는 리터럴(literal)) 주소지정 방식의 예다.

```
MOV R1, #200
LOAD  #200
```

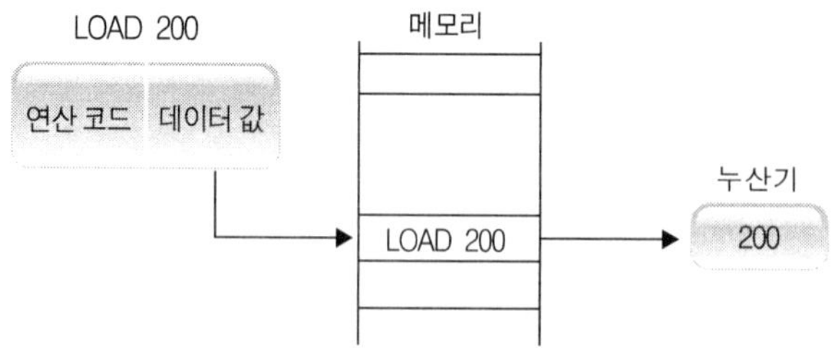

◀ 그림 2-11 ▶ 즉치 주소지정 방식의 명령어 형식

● **직접 주소지정 방식** ●

직접 주소지정은 명령어 내의 오퍼랜드 내용이 실제로 사용할 데이터가 저장되어 있는 메모리의 주소를 나타내도록 하는 것이다. 즉, 오퍼랜드의 내용이 데이터의 유효 주소가 된다. 유효 주소는 데이터가 저장된 메모리의 실제 주소다. 데이터에 접근하기 위해서 메모리 접근이 한 번 필요하며, 유효 주소를 위한 계산이 필요하지 않다. 프로그램상의 주소와 메모리 주소가 일치하므로 프로그램이 간단하게 작성될 수 있으며 간접 주소지정 방식보다 빠르다. 접근 가능한 메모리의 크기는 오퍼랜드 부분의 비트 크기에 의해서 결정된다. 예를 들어 명령어 형식이 32비트고 연산 코드가 6비트, 오퍼랜드가 26비트인 경우에 접근 가능한 메모리 크기는 64 MB(2^{26}) 공간이 된다. 다음은 직접 주소지정 방식의 예다.

```
MOV R1, M[1000]
```

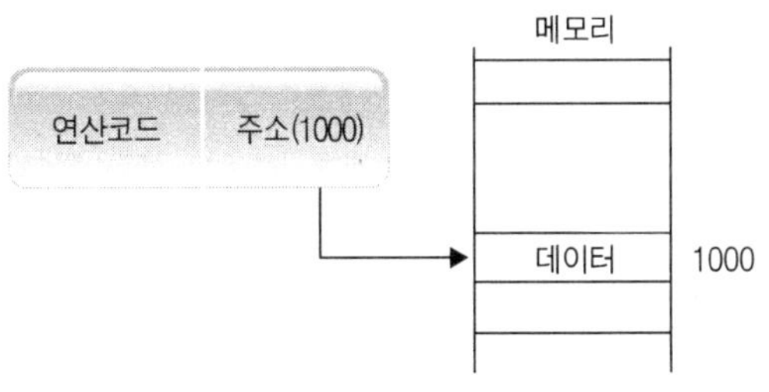

【그림 2-12】 직접 주소지정 방식

● **간접 주소지정 방식** ●

간접 주소지정 방식은 명령어 내에 연산에 사용할 피연산자의 주소가 있는 것이 아니라, 레지스터 이름 혹은 오퍼랜드가 있는 유효 주소를 갖고 있는 메모리의 주소를 넣어 두는 것이다. 직접 주소지정 방식에서는 오퍼랜드의 주소 부분 비트 수에 따라 접근할 수 있는 메모리의 크기가 결정되는 반면에, 간접 주소지정 방식에서는 유효 주소가 저장된 기억장소의 크기에 따라 결정된다. 즉, 접근 가능한 최대 메모리 용량은 그 메모리에 저장된 워드의 비트 수에 의해 결정되므로 직접 주소지정보다 메모리를 더 확장할 수 있다. 직접 주소지정에서는 명령어 길이의 제약으로 직접 명시할 수 있는 메모리 공간의 크기가 제한됐으나, 간접 주소지정 방식에서는 이런 제약이 없다. 이 방식의 단점은 실행 사이클 동안 두 번의 메모리 접근이 필요하다는 것이다. 한 번은 메모리의 주소를 읽어 오기 위해서고, 또 한 번은 그 주소가 지정하는 메모리 위치에서 실제 데이터를 읽어 오기 위해서다.

ADD R1, @(R3) ; R1 ← R1 + M[M[R3]]

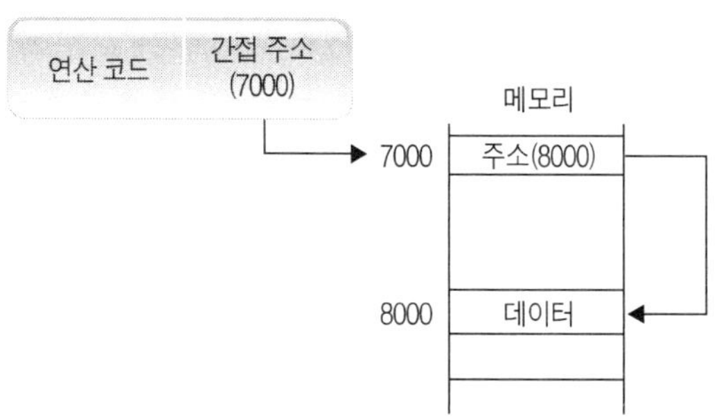

《 그림 2-13 》 간접 주소지정 방식

● **레지스터 주소지정 방식** ●

레지스터 주소지정 방식은 오퍼랜드가 레지스터에 저장되어 있으며 그 레지스터를 명령어의 오퍼랜드로 지정한다. 즉, 오퍼랜드에서 내용은 레지스터 번호며, 이 레지스터의 내용이 연산에 필요한 데이터가 된다. 오퍼랜드에서 특정한 레지스터를 직접 지정하기 때문에 명령어의 길이가 짧고, 메모리로부터 데이터를 가져오지 않아도 되기 때문에 처리 속도가 빠르다.

ADD R1, R2 ; R1 ← R1 + R2

《 그림 2-14 》 레지스터 주소지정 방식

● 레지스터 간접 주소지정 방식 ●

간접 주소지정 방식과 레지스터 주소지정 방식을 혼합한 형태다. 레지스터 간접 주소지정 방식은 명령어의 오퍼랜드부가 레지스터 번호를 나타내고, 이 레지스터의 내용이 실제 연산에 사용할 메모리의 유효 주소가 된다. 레지스터 주소지정 방식과는 달리 레지스터에는 연산에 사용할 데이터가 아니라 데이터의 위치를 나타내는 주소 값이 들어 있다. 이 방식은 레지스터에 데이터의 주소를 담고 있기 때문에 대용량 기억장치의 주소를 지정할 수 있으며, 메모리를 이용한 간접 주소지정 방식보다 처리 속도가 빠르다는 장점이 있다.

ADD R1, (R2) ; R1 ← R1 + M[R1]

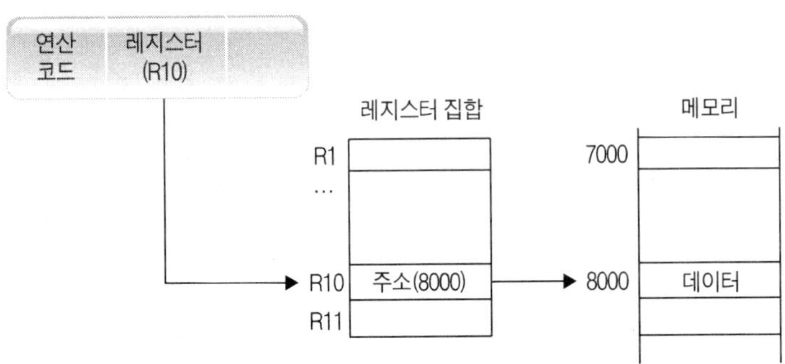

《 그림 2-15 》 레지스터 간접 주소지정 방식

● 묵시적 주소지정 방식 ●

묵시적(implied) 주소지정 방식은 명령어의 실행에 오퍼랜드가 필요 없으며 오퍼랜드가 있더라도 명령어에 따라 묵시적으로 지정되는 방식이다. 예를 들면 NOP 명령은 No Operation을 뜻하며, 오퍼랜드가 필요 없는 명령어다. PUSH, POP 명령어도 여기에 포함된다. INC 명령어도 묵시적으로 누산기를 이용해서 연산이 이뤄지는 명령어이기 때문에 오퍼랜드를 명시할 필요가 없다.

● 변위 주소지정 방식 ●

명령어에서 명시된 레지스터의 값에 변위(displacement) 값을 더한 값이 오퍼랜드가 저장된 메모리의 주소가 되는 방식이다. 이 방식에서는 두 개의 오퍼랜드를 갖는다. 하나는 변위를 나타내는 주소고, 다른 하나의 오퍼랜드는 레지스터가 갖고 있는 값이다. 데이터가 있는 메모리의 주소는 레지스터에 있는 값과 변위를 나타내는 주소를 더한 값이다.

ADD R1, 500(R2)

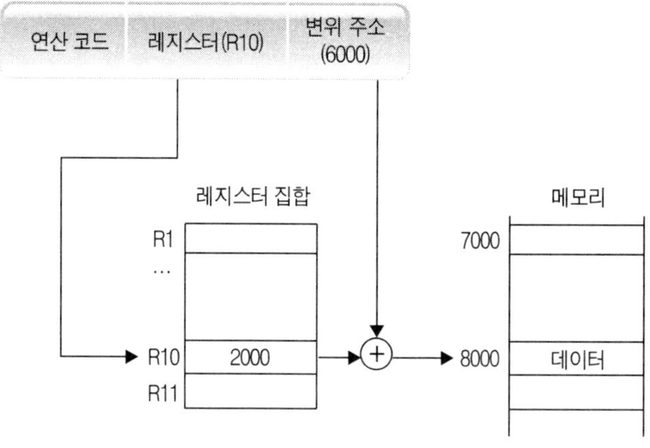

◀ 그림 2-16 ▶ 변위 주소지정 방식

● **상대 주소지정 방식** ●

변위 주소지정 방식에서는 변위에 레지스터 값을 더했으나, 상대(relative) 주소지정 방식에서는 레지스터 대신에 프로그램 카운터(PC)의 값을 이용한다. 데이터에 접근하기 위한 유효 주소는 오퍼랜드에 있는 변위 주소와 프로그램 카운터의 내용이 더해져서 결정된다. 아래 예와 같이 유효 주소는 변위 주소와 프로그램 카운터의 값을 더한 값이 메모리에 접근하기 위한 오퍼랜드의 주소가 된다. 현재 실행되고 있는 명령어 근처에 오퍼랜드가 있을 경우에는 작은 변위 값을 이용해서 데이터에 접근할 수가 있다. 모든 메모리 영역을 포함하지 않기 때문에 명령어의 길이가 짧아서, 빠르고 효율적인 데이터 접근이 가능하다. 현재 PC 값을 기준으로 제한된 변위 값 범위의 메모리에만 접근한다는 단점이 있다.

LOAD X(PC), R1 ; X = 변위 주소, 유효 주소 = X + PC

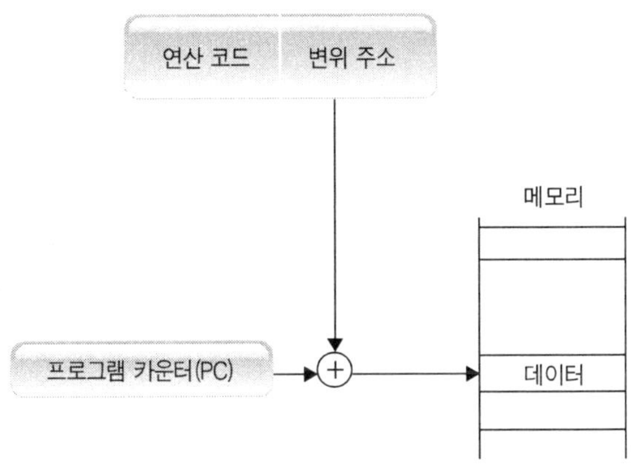

《 그림 2-17 》 상대 주소지정 방식

● **인덱스 주소지정 방식** ●

이 주소지정 방식은 인덱스 레지스터의 내용과 오퍼랜드의 값을 더한 값이 유효 주소가 된다. 이 방식에서는 특수 목적의 인덱스(index) 레지스터를 사용한다. 인덱스 레지스터의 값만 바꾸면 연속된 메모리의 다음 원소에 접근할 수 있으므로, 배열과 같은 데이터 구조의 원소에 접근하는 응용에 사용하면 편리하다.

LOAD X(R_{index}), R1　　　; R_{index} = 인덱스 레지스터,
　　　　　　　　　　　　　　; 유효 주소 = X + R_{index}

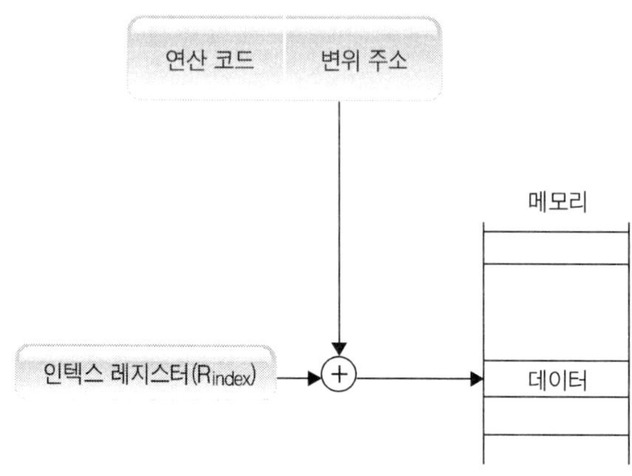

【그림 2-18】 인덱스 주소지정 방식

● **자동증가 주소지정 방식** ●

이 주소지정 방식은 레지스터 간접 주소지정 방식과 유사하다. 자동증가(auto-increment) 레지스터를 사용하며, 이 레지스터의 출력이 유효 주소가 된다. 메모리 접근이 수행된 후에 자동증가 레지스터의 값이 자동으로 증가한다. 그림 2-19에서 메모리의 오퍼랜드 주소는 자동증가 레지스터에서 출력되며, 이 메모리 주소로 메모리에 접근해 메모리의 값을 로드해서 레지스터(R_i)에 적재한 후, 자동증가 레지스터의 값이 자동으로 증가된다.

LOAD (R_{auto})+, R_i

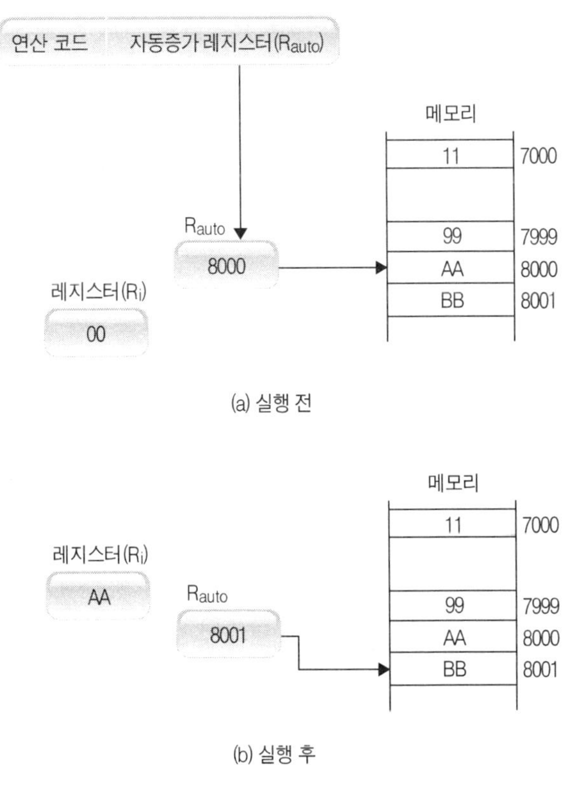

《 그림 2-19 》 자동증가 주소지정 방식

● 자동감소 주소지정 방식 ●

이 주소지정 방식도 자동증가 주소지정 방식과 유사하지만 이 방식에서는 자동감소 레지스터의 내용이 먼저 감소한 후에 메모리 접근이 그 다음에 이뤄진다. 자동감소 레지스터의 값이 메모리에 접근하기 위한 주소가 된다. 이 주소에서 데이터를 읽어서 레지스터(R_i)에 적재한다. 메모리 접근이 일어나기 전에 자동감소 레지스터 값이 먼저 감소한다. 그림 2-20에서 자동감소 레지스터의 내용이 먼저 감소된 후, 이 레지스터 값이 메모리의 오퍼랜드의 주소로 사용되고, 이 주소에서 읽어 온 값이 레지스터(R_i)에 적재된다.

LOAD $-(A_{auto})$, R_i

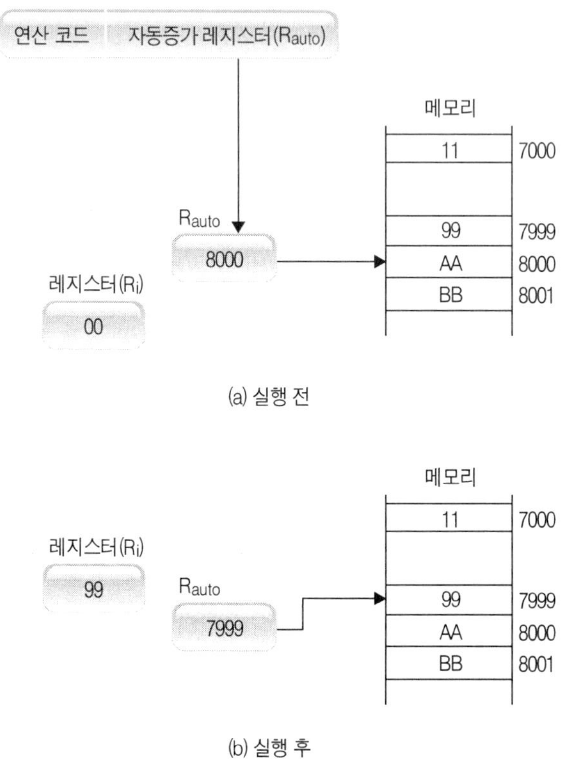

【그림 2-20】 자동감소 주소지정 방식

2.4 메모리와 동작

데이터를 저장하는 최소 단위는 binary digit의 약칭인 비트(bit)며, 한 개의 비트는 '0' 또는 '1'의 값을 저장할 수 있다. 비트가 8개로 구성될 경우 1바이트(byte)가 된다. 메모리에서 셀(cell)은 2진수에서 최소 단위인 1비트가 저장되며, 메모리가 저장할 수 있는 총 비트 수를 메모리의 용량이라고 한다. 메모리는 데이터에 대한 입력과 출력 기능을 가진 저장 요소들의 집합이다. 입출력에서 하나의 단위로 취급되는 것이 워드(word)다. 일반적으로 메모리에서의 워드의 길이는 바이트의 배수 단위인 8, 16, 32, 64비트가 사용된다. 각 워드는 각기 서로 다른 주소를 갖는다. 예를 들면 32비트 프로세서에서 한 워드는

4바이트로 구성되며, 바이트 주소를 사용한다면 워드 0은 0, 1, 2, 3바이트로 구성되고, 워드 1은 4, 5, 6, 7바이트로 구성된다. 한 워드는 단순히 4개로 나누어진 바이트 주소가 된다.

(1) 주소 공간

컴퓨터 시스템에서 하드웨어 주소 수에 의해 주어진 주소 공간을 물리적 주소(physical address) 공간이라고 한다. 예를 들어 20비트의 주소는 1 MB의 물리적 주소 공간을 갖는다. 주기억장치로는 주로 DRAM(Dynamic Random Access Memory)을 사용한다. 일반적으로 512 MB 메모리는 $512 \times 2^{20} = 2^{29}$바이트의 메모리다. 그림 2-21과 같이 아주 간단한 메모리의 구조를 살펴보면 하나의 주소에 있는 워드의 크기가 n비트고 워드의 주소 수가 m비트면, 이 메모리의 용량은 $2^m \times n$비트다. 여기서 한 주소에 해당하는 비트 수가 n비트며 하나의 워드 크기가 된다. 워드의 주소는 m개며, 따라서 서로 다른 주소의 수는 2^m이다. m개의 주소는 어드레스 디코더의 입력이 되며 어드레스 디코더의 출력의 수는 2^m이다.

유효 주소는 컴퓨터가 명령을 실행할 때 실제 데이터가 있는 주소 번지를 말하며, 주소 연산의 마지막 단계에서 오퍼랜드가 위치하고 있는 주소를 나타낸다. 프로세서는 메모리 시스템에 유효 주소를 내보낸다. 이때 유효 주소는 물리적 주소로 변경되기도 하며, 이 경우에는 주소 변환이 사용된다.

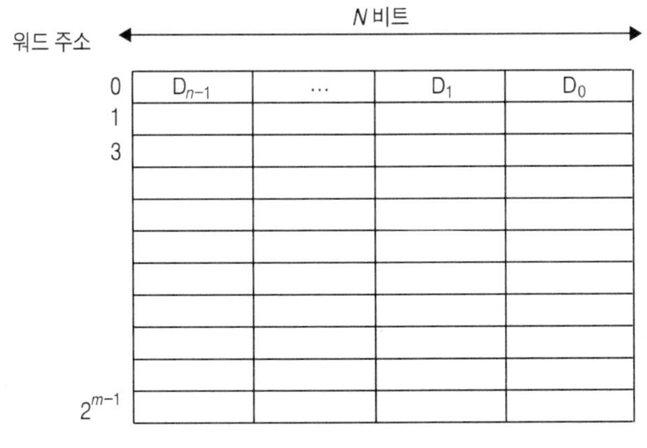

N 비트

워드 주소				
0	D_{n-1}	…	D_1	D_0
1				
3				
2^{m-1}				

◀ 그림 2-21 ▶ 간단한 메모리 구조

(2) 저장 순서

물리 메모리는 처음 주소부터 마지막 주소까지 각 주소에 1바이트씩 저장되는 선형적인 구조로 생각할 수 있다. 한 워드는 여러 개의 바이트로 구성되는데, 하나의 워드에 바이트가 어떤 순서로 저장되는가에 따라서 저장 순서가 달라진다. 한 워드가 메모리에 저장되는 방식으로 빅 엔디언(big endian)과 리틀 엔디언(little endian)이 있다. 빅 엔디언은 워드에서 최상위 바이트(MSB)에 가장 낮은 주소의 메모리가 저장되는 방식이다. 리틀 엔디언은 워드의 최하위 바이트(LSB)에 가장 가장 낮은 주소의 메모리가 저장된다. 그림 2-22는 리틀 엔디언과 빅 엔디언 방식으로 데이터가 저장된 모습을 나타낸다. 리틀 엔디언 방식을 사용하는 프로세서로는 Intel 80 × 86, DEC Vax, DEC Alpha 등이 있으며, 빅 엔디언은 IBM 360/370, Motorola 68k, MIPS, Sparc, HP PA 등이 해당한다.

◀ 그림 2-22 ▶ 리틀 엔디언과 빅 엔디언

(3) 메모리 동작

메모리에 데이터를 저장하거나 저장되어 있는 데이터를 읽을 수 있다. 데이터를 읽고 쓰기 위해서는 읽고 쓰는 대상이 되는 위치가 주소로 구분돼야 한다. 메모리에 데이터를 쓰는 것은 주소를 결정하고, 주어진 워드를 그 주소에 저장하는 동작으로 이뤄진다. 메모리 읽기 동작은 주어진 메모리 위치를 결정하고, 그 위치에서 워드를 읽어 오는 동작으로 이뤄진다. 여기에 상세한 동작을 기술한다.

● 메모리 읽기 ●

예를 들어 설명하기 위해 몇 가지 레지스터를 정의하면 다음과 같다.

- 메모리 데이터 레지스터(MDR: Memory Data Register): 쓰일 메모리 데이터를 일시적으로 저장하거나 읽어낸 데이터를 일시적으로 저장하는 레지스터
- 메모리 주소 레지스터(MAR: Memory Address Register): 프로세서가 메모리 주소를 메모리로 전달하기 전에 일시적으로 저장하는 레지스터

프로세서와 메모리 사이의 데이터 전송이 이뤄지고 메모리의 주소는 항상 프로세서에서 출력된다. 메모리 읽기 동작의 순서는 다음과 같다.

(1) 메모리의 읽을 데이터 워드 주소를 MAR에 적재한다.
(2) 프로세서에서 'Read'라는 신호를 메모리로 전달하며, MAR에서 지정된 위치의 데이터 워드를 메모리에서 읽어내고, 이것을 MDR에 적재한다.
(3) 프로세서는 MDR에 저장된 데이터를 사용한다.

그림 2 23에서 7999번지 메모리에 저장되어 있는 워드에 대한 읽기 동작을 수행한다. (a)는 읽기 동작이 수행되기 전이며 (b)는 읽기 동작 수행 후의 모습이다. MDR 값이 바뀐 것을 볼 수 있다.

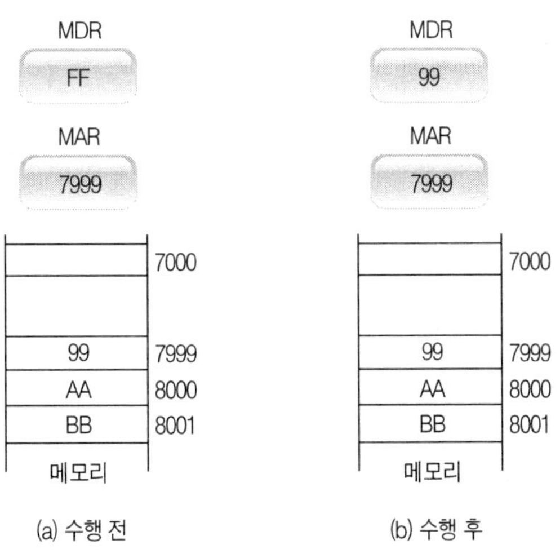

◀ 그림 2-23 ▶ 메모리 읽기 동작

● 메모리 쓰기 ●

메모리 쓰기 동작은 메모리 읽기와 유사하게 다음과 같은 순서로 동작이 이뤄진다.

(1) 프로세서는 메모리에 저장할 데이터를 먼저 특수한 레지스터인 MDR에 적재한다.
(2) 프로세서는 데이터를 저장할 메모리 위치인 주소를 MAR에 적재한다.
(3) 프로세서의 'Write' 제어 신호는 MDR에 있는 데이터를 MAR이 지정하는 메모리 주소에 저장한다.

그림 2-24에서 7999번지에 데이터 FF를 저장하려고 한다. 먼저 저장할 데이터인 FF 값을 데이터 레지스터인 MDR에 적재하고, MAR에는 메모리 주소 값인 7999를 저장한다. (a)는 쓰기 동작을 수행하기 전이고 (b)는 쓰기 동작 후의 상태다. 메모리 7999번지에 새로운 데이터 값이 저장되는 것을 볼 수 있다.

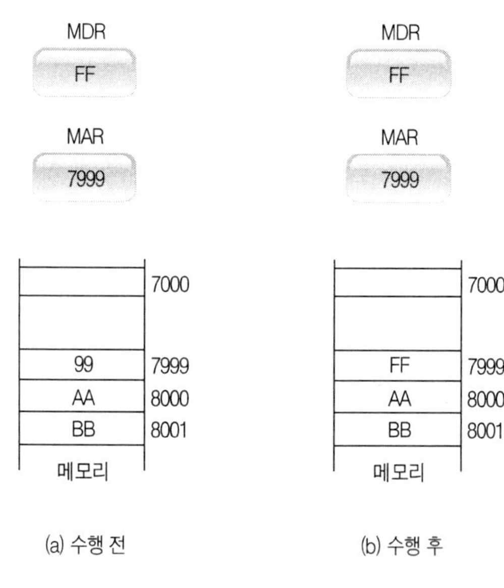

《 그림 2-24 》 메모리 쓰기 동작

연습문제 exercise

1. 프로세서 내부를 구성하고 있는 세 가지 요소는 무엇인가?
2. 시스템 버스에 대하여 각각 설명하라.
3. 프로세서에서 레지스터의 역할은 무엇인가?
4. 레지스터를 전용과 범용으로 나눈다면 전용 레지스터의 예를 들어라.
5. 레지스터 중에서 다음에 인출할 명령어의 주소를 담고 있는 것은 무엇인가?
6. 명령어 레지스터의 역할을 설명하라.
7. 프로그램 카운터(PC)를 설명하라.
8. 명령어 실행 후에 각종 상태를 표시하는 레지스터는 무엇인가? 또한 표시하는 상태에는 어떤 것들이 있는가?
9. 스택은 어떤 경우에 사용하는가? 이때 스택을 사용하면 어떤 장점이 있는가?
10. 외부 메모리를 이용해 스택을 구현하려고 한다면 이를 위해서 프로세서에서 구조적으로 지원해 줘야 하는 것들에는 어떤 것이 있는가?
11. 명령어 실행 사이클을 4단계로 구분한다면 이들은 무엇인가?
12. 메모리에 저장된 프로그램의 일부를 프로세서로 읽어들이는 과정을 명령어 실행 사이클에서 무엇이라고 부르는가?
13. 프로세서 내부의 각종 장치가 어떻게 동작해야 하는지를 제어하는 데 필요한 신호를 만들기 위해서는 어떤 명령어가 명령어 레지스터에 저장되어 있는지를 알아야 한다. 어떤 종류의 명령어인지 알아내기 위한 이 과정을 명령어 실행 사이클에서 무엇이라고 부르는가?
14. 덧셈 명령어를 실행하기 위해서는 덧셈을 당하는 피연산자가 필요하다. 이 데이터가 메모리에 저장되어 있다면, 이 피연산자를 프로세서로 불러들이는 과정은 명령어 실행 사이클의 어느 과정에서 처리돼야 하는가?

15. 프로세서에서 명령어 실행 사이클의 1단계 명령어 인출을 마친 상태에서 외부 장치에 의해서 인터럽트가 발생했다. 프로세서는 언제 이 인터럽트 처리를 해야 하는가?

16. 명령어에 대해서 네 가지 세부 단계가 실행될 때, 프로그래머가 관여해 세부 단계의 실행을 멈추거나 지연시키는 등의 행위를 할 수 있는가?

17. 명령어 형식을 크게 두 부분으로 구분하면 무엇인가?

18. 명령어가 어떤 연산을 수행해야 하는지를 지정하는 부분을 무엇이라고 하는가?

19. 연산을 수행하는 데 필요한 데이터나 데이터가 들어 있는 곳의 주소를 표시하는 부분을 무엇이라고 하는가?

20. 많은 연산을 지원하고 큰 메모리를 참조할 수 있도록 명령어의 크기를 크게 만들려고 한다. 어떤 단점이 있는가?

21. 명령어 형식을 설계하는 데 있어서 오퍼랜드가 차지하는 필드를 1개만 두려고 한다. 이를 위해서는 구조적으로 어떤 지원이 있어야 하는가?

22. 명령어 연산 코드가 8비트면, 이 프로세서가 수행할 수 있는 연산의 종류는 최대 몇 가지인가?

23. 명령어 형식에서 오퍼랜드 10비트에 2의 보수 형태로 데이터를 저장한다면, 그 데이터의 표현 범위는 얼마인가?

24. 0-주소 명령어 형식을 이용한 연산을 하기 위해서는 어떤 자료구조를 응용해야 가능한가?

25. 1-주소 명령어에서 연산 코드가 6비트고, 10비트의 오퍼랜드가 메모리의 주소를 지정한다면 메모리 용량은 최대 얼마인가?

26. 명령어 형식의 주소 필드의 개수가 시스템 성능에 미치는 영향을 설명하라.

27. 시프트 명령어는 데이터 이동에 관한 명령어의 범주에 속하는가, 아니면 산술논리 연산의 범주에 속하는가? 그 이유는 무엇인가?

28. 명령어 형식에서 많은 종류의 주소지정 방식을 두는 이유는 무엇인가?

29. 다음 명령어에서 R1에 저장되는 값은 무엇인가?

```
MOV R1, #300
```

30. 즉치 주소지정 방식의 장점은 무엇인가? 또한 한계는 무엇인가?

31. 직접 주소지정 방식이 메모리에 들어 있는 데이터를 가져오기 위한 가장 쉬운 방법인 것 같다. 이 방법의 문제점은 무엇인가?

32. 메모리를 이용한 간접 주소지정 방식을 사용하면 큰 메모리라도 모두 접근할 수 있다. 단점은 무엇

인가?

33. 레지스터를 이용한 간접 주소지정 방식의 장점을 설명하라.

34. 상대 주소지정 방식은 어떤 경우에 사용되는가?

35. 인덱스 레지스터를 이용한 변위 주소지정 방식은 어떤 경우에 사용되는가?

36. 상대 주소지정 방식과 변위 주소지정 방식을 비교 설명하라.

37. 다음과 같은 레지스터와 메모리 주소에 대한 데이터 값이 주어졌다. 각 명령어를 실행한 후 레지스터 R1 값을 구하라.

레지스터 값 R1 = 100, R2 = 200, PC = 100

(1) MOV R1 #100 즉치
(2) MOV R1, (100) 간접
(3) MOV R1, [R2] 레지스터 간접
(4) MOV R1, 1[R2] 변위
(5) MOV R1, 2(PC)

메모리 주소	데이터
99	10
100	201
101	302
102	40
199	50
200	60
201	70
202	90

38. 30비트의 주소로 지정할 수 있는 메모리 장소의 최대 수는 얼마인가?

39. 메모리의 LOAD, STORE 동작을 설명하라.

40. 명령어의 분류 및 기능을 설명하라.

3장 _ 어셈블리어 프로그래밍

2장에서는 명령어 집합을 포함한 프로세서 구조에 대한 기본 개념을 다뤘다. 3장에서는 어셈블리어 프로그래밍을 설명하고자 한다. 어셈블리어로 작성된 프로그램은 컴파일러에 의해 생성된 코드보다 더 빠르고 코드의 크기도 더 작다. 더 빠르고 더 작은 실행 코드는 자원이 아주 제한된 모바일 제품과 임베디드 제품에서 아주 중요하다. 이 책에서 다루는 어셈블리어는 컴퓨터의 아키텍처 및 조직을 이해하기 위해서 다루는 것이다. 가상적인 단순한 프로세서를 가정하는 것으로 시작해서, 실제로 많이 사용되는 ARM 프로세서의 어셈블리어 특징과 ARM 프로세서의 어셈블리 코드 예를 설명한다.

3.1 간단한 컴퓨터

컴퓨터의 기계어(machine language)는 주어진 프로세서에 고유한 언어며, 컴퓨터의 하드웨어가 이해할 수 있는 언어다. 어셈블리어(assembly language)는 기계어를 심벌로 나타낸 형태로, 어셈블리어 역시 프로세서마다 각기 다르며 고유하다. 심벌을 이용해서 표현된 어셈블리어 프로그램을 컴퓨터 하드웨어가 이해할 수 있도록 기계어로 변환해 주기 위해서 어셈블러(assembler)라는 변환 프로그램이 사용된다. 어셈블리어는 프로세서 내부 구조와 밀접한 관계가 있기 때문에 어셈블리어 프로그래머는 프로세서의 구조를 잘 알고 있어야 프로그램을 작성할 수 있다.

어떤 프로세서에 대해 공부하기 위해서는 먼저 그 프로세서의 메모리 용량 및 구조, 프로세서의 레지스터, 명령어 형식, 명령어 집합을 살펴봐야 하며, 다음으로 그 프로세서에 대한 어셈블리어를 잘 알아야 한다. 이 장에서는 그림 3-1과 같은 구성을 가진 단순한 가상 프로세서를 가정하고 이를 대상으로 하여 어셈블리어를 알아본다.

프로세서 내부에는 ALU가 있으며, 레지스터는 전부 16비트로서 프로그램 카운터(PC), 누산기(AC), 명령어 레지스터(IR), 주소 레지스터(AR), 데이터 레지스터(DR)가 있다. 프로그램 카운터(PC)는 다음에 수행할 명령어의 주소를 담고 있다. 명령어 레지스터는 현재 수행 중인 명령어를 저장하고 있다. 주소 레지스터는 명령어 수행에 사용될 메모리의 주소를 담고 있다. 이 시스템에서 메모리의 용량은 4096워드며, 한 워드는 16비트다.

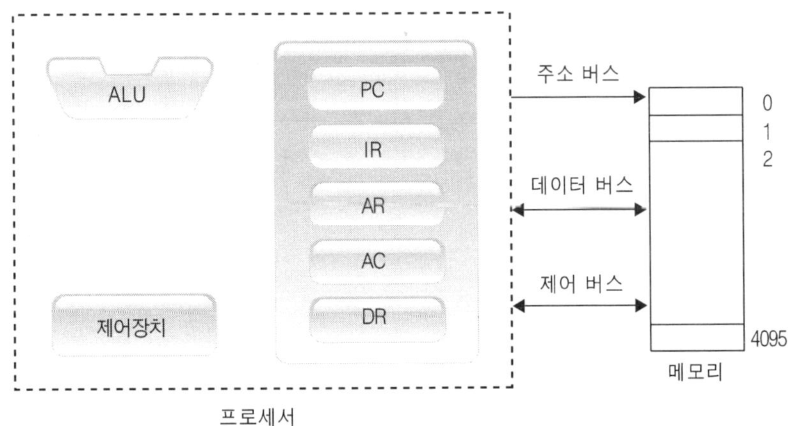

◖ 그림 3-1 ◗ 가상적인 컴퓨터 시스템

이 가상 프로세서는 데이터 이동, 데이터 처리, 프로그램 제어라는 세 가지 명령어 형태를 지원한다고 가정한다. 데이터 전송에 관련된 명령어는 AC와 DR 레지스터 간의 데이터 이동을 지정하는 LOAD, STORE, MOVE 명령어다. 데이터 처리는 ADD, SUBTRACT, AND, NOT 명령어가 담당하며, 프로그램 제어 명령어는 JUMP, Conditional JUMP 명령어가 해당된다. 각 명령어를 표 3-1에 요약해 뒀다.

▌표 3-1▐ 명령어 집합

연산 코드	오퍼랜드	설명
0000		STOP 수행
0001	addr	오퍼랜드의 메모리 주소에서 AC로 적재
0010	addr	오퍼랜드의 메모리 주소로 AC 값을 저장
0011		AC → DR
0100		DR → AC
0101		AC ← DR + AC
0110		AC ← AC - DR
0111		DR AND AC
1000		NOT AC
1001	addr	JUMP (addr)
1010	addr	If AC = 0, JUMP(addr)

예제) 메모리 위치 12에 초기값 350, 14에 96이 들어 있고, 덧셈 연산의 결과 값을 메모리 16 위치에 저장하는 프로그램을 기계어로 나타내면 표 3-2와 같다. 여기서 첫 번째 열은 명령어와 오퍼랜드의 메모리 위치를 16진수로 나타낸 것이고, 두 번째 열은 각 메모리 주소에 들어 있는 메모리의 내용 값이다. 연산 코드는 4비트며 오퍼랜드 12비트는 주소를 나타낸다.

표 3-2 작성한 프로그램의 기계어

메모리 위치(바이트)	프로그램 코드	설명
000	0001 0000 0000 1100	메모리 12 위치에서 AC로 이동
002	0011 0000 0000 0000	AC → DR
004	0001 0000 0000 1110	메모리 14 위치에서 AC로 이동
006	0101 0000 0000 0000	AC ← DR + AC
008	0010 0000 0001 0000	메모리 16 위치에 AC 값 저장
00A	0000 0000 0000 0000	STOP
00C	0000 0001 0101 1110	데이터 값 350
00E	0000 0000 0110 0000	데이터 값 96
010	0000 0000 0000 0000	데이터 값 0

3.2 명령어 니모닉

어셈블리어는 기계어를 심벌의 형태로 나타낸 것이다. 어셈블리 프로그램에서 작성된 기호, 즉 ADD, LOAD를 니모닉(mnemonic)이라고 한다. 니모닉은 실제 프로세서의 명령어를 기호로 축약해서 나타낸 것이다. 어셈블리어 프로그래밍은 어셈블리 명령어로 작성된 프로그램이다. 어셈블리 명령어는 전부 니모닉으로 대치되어 표현된다. 어셈블리 프로그램을 작성할 때 각 라인은 하나의 어셈블리 명령어가 되며, 각 라인은 네 가지 필드를 갖는다. 네 가지 필드는 레이블(label), 연산 코드(operation code), 오퍼랜드(operand), 주석(comments)이다. 어셈블리 명령어에서 각 부분의 형식은 그림 3-2와 같다.

레이블(선택적)	연산 코드	오퍼랜드	주석(선택적)

【그림 3-2】 어셈블리 명령어 형식

- 레이블: 메모리 주소를 심벌 이름으로 표현하는 데 사용된다. 프로그램에서는 레이블이 위치한 라인으로 점프하는 동작에 사용된다. 위치를 굳이 표시할 필요가 없는 보통의 명령어에서는 레이블이 생략된다. 레이블로 사용할 수 있는 문자의 최대 길이는 프로세서마다 다르다. 각 필드 사이에는 'SPACE'가 각 필드를 구분하는 역할을 한다.
- 연산 코드: 명령어를 니모닉 형태로 표시하거나 어셈블러 지시어 등을 나타내는 곳이다.
- 오퍼랜드: 피연산자, 주소, 정수, 레지스터 이름, 문자 등을 나타내는 곳이다. 숫자는 진수를 표시할 경우 숫자 바로 뒤에 진수 문자를 사용한다. 또한 문자열인 경우에는 프로세서마다 표현 방식이 다양하다.
  예) 2진수 = B, 8진수 = O, 16진수 = H
- 주석: 주석은 프로그램의 내용을 알기 쉽게 설명하는 데 사용된다. 주석은 세미콜론(;), '/' 등의 문자로 시작해야 주석의 시작이라는 것을 어셈블러에게 알려 줄 수 있다. 어셈블러는 주석을 모두 무시하며, 주석은 생략할 수도 있다.

가상 프로세서에서는 레이블은 생략하거나 최대 6개의 문자가 가능하며, 주석은 '/'로 나타낸다. 표 3-1에 2진수로 표시된 명령어들을 표 3-3에 어셈블리어로 나타냈다.

【표 3-3】 가상 프로세서에 대한 어셈블리어

니모닉	오퍼랜드	설명
STOP		STOP 수행
LD	x	오퍼랜드의 메모리 주소에서 AC로 적재
ST	x	오퍼랜드의 메모리 주소로 AC 값을 저장
MOVAC		AC → DR
MOV		DR → AC
ADD		AC ← DR + AC
SUB		AC ← AC − DR
AND		DR AND AC
NOT		NOT AC
BRA	addr	JUMP (addr)
BZ	addr	If AC=0, JUMP(addr)

어셈블리 프로그램에는 연산 코드 외에도 추가적으로 포함되는 명령어들이 있다. 이 명령어는 프로세서가 인식해 처리하는 것이 목적이 아니라 어셈블러가 인식해 처리하게 하는 것이 목적이다. 이런 명령어를 의사명령어(pseudo instruction) 혹은 어셈블러 지시어(assembler directive)라고 한다. 예를 들면 아래에서 X는 레이블, W는 의사명령어, 900은 십진수 상수다. W가 의미하는 것은 메모리 공간에서 워드(16비트)를 예약한다는 것이다.

```
X W 900
```

다음은 간단하게 어셈블리 프로그램을 작성한 것이다. 여기서 X, Y, Z는 레이블이며, W는 의사명령어다.

<예제 프로그램>

```
        LD X       /   AC ← X
        MOVAC      /   DR ← AC
        LD Y       /   AC ← Y
        ADD        /   AC ← AC + DR
        ST Z       /   Z  ← AC
        STOP
X       W   900    /   1워드를 예약하고 350으로 초기화
Y       W   300
Z       W   100
```

3.3 어셈블러 지시어

어셈블러 지시어는 어셈블리 프로그램에 작성되고 어셈블러에 의해 기계어로 변환되어 실제 프로세서에 의해 실행되는 명령어와는 다른 명령어다. 이를 어셈블러 지시어(assembler directive)라고 하며, 어셈블리어로 작성된 프로그램을 기계어로 바꾸는 일을

도와준다. 프로세서의 명령어와는 다르게 지시어들은 어떤 연산 코드도 만들지 않는다. 지시어는 어셈블러 프로그램에게 어떻게 기계어 코드를 생성해야 하는지를 알려 주는 역할을 한다. 이런 지시어의 종류로는 데이터 정의, 세그먼트와 프로시저 정의, 매크로 정의, 세그먼트 레지스터 할당, 리스트 파일 지정 등이 있다.

x86에서 사용하는 어셈블러 지시어로는 다음과 같은 것이 있다.

- ORG(Origen): 프로그램과 데이터의 시작 주소를 설정한다.
- END: 어셈블러 작업의 종료를 나타내며, END 문 이후의 어셈블리어 프로그램은 기계어로 변환되지 않는다.
- EQU(Equate): 레이블(label) 이름에 상수 값을 지정한다.
- DB(Define Byte): 메모리에 데이터를 1바이트 단위로 확보한다.
- DW(Define Word): 메모리에 데이터를 2바이트(워드) 단위로 할당한다.
- DS(Define Storage): 메모리를 바이트 단위로 확보한다.

3.4 어셈블리와 프로그램 실행

어셈블리어로 작성된 프로그램을 소스 프로그램이라 한다. 이 소스 프로그램이 프로세서에서 실행되려면 어셈블러를 이용해 기계어로 번역돼야 한다. 실제로는 어셈블러가 생성한 기계어는 목적(object) 파일이다. 목적 파일은 링커(linker)라는 프로그램을 통해서 목적 파일과 라이브러리를 결합해 실행할 수 있는 프로그램을 생성한다. 다음은 로더(loader)에서 실행 파일을 메모리에 적재하고 프로그램 시작 주소로 프로세서를 점프시켜서 프로그램의 실행이 시작된다.

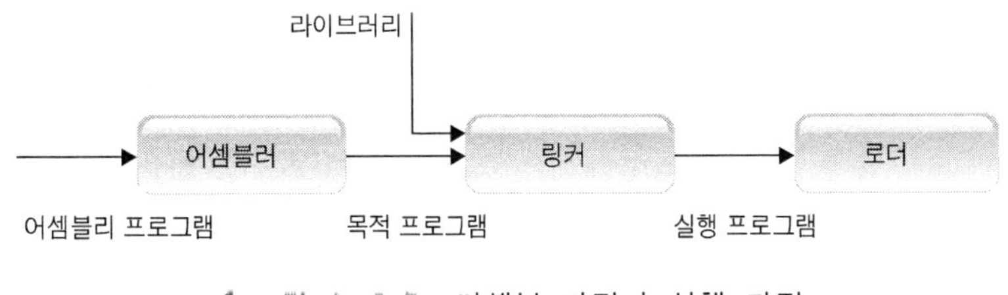

◀ 그림 3-3 ▶ 어셈블 과정과 실행 과정

(1) 어셈블러

어셈블러는 어셈블리어로 작성된 소스 코드 프로그램을 기계어로 변환하는 프로그램이다. 어셈블러가 처리하는 변환 과정은 어셈블리 문장을 대응하는 기계어로 1 대 1 매핑시키는 간단한 과정이다. 그러나 고급 언어를 기계어로 변환할 때 사용하는 컴파일 과정인 경우에는 하나의 고급 언어 문장이 계산적으로 동등한 다수의 기계어 문장으로 번역된다.

어셈블러에는 단일 패스와 이중 패스가 있는데, 단일 패스 어셈블러(one pass assembler)는 소스 프로그램을 하나의 명령문씩 읽어서 즉시 기계어로 번역해 출력하므로, 전체 원시 프로그램의 입력이 끝나면 목적 프로그램이 생성이 완료된다. 이중 패스 어셈블러(two pass assembler)는 소스 프로그램을 앞에서부터 끝까지 읽어서 1단계의 작업을 수행하고 나서, 다시 처음부터 소스 프로그램을 읽으면서 1단계에서 수행한 결과를 사용해 완전한 목적 프로그램을 만든다.

(2) 데이터 구조

어셈블러가 어셈블리어를 기계어로 변환하는 기능을 수행하기 위해서는 심벌 테이블, 연산 테이블, 지시어 테이블이라는 세 가지 테이블이 사용된다. 심벌 테이블은 레이블에 배정된 값을 저장하는 데 사용되며, 연산 테이블은 연산 명령어를 찾아서 기계어로 번역하는 데 사용된다. 연산 테이블은 명령어 연산 코드와 해당되는 기계어를 포함하고 있어야 한다. 어셈블 과정의 첫 번째 패스에서는 연산 테이블이 소스 프로그램의 명령 코드를 조사하고 확인하는 데 사용되며, 두 번째 패스에서는 명령어를 기계어를 번역하는 데 사용된다. 지시어 테이블도 지시어 심벌을 갖고 있으며, 지시어 명령어에 따른 기계어 번역을 수행한다.

(3) 링커와 로더

어셈블리 프로그램이 커지면 여러 개의 모듈로 나눠서 작성을 한다. 링커는 여러 개의 목적 모듈을 연결해 하나의 실행 파일을 만들어낸다. 로더는 실행 파일을 실행시키기 위해 주기억장치로 적재하는 역할을 한다. 어셈블러와 링커/로더를 분리하는 이유는 프로그램의 실행 동안에는 어셈블러가 기억장소에 있을 필요가 없어서 메모리 낭비를 없앨 수 있기 때문이다. 또한 번역된 목적 프로그램을 저장해야 되므로 실행 때마다 번역 과정을 다시 수행할 필요를 없애 준다. 어셈블러는 링커에게 외부 참조 테이블 등의 정보를 제공하고, 로더에게는 재배치할 때 변경해야 할 주소 테이블 등의 정보를 제공한다. 링커는 모듈들을 결합시키고, 외부 기호의 주소 값을 결정한다. 로더는 결합된 모듈을 메모리에 적재하고 심벌의 절대 주소를 결정한다.

3.5 ARM 어셈블리어

(1) ARM 프로세서

여기서는 임베디드 시스템에 널리 사용되는 ARM 프로세서에 관해서 알아본다. 1980년대에 ARCON이라는 영국 회사가 있었는데, 주로 컴퓨터를 설계, 개발, 제조해 판매하는 회사였다. 당시에는 프로세서로 6502를 주로 사용하고 있었는데, ARCON사에서는 프로세서를 직접 독자적으로 개발하고자 하여, 32비트의 RISC 프로세서를 개발했다. 1985년에 ARM1 프로세서, 1987년에 ARM2, 1990년 ARM3 프로세서를 발표했다. 이후 1990년 11월에는 ARM(Advanced RISC Machines)사가 설립됐다. ARM사에서 최초로 개발한 모델은 1991년에 발표한 ARM6였으며, 이후 ARM7, ARM8, ARM9, ARM10, ARM11 등이 발표됐다. ARM사에서는 ARM 계열 프로세서를 설계하고 개발할 뿐만 아니라 반도체 메이커에 제조 판매권을 라이선스하는 업무를 한다.

ARM 프로세서의 특징을 살펴보면 다음과 같다.

- 32비트 RISC 프로세서: ARM 프로세서는 32비트 프로세서며, 명령어로는 32비트의 ARM 명령어 집합, 16비트의 Thumb 명령어 집합이 있다. Thumb 명령어 집합은 32비트의 ARM 명령을 16비트로 압축한 서브셋이며, ARM 명령의 약 80%를 포함하고 있다. 메모리 제약이 심한 시스템에서 Thumb 명령어를 사용해 프로그램을 기술하면 성능을 거의 떨어뜨리지 않고 프로그램 크기를 압축할 수 있다. 또한 자바의 바이트코드도 실행할 수 있다. 이 프로세서의 워드 길이는 32비트며, 데이터 버스의

폭은 프로세서에 따라서 32비트, 64비트가 있다. 데이터 바이트를 정렬하는 방법은 기본적으로는 리틀 엔디안이지만 하드웨어적으로 빅 엔디안으로 변형할 수도 있다.

- 주소 공간: ARM 프로세서의 물리적 주소 공간은 4 GB이다. 따라서 주소 버스의 주소의 수는 32개다. 초기의 ARM 프로세서 중에는 26개의 주소를 갖는 프로세서도 있었다. 현재는 모두 32비트의 주소를 가지며, 메모리 공간과 I/O 공간의 구별은 없다. 그래서 I/O를 인터페이스시킬 때는 메모리 공간의 일부를 할당하는 메모리 매핑(memory-mapped) I/O를 사용한다.
- 레지스터 구성: ARM 프로세서의 레지스터 모델은 비교적 간단하다. 사용자 모드에서 프로그래머가 볼 수 있는 레지스터는 15개의 범용 레지스터와 1개의 프로그램 카운터(PC), 1개의 PSR(Program Status Resgister)뿐이다.
- 동작 모드: ARM 프로세서의 동작 모드는 특권 모드와 사용자 모드로 구별된다. 특권 모드는 6개의 세부 동작 모드로 더욱 세분화된다. 사용자 모드에서는 일반적인 프로그램을 실행하며, 특권 모드에서는 외부 인터럽트 등의 처리와 특권이 필요한 시스템 프로그램을 실행한다.

(2) ARM 어셈블리어의 특징

어셈블리어의 간단한 특징은 다음과 같다. 아래에 ARM 어셈블리 코드의 일부를 보여준다.

- 한 줄에 하나의 명령어를 표시한다.
- 메모리 위치를 나타내는 레이블이 첫 열에서 시작한다.
- 명령어는 두 번째 이후의 열에서 시작하게 해서 레이블과 구별되게 한다.
- 주석은 지정된 문자(ARM에서는 ; 문자)에서 시작하고 그 줄의 끝까지 해당한다.

```
label1   ADR r4, c
         LDR r0, [r4]      ; 주석
         ADR r4, d
         LDR r1, [r4]
         SUB r0, r0, r1    ; 또 다른 주석
```

어셈블리어가 이런 규칙적인 구조라면 어셈블러가 프로그램을 파싱하고 한 줄씩 처리하기가 수월하다. 다음은 덧셈에 대한 ARM의 데이터 처리 명령어를 보여준다.

```
ADDGT r0, r3, #5
```

조건 필드는 GT 조건(1100)으로 설정되고, 연산 코드 필드는 ADD 명령어에 해당하는 (0100)으로 설정되고, 첫 번째 오퍼랜드 레지스터 Rn은 3으로 설정된다. 목적지 레지스터 Rd는 0이 되고, 오퍼랜드 2 필드는 즉치 값 5를 갖는다.

그림 3-4는 ARM의 데이터 처리 명령어 형식을 보여준다.

《 그림 3-4 》 ARM 데이터 처리 명령어 포맷

어셈블러가 제공하는 의사명령어(pseudo-op)가 있어야 더욱 완벽한 어셈블리어가 될 수 있다. 의사명령어의 한 예로는 데이터 값을 메모리 위치에 적재하게 하는 것이 있다. 이것을 이용하면 메모리에 상수 값을 설정할 수 있다. 다음 코드는 ARM 의사명령어의 예를 보여준다. 이 명령은 오퍼랜드 필드에서 지정하는 크기의 메모리 블록을 할당하고 0으로 초기화한다.

```
BIGBLOCK        % 10
```

(3) ARM 프로그래밍 모델

ARM 구조에는 몇 가지 버전이 있다. ARM7은 폰 노이만 구조고, ARM9은 하버드 구조다. 하지만 이런 차이는 어셈블리어 프로그래머에게는 보이지 않고, 성능에서만 차이가 날 뿐이다. ARM 구조의 데이터 타입은 32비트가 표준 워드 크기고, 4개의 바이트로 구분되기도 한다. 그림 3-5처럼 처음 전원이 들어갈 때 리틀 엔디언(낮은 순서의 바이트가 워드의 낮은 순서 비트에 들어간다)이나 빅 엔디언(낮은 순서의 바이트가 워드의 가장 높은 순서 비트에 들어간다)으로 모드를 설정할 수 있다.

그림 3-5 ARM에서 워드 내 바이트의 구조

ARM 프로세서에서는 산술논리 연산이 메모리 위치에 대해서 직접적으로 수행되지는 않는다. ARM은 적재-저장(load-store) 구조이기 때문에, 데이터 오퍼랜드는 CPU에 적재되고 나서 연산의 수행이 이뤄지며, 결과는 다시 메모리에 저장된다. 그림 3-6은 ARM 프로그래밍 모델에 있는 레지스터를 보여준다. r0~r15의 16개 범용 레지스터가 있다. 모든 레지스터는 수행하는 동작의 기능이 같지만, r15는 프로그램 카운터의 역할도 한다.

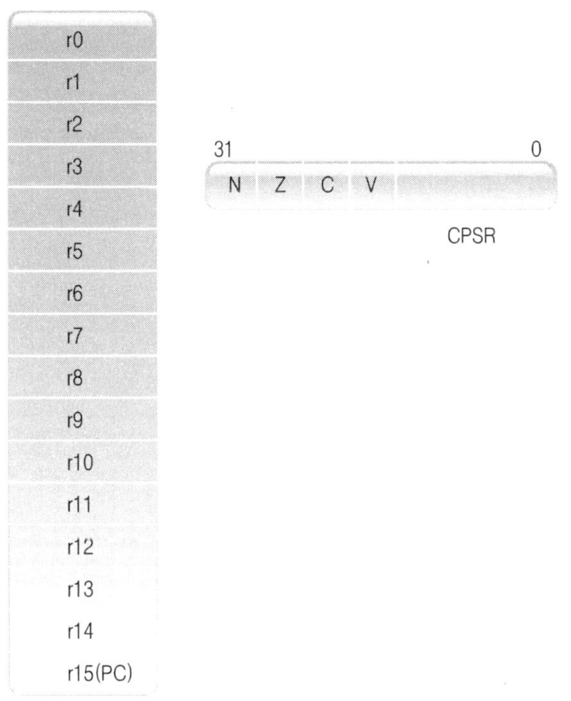

❰ 그림 3-6 ❱ ARM 프로그래밍 모델

상태 레지스터인 CPSR(Current Program Status Register)은 산술, 논리, 시프트 동작을 수행할 때 자동으로 설정된다. CPSR의 상위 4비트는 각종 연산 결과에 대해서 다음과 같은 유용한 정보를 제공한다.

- 음수(N) 비트는 2의 보수 산술의 결과가 음수일 때 설정된다.
- 영(Z) 비트는 모든 결과 비트가 0일 때 설정된다.
- 캐리(C) 비트는 연산 결과로 캐리가 발생될 때 설정된다.
- 오버플로(V) 비트는 산술 연산의 결과가 오버플로일 때 설정된다.

예제) ARM의 워드는 32비트다. 다음 계산에 대해서 상태 비트를 계산하라.

-1 + 1 = 0

32비트 포맷의 16진수로 나타내면 0×ffffff + 0×1 = 0×0이 되고, NZCV = (0110)이다.

0 - 1 = -1

0×0 - 0×1 = 0×ffffffff이고 NZCV = (1000)이다.

2^{31} - 1 + 1 = -2^{31}

0×7fffffff + 0×1 = 0×80000000이고 NZCV = (0101)이다.

(4) ARM 명령어

ARM에서 데이터 명령어의 기본적인 형태는 다음과 같다.

```
ADD r0, r1, r2
```

r1과 r2의 내용을 더해서 r0에 저장한다. 오퍼랜드 소스로는 레지스터만이 아니라 상수 값을 직접 명령어에 넣은 형태인 즉치 오퍼랜드도 가능하다.

```
ADD r0, r1, #2
```

r1 + 2를 수행해서 r0에 저장한다. 그림 3-7에는 데이터 처리 명령어들이 나와 있다. 산술 명령에서 캐리 포함 연산인 경우에는 현재의 캐리 값을 넣어서 계산한다. RSB는 뺄셈 계산에서 두 오퍼랜드의 순서를 뒤집어서 계산한다. 즉, r2 - r1의 결과를 r0에 넣는다. 비트 수준 논리 연산은 논리 AND, OR, XOR을 수행하며, BIC 명령어는 비트 마스크 연산을 수행한다.

MUL 명령어의 두 오퍼랜드로 즉치는 될 수 없으며 모두 레지스터에 있어야만 한다. MLA 명령어는 곱셈과 덧셈을 수행하기 때문에 행렬 계산이나 신호 처리에 유용하게 사용된다. 시프트 동작은 별개의 명령어가 아니라 산술논리 명령어에 첨가된다. 시프트 동작은 두 번째 오퍼랜드에 적용된다. LSL과 LSR은 왼쪽 오른쪽 시프트를 수행하면서 새로운 맨 끝 비트는 0으로 채운다. 왼쪽 산술 시프트는 LSL과 같지만 ASR은 시프트 수행 시 부호 비트를 복사해서 채운다. 회전 동작에서는 떨어져 나가는 비트가 새로운 맨 끝 비트로 다시 들어온다. RRX는 CPSR의 캐리 비트를 포함해서 33비트에 대한 회전 동작을 수행한다.

산술 명령어

ADD	32비트 값 덧셈	$R_d = R_n + N$
ADC	32비트 값과 캐리 덧셈	$R_d = R_n + N +$ 캐리
SUB	32비트 값 뺄셈	$R_d = R_n - N$
SBC	32비트 값과 캐리 뺄셈	$R_d = R_n - N - !$(캐리)
RSB	32비트 값 반대로 뺄셈	$R_d = N - R_n$
RSC	32비트 값과 캐리 반대로 뺄셈	$R_d = N - R_n - !$(캐리)

논리 명령어

AND	32비트 값 비트별 논리 AND	$R_d = R_n \& N$
ORR	32비트 값 비트별 논리 OR	$R_d = R_n \mid N$
EOR	32비트 값 비트별 논리 EOR	$R_d = R_n \wedge N$
BIC	논리 비트 클리어(AND NOT)	$R_d = R_n \& \sim N$

시프트 동작

LSL	논리 왼쪽 시프트	$x << y$
LSR	논리 오른쪽 시프트	$x >> y$
ASL	산술 왼쪽 시프트	(부호) $x << y$
ASR	산술 오른쪽 시프트	(부호) $x >> y$
ROR	오른쪽 회전	$(x >> y) \mid (x << (32 - y))$
RRX	확장 오른쪽 회전	$(c << 31) \mid (x >> 1)$

◖ 그림 3-7 ◗ ARM 데이터 처리 명령어

그림 3-8에는 비교 명령어가 있다. 이 명령어는 레지스터의 내용을 바꾸지는 않고 CPSR 레지스터의 NZCV 비트만 바꾼다. CMP r0, r1 명령어는 r0 - r1을 계산하고, 상태 비트를 설정하며, 뺄셈 계산의 결과는 버린다. CMN은 덧셈을 이용해서 상태 비트를 설정한다. TST는 비트별 AND 연산을 수행하고, TEQ는 XOR을 수행한다.

CMP	비교	$R_n - N$ 결과 플래그 설정
CMN	반전 후 비교	$R_n + N$ 결과 플래그 설정
TST	32비트 값 비트별 테스트	$R_n \& N$ 결과 플래그 설정
TEQ	32비트 값 일치 검사	$R_n \wedge N$ 결과 플래그 설정

◖ 그림 3-8 ◗ ARM 비교 명령이

그림 3-9에는 이동 명령어가 있다. MOV r0, r1은 r1을 r0에 쓴다. MVN은 오퍼랜드 비트를 1의 보수로 반전시켜서 쓴다.

MOV	32비트 값을 레지스터로 이동	R_n = N
MVN	32비트 값 반전 후 레지스터로 이동	R_n = ~N

◀ 그림 3-9 ▶ ARM 이동 명령어

레지스터와 메모리 간 값의 이동에는 그림 3-10의 적재-저장 명령어가 사용된다. LDRB와 STRB는 바이트 크기의 적재와 저장을 수행하고, LDRH와 STRH는 반워드에 대해서 동작을 수행한다. LDRSH는 적재 시에 부호 확장을 한다. ARM 명령어의 크기가 32비트이기 때문에 32비트 크기의 주소는 한 명령어에 들어갈 수가 없다. 따라서 ARM에서는 주소지정을 위해서 레지스터 간접 주소지정 방식을 사용한다. 즉, 메모리 접근을 위한 주소는 레지스터 안에 들어 있다. 예를 들어, r1 = 0×100이면 다음 명령어는 메모리 위치 0×100에 있는 값을 가져와서 r0에 넣는다. 비슷하게 STR r0, [r1]은 r0의 내용을 r1에 있는 주소의 메모리 위치에 저장한다.

```
LDR r0, [r1]
```

LDR	워드를 레지스터로 적재	R_d ← mem32[addr]
STR	레지스터 값을 저장	R_d → mem32[addr]
LDRH	반워드를 레지스터로 적재	R_d ← mem16[addr]
STRH	레지스터 반워드를 저장	R_d → mem16[addr]
LDRSH	유부호 반워드를 레지스터로 적재	R_d ← 부호확장(mem16[addr])
LDRB	바이트를 레지스터로 적재	R_d ← mem8[addr]
STRB	레지스터 바이트를 저장	R_d → mem8[addr]
ADR	레지스터에 주소 값 설정	R_d ← addr

◀ 그림 3-10 ▶ ARM 적재-저장 명령어

주소지정에서 다음과 같은 응용도 가능하다.

```
LDR r0, [r1 - r2]    ; r1 - r2의 주소에서 가져온다.
```

```
LDR r0, [r1, #4]    ; r1 + 4의 주소에서 가져온다.
```

레지스터에 들어갈 주소 값을 결정하기 위한 한 가지 방법은 프로그램 카운터에 대해서 산술 연산을 수행하는 것이다. PC에 상수 값을 더하거나 빼면 현재 명령어에서 일정 거리 떨어진 장소에 대한 주소를 만들 수 있다. ADR 의사명령을 사용하년 쉽다. FOO가 0×100이라면, 다음과 같이 쓰면 r1에 0×100이 적재된다.

```
ADR r1, FOO
```

(5) ARM 어셈블리 프로그램

C 언어의 할당문 x = (a + b) - c를 ARM 어셈블리이로 구현하는 예제를 살펴보자. r0를 a에, r1을 b에, r2를 c에, r3를 x에 사용한다. 각 변수의 값을 적재하기 위해 r4를 이용해서 간접 주소지정을 구현한다.

```
ADR r4, a           ; a의 주소를 얻는다.
LDR r0, [r4]        ; a의 값을 얻는다.
ADR r4, b           ; b의 주소를 얻는다.
LDR r1, [r4]        ; b의 값을 얻는다.
ADD r3, r0, r1      ; a + b의 중간 값을 계산한다.
ADR r4, c           ; c의 주소를 얻는다.
LDR r2, [r4]        ; c의 값을 얻는다.
SUB r3, r3, r2      ; x의 계산을 완성한다.
ADR r4, x           ; x의 주소를 얻는다.
STR r3, [r4]        ; x의 값을 저장한다.
```

위에서 레지스터, 즉치, 간접 주소지정을 사용했다. 이 밖에도 다양한 형태의 베이스-오프셋 주소지정이 가능하다. 레지스터의 값을 직접 주소로 사용하는 것이 아니라 레지스터의 값이 또 다른 값과 더해져서 주소를 만든다.

```
LDR r0, [r1, #16]
```

이 명령어는 r1 + 16의 위치에 저장된 값을 r0에 적재한다. 여기서 r1을 베이스라 하고, 16을 오프셋이라 한다. 즉치 값으로서 오프셋은 최대 4096까지 가능하다. 또 다른 레지스터를 오프셋으로 사용할 수도 있다.

```
LDR r0, [r1, #16]!
```

이 명령어는 자동 인덱싱의 예를 보여준다. r1 + 16의 주소를 이용해서 값을 r0에 저장한 후에, ! 연산자는 r1의 값이 계산된 새로운 주소 값으로 갱신되게 한다.

```
LDR r0, [r1], #16
```

이 명령어는 포스트 인덱싱의 예를 보여준다. r1의 값을 주소로 사용해서 데이터를 얻어내고 나서, r1에 16을 더해서 r1을 갱신한다.

(6) ARM의 제어 이동

ARM에서 제어 이동에 사용되는 기본적인 방법은 B(분기) 명령어를 사용하는 것이다. 분기의 대상이 되는 주소를 분기 목표(branch target)라고 한다. 분기는 PC-상대 주소지정을 사용한다. 오프셋은 워드를 표시하고, 주소는 바이트 주소지정이므로 실제 주소를 정하기 위해서는 분기 명령어에 있는 오프셋에 4를 곱해야 한다.

```
B #100
```

이 명령어는 현재 PC의 값에 400을 더한 위치로 분기한다. 어떤 계산의 결과에 따라서 조건부로 분기를 원할 경우는 그림 3-11의 조건 코드를 이용한다.

EQ	영과 일치	Z = 1
NE	영과 불일치	Z = 0
CS	캐리 설정	C = 1
CC	캐리 클리어	C = 0
MI	음수	N = 1
PL	음이 아님	N = 0
VS	오버플로	V = 1
VC	오버플로 아님	V = 0
HI	무부호 큼	C = 1이고 Z = 0
LS	무부호 같거나 작음	C = 0 혹은 Z = 1
GE	유부호 크거나 같음	N = V
LT	유부호 작음	N ≠ V
GT	유부호 큼	Z = 0이고 N = V
LE	유부호 작거나 같음	Z = 1 혹은 N ≠ V

◀ 그림 3-11 ▶ ARM의 조건 코드

다음 C 프로그램의 if 문을 ARM 어셈블리어로 구현하는 법을 살펴보자.

```
if (a < b) {
    x = 5;
    y = c + d;
}
else x = c - d;
```

첫 번째 방법은 다음과 같이 조건부 분기와 데이터 이동 명령을 사용하는 것이다.

```
; 계산하고 조건을 검사한다.
    ADR r4, a           ; a를 위한 주소를 얻는다.
    LDR r0, [r4]        ; a의 값을 얻는다.
    ADR r4, b           ; b를 위한 주소를 얻는다.
    LDR r1, [r4]        ; b의 값을 얻는다.
    CMP r0, r1          ; a < b를 비교
```

```
        BGE fblock        ; 만일 a >= b이면 분기

; true 블록
        MOV r0, #5        ; x를 위한 값
        ADR r4, x         ; x를 위한 주소를 얻는다.
        STR r0, [r4]      ; x의 값을 저장한다.
        ADR r4, c         ; c를 위한 주소를 얻는다.
        LDR r0, [r4]      ; c의 값을 얻는다.
        ADR r4, d         ; d를 위한 주소를 얻는다.
        LDR r1, [r4]      ; d의 값을 얻는다.
        ADD r0, r0, r1    ; a + b를 계산한다.
        ADR r4, y         ; y를 위한 주소를 얻는다.
        STR r0, [r4]      ; y의 값을 저장한다.
        B after           ; false 블록 다음 위치로 분기

; false 블록
fblock  ADR r4, c         ; c를 위한 주소를 얻는다.
        LDR r0, [r4]      ; c의 값을 얻는다.
        ADR r4, d         ; d를 위한 주소를 얻는다.
        LDR r1, [r4]      ; d의 값을 얻는다.
        SUB r0, r0, r1    ; a - b를 계산한다.
        ADR r4, x         ; x를 위한 주소를 얻는다.
        STR r0, [r4]      ; x의 값을 저장한다.
after   ....
```

두 번째 구현 방법은 명령어의 조건부 실행을 이용하는 것이다. 분기를 사용하지 않고 조건 코드로 명령어 실행을 제어하는 논리술부(predicate)를 사용한다. 이 예에서 조건 코드는 CMP 명령어에 의해서만 변경되지 산술 명령어에 의해서는 영향을 받지 않는다.

```
; 계산하고 조건을 검사한다.
```

```
        ADR r4, a           ; a를 위한 주소를 얻는다.
        LDR r0, [r4]        ; a의 값을 얻는다.
        ADR r4, b           ; b를 위한 주소를 얻는다.
        LDR r1, [r4]        ; b의 값을 얻는다.
        CMP r0, r1          ; a < b를 비교

; 분기 명령이 여기에 없다.
; true 블록 - 모든 명령어의 조건에 LT가 붙어 있다.
        MOVLT r0, #5        ; x를 위한 값
        ADRLT r4, x         ; x를 위한 주소를 얻는다.
        STRLT r0, [r4]      ; x의 값을 저장한다.
        ADRLT r4, c         ; c를 위한 주소를 얻는다.
        LDRLT r0, [r4]      ; c의 값을 얻는다.
        ADRLT r4, d         ; d를 위한 주소를 얻는다.
        LDRLT r1, [r4]      ; d의 값을 얻는다.
        ADDLT r0, r0, r1    ; a + b를 계산한다.
        ADRLT r4, y         ; y를 위한 주소를 얻는다.
        STRLT r0, [r4]      ; y의 값을 저장한다.
; false 블록을 돌아갈 분기 명령이 필요하지 않다.
; false 블록 - 모든 명령어의 조건에 GE가 붙어 있다.
        ADRGE r4, c         ; c를 위한 주소를 얻는다.
        LDRGE r0, [r4       ; c의 값을 얻는다.
        ADRGE r4, d         ; d를 위한 주소를 얻는다.
        LDRGE r1, [r4]      ; d의 값을 얻는다.
        SUBGE r0, r0, r1    ; a - b를 계산한다.
        ADRGE r4, x         ; x를 위한 주소를 얻는다.
        STRGE r0, [r4]      ; x의 값을 저장한다.
```

ARM에서 논리술부를 추가하는 것에 대한 추가 부담은 없다. 하지만 조건이 거짓이라 시 하는 일은 없다 하더라도 명령어는 해독해야 하기 때문에 시간이 걸린다.

다음 C 프로그램의 switch 문을 ARM 어셈블리어로 구현하는 법을 살펴보자.

```
switch (test) {
  case 0: ... break;
  case 1: ... break;
  ...
}
```

이 문장을 if 문처럼 차례로 검사를 수행할 수도 있지만 베이스-오프셋 주소지정과 분기표를 이용하면 효율적으로 구현할 수 있다.

```
          ADR r2, test              ; test를 위한 주소를 얻는다.
          LDR r0, [r2]              ; test의 값을 얻는다.
          ADR r1, switchtab         ; switchtab을 위한 주소를 얻는다.
          LDR r15, [r1, r0, LSL #2]
switchtab DCD case0
          DCD case1
          ...
case0     ...               ; case0에 대한 코드
          ...
case1     ...               ; case1에 대한 코드
          ...
```

여기서는 test의 값을 표의 오프셋으로 사용했다. 표에는 각 case를 구현하는 코드 블록의 주소가 들어 있다. LDR 명령어는 r0를 왼쪽으로 2비트 시프트시켜서 오프셋을 워드 주소로 만들고, 표의 베이스 주소와 더한 결과를 PC에 넣는다. DCD는 해당 위치에 32비트 주소 값을 넣을 때 사용하는 문장이다.

다음 C 프로그램의 for 문을 ARM 어셈블리어로 구현하는 법을 살펴보자.

```
for (i = 0; i < 10; i++)  { a[i] = 0 }
```

첫 번째 수식은 루프가 시작되기 전에 한 번 실행되고, 두 번째 검사는 매번 루프를 시작할 때 실행되어 루프를 계속할지 여부를 검사한다. 세 번째는 한 번의 루프 실행이 끝나면 다음번 루프 실행을 시작하기 전에 실행된다.

```
            MOV r1, #0                ; a[i]에 저장할 값
            ADR r2, a[0]              ; r2는 a[0]를 가리킨다.
            MOV r0, #0                ; i = 0
LOOP   CMP r0, #10                    ; i < 10인가?
            BGE EXIT
            STR r1, [r2, r0, LSL #2]  ; a[i] = 0
            ADD r0, r0, #1            ; i++
            B LOOP
EXIT   ...
```

다음 C 프로그램의 함수 호출을 수행하는 코드를 살펴보자. 함수 호출이 끝나면 즉시 y에 대한 할당문으로 복귀한다. 단순한 분기 명령어로는 어디로 복귀할지를 알 수 없기 때문에 불충분하다. 제대로 복귀하려면 함수를 호출할 때 PC 값을 저장해 놓아야 한다. 함수 호출이 끝나면 호출 바로 다음 명령어의 위치 값을 PC에 설정해야 한다.

```
x = a + b;
foo(x);
y = c - d;
```

ARM에서 프로시저 호출을 위해서는 분기-링크 명령어를 사용한다.

```
BL foo
```

이 명령어는 PC-상대 주소지정을 이용해서 분기를 수행하는 것은 일반 분기문과 동일하지만 분기하기 이전에 현재 PC의 값을 r14에 저장해 놓는다. 따라서 프로시저 끝에서 r14의 내용을 r15(PC)로 옮기면 복귀가 수행된다.

```
MOV r15, r14
```

프로시저 내에서는 r14에 겹쳐 쓰기를 하지 않도록 주의해야 한다.

위의 프로시저 호출은 단지 하나의 프로시저 호출에는 유용하다. 하지만 한 함수 안에서 또 다른 함수를 호출한다면 두 번째 함수 호출이 r14에 겹쳐 쓰기를 해, 첫 번째 함수의 복귀 주소가 손상될 것이다. 중첩된 프로시저 호출을 할 수 있는 방법은 그림 3-12처럼 스택을 이용하는 것이다.

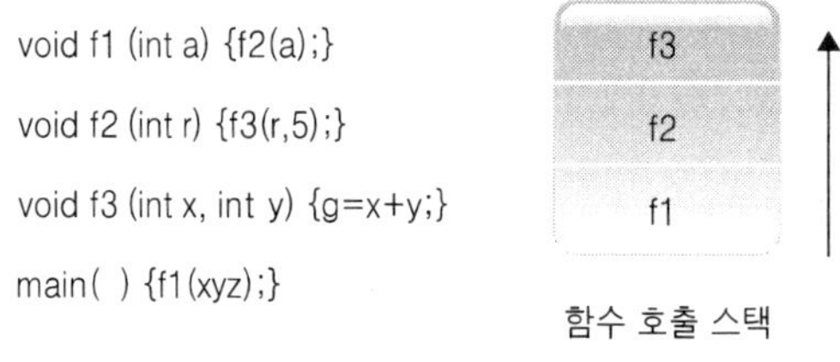

《 그림 3-12 》 중첩된 함수 호출과 스택

연습문제 exercise

1. 컴파일러와 어셈블러의 차이점을 설명하라.
2. 소스 코드와 목적 코드의 차이점을 설명하라.
3. 의사명령어와 일반 명령어의 차이점은 무엇인가?
4. 프로그램 카운터와 명령어 로케이션 카운터는 어떻게 다른가?
5. 레이블과 주소의 차이점을 설명하라.
6. 니모닉과 16진수 표현의 차이를 설명하라.
7. 프로그래머가 어셈블리어로 프로그램을 작성할 때 반복되는 연산을 효과적으로 하기 위한 방법은 어떠한 것들이 있는가?
8. 리틀 엔디안과 빅 엔디안의 차이점을 설명하라.
9. 간단한 컴퓨터에서 두 개의 숫자를 서로 교환하는 프로그램을 작성하라.
10. 간단한 컴퓨터에서 논리적 OR 연산을 구현하라.
11. 간단한 컴퓨터에서 반전(negation) 연산을 구현하라.
12. 간단한 컴퓨터에서 Z ← X × Y의 곱셈 연산을 수행하는 어셈블리어 프로그램을 작성하라. 여기서 X, Y, Z는 메모리의 위치를 나타낸다.
13. MDR과 MAR을 이용해서 메모리에 대한 읽기 동작을 수행하는 절차를 설명하라.
14. MDR과 MAR을 이용해서 메모리에 대한 쓰기 동작을 수행하는 절차를 설명하라.
15. ARM 프로세서의 ISA에 대해서 설명하라.
16. ARM에는 범용 레지스터가 몇 개 있는가?
17. ARM에서 CPSR이 하는 역할은 무엇인가?

18. ARM에서 Z 비트의 역할은 무엇인가?

19. ARM에서 프로그램 카운터는 어디에 있는가?

20. 다음 연산이 이뤄지고 나면 ARM의 상태 워드는 어떻게 설정되겠는가?

1) $2-3$

2) $-2^{32}+1-1$

3) $-4+5$

21. 다음 C 언어의 할당문을 ARM 어셈블리어로 구현하라.

1) x = a + b;

2) y = (c - d) + (e - f);

3) z = a × (b + c) - d × e;

22. 다음 ARM 조건 코드의 의미는 무엇인가?

1) EQ

2) NE

3) MI

4) VS

5) GE

6) LT

23. 다음 명령어에서 R1에 저장되는 값은 무엇인가?

MOV R1, #300

24. 다음 C 언어의 조건문을 ARM 어셈블리어로 구현하라.

```
if (x - y < 3) {
        a = b - c;
        x = 0;
}
else {
        y = 0;
        d = e + f + g;
}
```

25. ARM에서 BL 명령어의 동작을 설명하라.

4장 _ 컴퓨터 산술

4.1 수체계

4.2 정수 산술

4.3 부동소수점 산술

이 장에서는 컴퓨터 산술에 대해서 배운다. 컴퓨터에서 계산을 지원하기 위한 산술 연산과 회로와 관련된 기초적인 내용을 소개한다. 수체계에 대한 설명으로 시작하며, 수 표현과 진법 변환을 소개한다. 정수형 산술에서 덧셈, 뺄셈, 곱셈, 나눗셈을 수행하기 위한 알고리즘과 하드웨어 구성을 다루고, 부동소수점 산술에서는 부동소수점 표현, 부동소수점 연산, 부동소수점 하드웨어 구성을 다룬다. 마지막으로 IEEE 부동소수점 표준에 대해서 알아본다.

4.1 수체계

수체계에서는 특정한 기수를 사용한다. 이러한 기수로는 2진수, 4진수, 8진수, 16진수 등이 있다. 디지털 시스템에서는 2의 제곱인 기수가 널리 사용된다.

무부호 정수 A는 b진수에서 n개의 수를 이용해서 표현된다. $A = (a_{n-1}a_{n-2}...a_2a_1a_0)_b$ 이런 표현을 위치 표기법이라고 하는데, 계수 a_i는 $0 \le a_i \le (b-1)$로 주어진다.

위치 표기법을 이용하면 10진수 무부호 정수 A는 $A = \sum_{i=0}^{n-1} a_i \times b^i$이다.

$$A = a_{n-1} \times b^{n-1} + a_{n-2} \times b^{n-2} + a_{n-3} \times b^{n-3} + \ldots + a_1 \times b^1 + a_0 \times b^0$$

예를 들어 10진수 $A = 106$을 위치 표기법으로 나타내면 10진수 4개와 2진수 8개를 이용해서 다음과 같이 표현된다.

$$A = 0 \times 10^3 + 1 \times 10^2 + 0 \times 10^1 + 6 \times 10^0 = 100 + 0 + 6 = 106_{10}$$

$$\begin{aligned} A &= 0 \times 2^7 + 1 \times 2^6 + 1 \times 2^5 + 0 \times 2^4 + 1 \times 2^3 + 0 \times 2^2 + 1 \times 2^1 + 0 \times 2^0 \\ &= 64 + 32 + 8 + 2 = 106_{10} \end{aligned}$$

8개의 수로 무부호 정수, 즉 양수만 사용한다면 00000000에서 11111111까지 표현할 수 있다. 10진수로는 0에서 255까지의 정수들을 표현한다. n개의 수를 이용해서 표현할 수 있는 가장 큰 무부호 정수의 최대값은 $A_{\max} = b^n - 1$이다. 예를 들면 4개의 2진수 숫자로 얻을 수 있는 가장 큰 무부호 정수는 $2^4 - 1 = 15$이다. 범위는 10진수로 0에서 15까지고 2진수로는 0000에서 1111까지로 표현된다. 마찬가지로 4진수에서 4개의 숫자로 얻을 수 있는 가장 큰 무부호 정수는 $4^4 - 1 = 255$이다. 여기서는 10진수로 0에서 255까지고 4진수로는 0000에서 3333까지의 범위로 표현된다.

기수 b에서 n개의 숫자로 실수 X를 표현해 보자. 앞쪽에 있는 k개의 숫자는 정수 부분을 표시하고, 뒤쪽에 있는 m개의 숫자는 소수 부분을 표시한다.

$$X = \sum_{i=-m}^{k-1} x_i \times b^i = x_{k-1}b^{k-1} + x_{k-2}b^{k-2} + \cdots + x_1b^1 + x_0b^0 + x_{-1}b^{-1} + \cdots + x_{-m}b^{-m}$$

실수 $X = 25.375$의 표현을 예로 들면, 2진수로 $k = 5$와 $m = 3$을 이용해서 다음과 같이 나타낼 수 있다.

$$X = \sum_{i=-3}^{4} x_i \times b^i = x_4 2^4 + x_3 2^3 + x_2 2^2 + x_1 2^1 + x_0 2^0 + x_{-1} 2^{-1} + x_{-2} 2^{-2} + x_{-3} 2^{-3}$$

여기서 $x_4 = 1$, $x_3 = 1$, $x_2 = 0$, $x_1 = 0$, $x_0 = 1$, $x_{-1} = 0$, $x_{-2} = 1$, $x_{-3} = 1$이다.

2진수를 10진수로 바꾸는 것처럼, 한 진법으로 표현된 수를 다른 진법의 수로 바꿔 표현해야 할 때가 있다. 이를 위한 여러 가지 알고리즘이 있다. 여기서 중요하게 사용되는 것이 나눗셈 알고리즘이다. 나눗셈 알고리즘의 기초는 정수 a를 b진수인 정수 c로 표현하는 것이다. 기본 관계식은 $a = c \times q + r$이고, 여기서 q는 몫이고 r은 나머지로서 $0 \le r \le b - 1$이다. 다음 절에서 기수 변환을 다룬다.

(1) 기수 변환 알고리즘

기수 r_1로 주어진 수를 다른 기수 r_2로 변환하기 위해서 기수 변환 알고리즘을 사용한다. 수 X의 정수 부분인 X_{int}의 변환을 살펴보자. 정수 부분 X_{int}는 다음과 같이 표현된다.

$$X_{\text{int}} = \{\cdots(x_{k-1}r_2 + x_{k-2})r_2 + \cdots + x_2)r_2 + x_1\}r_2 + x_0$$

X_{int}를 r_2로 나누면 몫은 $x_q = \{\cdots(x_{k-1}r_2 + x_{k-2})r_2 + \cdots + x_2)r_2 + x_1\}$이고, 나머지는 $X_{\text{rem}} = x_0$이다. 몫에 대해서 나눗셈 과정을 몫이 0이 될 때까지 반복하면서 나머지를 모으면 X_{int}에 대한 기수 r_2로의 표현을 얻게 된다.

X의 소수 부분 X_f에 대해서 반복적으로 r_2를 곱하면서 얻어지는 정수를 모으면 새로운 기수 r_2에 대한 소수 부분의 표현을 얻게 된다. 그러나 정수 부분의 변환과는 다르게 소수 부분의 변환은 유한 횟수의 곱셈 후에도 끝나지 않을 수 있다. 따라서 일정 횟수의 반복 후에 종료하게 되면 근사값이 얻어질 수도 있다.

예제) 10진수 746을 2진수로 변환할 때, 10진수이므로 $r_1 = 10$, 2진수로 변환하므로 $r_2 = 2$이다. 10진수 746을 2로 반복해서 나누면 몫과 나머지를 다음과 같이 얻는다.

746										
몫	373	186	93	46	23	11	5	2	1	0
나머지	0	1	0	1	0	1	1	1	0	1

746을 2로 나눌 때마다 나머지는 최하위 비트에서 시작해 최상위 비트로 몫이 0이 될 때까지 계속된다. 따라서 746의 2진수는 1011101010이다.

예제) 10진수 67.575를 2진수로 변환하라.

여기서 10진수이므로 기수 $r_1 = 10$, 2진수로 변환이므로 $r_2 = 2$, 소수 부분 $X_f = 0.575$이다. 정수 부분 X_{int}를 반복해서 2로 나누어 몫과 나머지를 얻는다.

몫	33	16	8	4	2	1	0
나머지	1	1	0	0	0	0	1

따라서 기수 r_2에 대한 정수 부분은 $X_{\text{int}} = (1000011)$이다.

소수 부분은 반복해서 2를 곱해서 정수 부분과 소수 부분을 얻을 수 있다.

소수 부분	0.150	0.300	0.600	0.200	0.400	0.800	0.600	0.200	…
넘어간 수	1	0	0	1	0	0	1	1	…

소수 부분은 X_f = (.10010011…)이다. 따라서 67.575에 대한 2진수 표기는 (1000011.10010011…)이다.

예제) 10진수 515를 8진수로 변환하라.

십진수를 8진수로 변환하기 위해서는 먼저 2진수로 변환해 바꾸거나, 2진수 변환 알고리즘을 이용할 수 있다.

515/8

몫	64	8	1	0
나머지	3	0	0	1

따라서 8진수 1003이다.
2진수로 먼저 변환해 8진수로 나타내면

몫	257	128	64	32	16	8	4	2	1	0
나머지	1	1	0	0	0	0	0	0	0	1

2진수로 변환한 수는 1000000011이다. 8진수로 나타내기 위해서는 최하위 자리부터 시작해 3자리수가 8진수 1자리가 된다.

$1000000011_2 = 1003_8$

예제) 10진수 747을 16진수로 변환하라.

16진수에서는 0~15 범위를 0~9, A, B, C, D, E, F로 나타낸다. 먼저 10진수를 2진수로 바꾼 후, 2진수의 최하위 비트에서 4개씩 그룹짓고 각 그룹은 16진수 한 디지트를 나타낸다.

$747 = 10\ 1110\ 1011 = 2EB_{16}$

747을 16으로 나누면 몫과 나머지를 아래와 같이 반복한다.

몫	46	2	0
나머지	11(B)	14(E)	2

다음은 16진수로 나타낸 것을 10진수로 확인한 것이다.

$$2EB_{16} = 2 \times 16^2 + 14 \times 16 + 11 = 747_{10}$$

(2) 보수 표현

무부호화 수에서 부호화 수를 다룰 경우 음수를 표현해야 한다. 부호화 수를 연산할 경우 연산이 복잡해진다. 음수를 나타내는 데는 세 가지 방법이 있으나 가장 간단한 부호화 크기법의 단점을 해결하기 위해서 보수 표현이 개발됐다. 모든 수에는 b보수, $b-1$의 보수가 있으며, 양수의 경우 b보수, $b-1$의 보수로 표현한 결과는 동일하다. 2진수의 경우에는 2의 보수와 1의 보수가 있다.

1의 보수로 수를 표현하기 위해서는 모든 비트를 반대로 한다. 즉, 0 → 1, 1 → 0으로 한다.

$$A = \overline{A}$$

예제) 22에 대해서 1의 보수 표현을 구하라.

22 = 00010110
→ 1의 보수 11101001

2의 보수로 수를 표현하기 위해서는 다음 단계를 거친다.

1. 모든 비트에 대해서 1의 보수를 취한다.
2. 최하위 비트에 1을 더한다.

그래서

$$A = \overline{A} + 1$$

예제) 22에 대해서 8비트 2의 보수 표현을 구하라.

```
22 = 00010110
        ↓
      11101001 (1의 보수)
  +          1
 ----------------------
      11101010
```

보수의 변환은 1의 보수가 간단하지만, 일반적으로 컴퓨터에서는 2의 보수가 동일한 비트로 표현할 수 있는 수의 범위가 1의 보수보다 크기 때문에 더 많이 사용되고 있다. n비트로 표현할 수 있는 수의 범위는 2의 보수에서 $-(2^{n-1})$에서 $+(2^{n-1}-1)$이며, 1의 보수인 경우에는 $-(2^{n-1}-1)$에서 $+(2^{n-1}-1)$이다.

(3) 음의 정수 표현

컴퓨터에서는 양수뿐만 아니라 음수도 처리하기 때문에 음수를 표현하는 방법이 필요하다. 음의 정수를 표현하는 방법은 부호화 크기, 2의 보수, 1의 보수 등 여러 가지가 있다. 이에 대해 살펴보자.

● 부호화 크기 ●

이 표현에서는 최상위 비트가 그 수의 부호를 나타낸다. 최상위 비트가 '1'이면 음수고, '0'이면 양수다. 전체 n비트 중에서 나머지 $(n-1)$비트가 그 수의 크기를 표현한다. 예를 들어 음수 -18을 2진수 6비트의 부호화 크기 표현으로 나타내면, 먼저 +18은 010010이다. 따라서 -18을 부호화 크기법으로 나타내면 110010이다. 부호화 크기 표기법은 간단하지만 산술 연산을 하기에는 복잡하다. 특히 덧셈과 뺄셈을 수행하려면 부호 비트와 크기 부분을 별도로 처리해야 한다는 단점이 있다. 두 수의 덧셈에서는 먼저 두 수의 부호를 비교하고 부호가 같은 경우에는 크기 부분들을 더하고, 다른 경우에는 크기의 차이를 구한다. 크기의 절대값이 더 큰 수의 부호를 결과값의 부호에 붙인다.

예를 들면, +18(010010)과 -19(110011)에 대한 덧셈에서 부호가 다르기 때문에 계산 결과는 큰 수인 -19의 부호를 따라야 한다. 절대값 19와 18의 차이가 1이고 부호는 당연히 음수며 결과 값은 −1이다. 2진수의 6비트 수는 뺄셈 (010011 − 010010)의 결과인 (000001)이 되어, 부호를 첨가한 최종값은 (−1)이 된다. 8비트의 정수에 대해서 부호화 크기법으로 −35를 표현한다면 먼저 십진수 35에 대한 2진수로 변환한다.

35 = 00100011

2진수의 가장 상위 비트가 부호를 나타내므로 −35는 10100011이 된다.

● b의 보수 ●

이 표현에서 양수는 부호화 크기와 똑같이 표현된다. 하지만 음수는 (*b*진수라면) *b*의 보수를 이용해서 표현된다. 예를 들면 −19 + 18 또는 18 − 19 연산을 (−19) + 18 또는 18 + (−19)로 계산한다. −19를 6비트의 2의 보수로 표현하고자 하면, 먼저 십진수 19는 2진수로는 010011로 표현된다. 그리고 −19를 나타내기 위해서는 각 숫자의 2의 보수를 취하면 101101이라는 결과를 얻는다. 양수 (+18)에 대한 2의 보수 표현을 알아보자. 이 수는 양수이므로 (010010)으로 표현되고, 부호화 크기 표현과 똑같다. 두 수에 대한 덧셈에서는 부호에 대해서 별다른 처리를 필요로 하지 않는다. 두 수를 더하면 (111111)을 얻는다. 이 결과 값은 음수임을 알 수 있고, 2의 보수로 변경하면 양수 1이 되나 음수이므로, 이 값은 −1이며, 111111은 −1에 대한 2의 보수 표현이다.

```
   (−19)   (101101)
+   18     (010010)
--------------------
    −1     (111111)
```

2의 보수 표현법의 가장 큰 장점은 부호에 대해서 특별한 처리가 필요하지 않다는 것이다. 2의 보수에서 산술 연산 수행 중에 최상위 비트에서 나오는 캐리는 무시해도 결과에 영향을 주지 않는다. 예를 들어 −19(101101)와 +26(011010)을 더하면 결과는 (1)(000111)이 된다. 캐리를 무시하면 (+7)은 올바른 답이다. 이 방법을 2진수 외의 다른 기수로 확장해 사용할 때 기수 보수(radix complement)라 한다. 예를 들어 10진수 −19는 100 − 19 = 81로 저장된다.

$$
\begin{array}{rr}
(-19) & (101101) \\
+\ 26 & (011010) \\
\hline
7 & (1)(000111)
\end{array}
$$

예제) 8비트의 2의 보수 10101010을 10진수로 변환하라.

$$
\begin{aligned}
10101010 &= -128 + (1 \times 2^5 + 1 \times 2^3 + 1 \times 2^1) \\
&= -128 + (32 + 8 + 2) = -86
\end{aligned}
$$

예제) −22에 대해서 2의 보수 표현을 구하라.

22 = 00010110

↓

$$
\begin{array}{rl}
11101001 & (1\text{의 보수}) \\
+\quad\quad 1 & \\
\hline
11101010 &
\end{array}
$$

−22 = 11101010

● b-1의 보수 표현 ●

이 표현에서도 양수는 부호화 크기와 똑같이 표현된다. 기수 보수(2의 보수)에서 보수를 취한 다음에 최하위 비트에 '1'을 더하는 것을 제외하면 기수 보수와 비슷하다. 이 표현에서는 (−19)가 (101100)으로 표현되고, (+18)이 (010010)으로 표현된다. 이 두 수를 더하면 (111110)을 얻는데, 이는 (−1)에 대한 1의 보수다.

$$
\begin{array}{rr}
(-19) & (101100) \\
+\ 18 & (010010) \\
\hline
-1 & (111110)
\end{array}
$$

축소된 기수 보수 표현의 가장 큰 단점은 산술 연산 수행 시 최상위 비트에서 나오는 캐리를 적절히 처리해 줘야 한다는 점이다. 예를 들어 −3(111100)과 +18(010010)을 더하면 (1)(001110)을 얻는다. 캐리 비트를 최하위 비트에 더하면 (001111)을 얻고, 이것이

(+15)가 되어 올바른 결과가 된다.

```
   (-3)       (111100)
+   18        (010010)
----------------------
    15     (1)(001110)
            + 000001
----------------------
              001111
```

1의 보수로 표현된 8비트 음수 11011100에 대한 10진수는 다음과 같이 구할 수 있다. 먼저 11011100을 1의 보수로 변환한 후, 10진수를 계산하고 음수의 부호를 붙인다.

음수 11011100 → 1의 보수는 00100011 → 10진수로 계산 35 → 음수를 붙이면 -35가 된다. 따라서 음수 11011100은 10진수 -35이다.

예제) −22에 대해서 1의 보수 표현을 구하라.

22 = 00010110
→ 1의 보수 11101001
-22 = 11101001

표 4-1은 8비트 수 x에 대한 2의 보수와 1의 보수를 비교하고 있다.

▌표 4-1▌ 8비트 수의 2의 보수와 1의 보수 표현 비교

수	표현	예
2의 보수		
x = 0	0	0(00000000)
0 < x < 128	x	77(01001101)
−128 ≦ x < 0	256 − |x|	−56(11001000)
1의 보수		
x = 0	0 또는 255	(11111111)
0 < x < 128	x	77(01001101)
−127 ≦ x < 0	255 − |x|	−56(11000111)

| 표 4-2 | 8비트 수의 표현 예

수	무부호	부호화 크기	2의 보수	1의 보수
35	00100011	00100011	00100011	00100011
−35	−	10100011	11011101	11011100
19	00010011	00010011	00010011	00010011
−19	−	10010011	11101101	11101100

4.2 정수 산술

이 절에서는 기수 보수로 표현된 수에 대해서 정수 산술 연산을 수행하는 기법을 설명한다. 여기서는 2진수 표현을 이용한다.

(1) 2의 보수 산술

• 덧셈 •

2의 보수로 표현된 n비트 수에 대한 덧셈은 n비트 가산기를 이용해서 수행된다. 덧셈 결과가 -2^{n-1}에서 $2^{n-1}-1$ 범위에 있으면 캐리 출력 비트는 무시해도 결과에 영향을 주지 않는다.

예제) (-7)과 (+4)에 대해서 2의 보수 덧셈을 수행하라(4비트).

덧셈의 수행은 (−7) + (+4) = −3과 같고, 2의 보수로는 1001 + (0100) = 1101(−3)이다.

결과가 -2^{n-1}에서 $2^{n-1}-1$ 범위에 있어야 한다는 것은 중요하다. 그렇지 않으면 오버플로가 발생하고 틀린 결과를 내기 때문이다. 생성된 결과가 표현 가능한 수의 범위에 있지 않으면 오버플로가 발생한다.

예제) (+7)과 (+6)에 대해서 2의 보수 덧셈을 수행하라(4비트).

덧셈의 수행은 (+7) + (+6) = +13과 같고, 0111 + (0110) = 1101이 되어 틀린 결과가 된다. 결과가 표현 가능한 가장 큰 수인 (+7)을 넘기 때문이다.

예제) (−7)과 (−4)에 대해서 2의 보수 덧셈을 수행하라(4비트).

덧셈의 수행은 (−7) + (−4) = −11과 같고, 1001 + (1100) = 0101이 되어 틀린 결과가 된다. 결과가 표현할 수 있는 가장 작은 수인 (−8)보다 작기 때문이다. 원래 주어진 수는 음수인데 결과는 양수로 나온 것에 주목하라.

위의 예제로부터, 두 개의 수(둘 다 양수나 음수)를 더할 때 더해진 수의 부호가 반대이면 오버플로가 발생했다는 것을 알 수 있다.

• 뺄셈 •

정수에서 뺄셈은 덧셈을 이용해 수행할 수 있다. 보수법을 사용한 뺄셈은 빼는 수(감수)의 보수를 취한 후, 두 수를 더한다. 2의 보수에서 뺄셈도 덧셈과 같은 방법으로 수행된다. 예를 들어 $B - A = B + (-A) = B + (\overline{A} + 1)$이고, B에서 A를 뺀다는 것은 A의 2의 보수를 B에 더하는 것과 같다.

예제) 뺄셈 2 − 7을 2의 보수법으로 계산하라(4비트).

$2 - 7 = -5$이고, 다음과 같이 계산된다. $2 + \overline{7} + 1 = 0010 + 1000 + 0001 = 1011(-5)$.

```
  0010
+ 1001  ← 2의 보수 1001 (-7)
------------
  1011  → -5
```

앞에서 살펴본 덧셈에서 오버플로가 발생하는 경우가 뺄셈에서도 똑같이 적용된다. 뺄셈도 결국은 보수에 대한 덧셈이기 때문이다.

예제) 뺄셈 7 − (−7)을 2의 보수법으로 계산하라(4비트).

7 - (-7) = 14는 7 + $\bar{7}$ + 1 = 0111 + 1000 + 0001 = (1)0000으로 계산되고, 이는 틀린 답이다(결과가 표현 가능 최대 수인 7보다 크다).

예제) 뺄셈 27 - 34에 대해서 1의 보수와 2의 보수법으로 뺄셈을 수행하라(8비트).

(a) 1의 보수

27 → 00011011 (27)

34 → 00100010

-34 → 11011101 (1의 보수)

```
  00011011
+ 11011101
----------
  11111000
```

자리올림수가 발생하지 않았으므로 11111000이 답이다. 11111000 값은 -7이다.

(b) 2의 보수

27 → 00011011 (27)

34 → 00100010

-34 → 11011110 (2의 보수)

```
  00011011
+ 11011100
----------
  11110111
```

자리올림수가 발생하지 않았으므로 답은 11110111이다. MBS가 1이므로 음수임을 알 수 있다. 따라서 1의 보수로 변경하면 00001000이다. 즉, 7의 음수였음을 알 수 있다.

• 유부호 덧셈과 뺄셈을 위한 하드웨어 구조 •

두 수에 대한 산술 덧셈을 계산하기 위해서는 비트 수준에서 산술 덧셈을 수행하는 기본적인 회로를 만들어야 한다. 만일 a_0 = 1이고 b_0 = 1이면 캐리 비트가 발생되어 다음 비트에 전달된다. 각 비트 계산에서 캐리 비트 c_i 처리를 고려해야 하기 때문에, 회로에서는 a_i, b_i, c_{i-1}을 입력으로 받아서 s_i, c_i를 출력으로 내보내야 한다. 이 회로를 '전가산기'라고 한다. 0번째 열에 있는 가산기는 입력 데이터가 a_0와 b_0 두 개이므로 '반가산기'라고 한다.

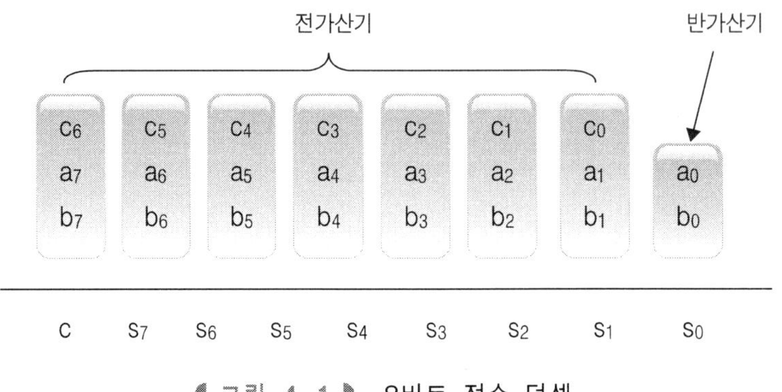

《 그림 4-1 》 8비트 정수 덧셈

반가산기

1비트의 두 입력에 대해 덧셈을 실행하는 회로며, 산술 연산에서 가장 기본이 되는 논리회로다. 입력을 A와 B라 하고 두 수의 합이 Sum, 상위 비트로 올라가는 값을 Carry라 할 때 반가산기의 진리표와 회로도가 그림 4-2에 나타나 있다. Sum 함수는 XOR 게이트로 만들었고, Carry 함수는 간단한 AND 게이트로 만들었다. A와 B가 모두 1이면 Carry 출력은 1이 되고, Sum 출력은 0이 된다. Carry와 Sum을 합치면 (10)과 같고 이것은 10진수 (2)에 대한 2진수 표현이다.

Sum = A XOR B = A ^ B
Carry = A AND B = A & B

A	B	Carry	Sum
0	0	0	0
0	1	0	1
1	0	0	1
1	1	1	0

《 그림 4-2 》 반가산기의 진리표와 회로도

전가산기

전가산기는 두 개의 반가산기를 이용해 두 자리 이상을 연산할 수 있게 하고, 이때 발생하는 올림수를 자리올림으로 처리할 수 있는 덧셈 논리회로다. 입력을 A와 B라 하고 아랫자리에서 올라온 자리올림수는 C, 두 수의 합이 Sum, 상위 비트로 올라가는 값을 Carry라 할 때 전가산기의 진리표와 회로도가 그림 4-3에 나타나 있다. Carry 함수는 AND와 OR 게이트의 조합을 이용해 쉽게 구현할 수 있지만 실제 반도체로 구현할 때는 NAND 게이트를 더 많이 사용한다. AND, OR 조합을 NAND로 대체하는 과정은 다음 식에 잘 나타나 있다.

$$\text{sum} = A \wedge B \wedge C$$
$$\text{carry} = (A \;\&\; B) \mid (A \;\&\; C) \mid (B \;\&\; C)$$
$$\text{carry} = \overline{\overline{(A \;\&\; B)} \;\&\; \overline{(A \;\&\; C)} \;\&\; \overline{(B \;\&\; C)}}$$

A	B	C	Carry	Sum
0	0	0	0	0
0	0	1	0	1
0	1	0	0	1
0	1	1	1	0
1	0	0	0	1
1	0	1	1	0
1	1	0	1	0
1	1	1	1	1

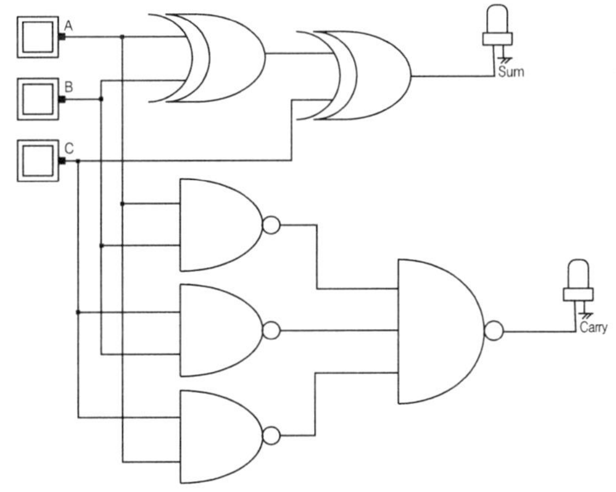

◀ 그림 4-3 ▶ 전가산기의 진리표와 회로도

리플캐리 가산기

가산기를 만드는 가장 간단한 방법은 캐리를 다음 단의 입력으로 연결하는 것이다. 이렇게 캐리를 체인 형태로 연결해서 만든 회로를 '리플캐리' 가산기라고 한다. 4비트 리플캐리 가산기는 그림 4-4처럼 1개의 반가산기와 3개의 전가산기를 직렬로 연결해서 만든다. 각 단에서는 3개의 논리적 정보를 입력받아서 덧셈 결과를 생성해낸다. 예를 들어 출력 s_1은 입력 a_1, b_1, 그리고 캐리 c_0을 더해서 만든다.

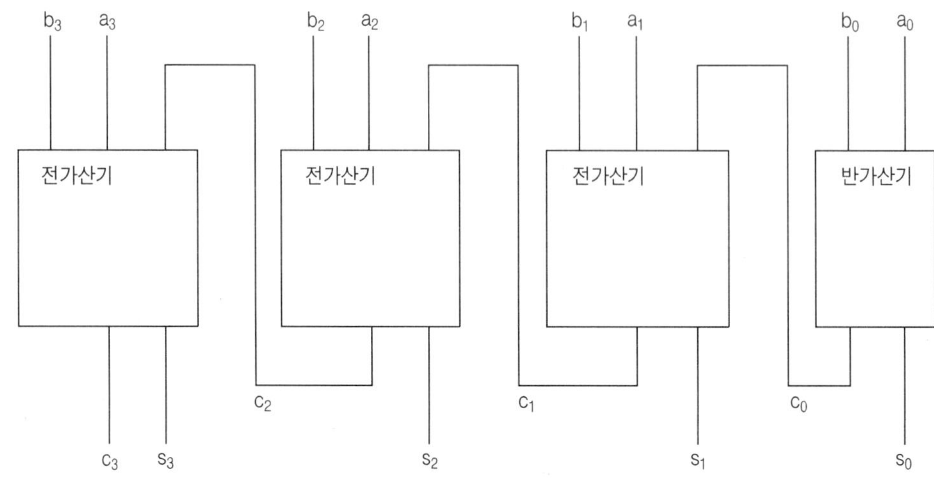

《 그림 4-4 》 4비트 리플캐리 가산기 구조

빠른 가산기

리플캐리 가산기는 구성이 간단하지만 캐리 체인이 직렬로 연결되기 때문에 지연 시간이 크다는 단점이 있다. 회로 복잡도나 전력소비를 희생하고라도 덧셈 계산을 빠르게 하는 기법이 많이 개발됐다. 이 절에서는 빠른 가산기의 한 형태인 캐리 미리보기 가산기를 살펴본다.

캐리 미리보기 가산기는 c_2와 c_3 캐리 함수를 복잡한 계산식의 하드웨어로 계산한다. 각 단에서 반가산기를 이용해서 p_i와 g_i 신호를 만든다. 각 단의 캐리 함수는 이 신호들을 조합해서 다음 식처럼 복잡한 게이트로 만든다. 표기 '&'는 AND 논리 연산, '|'는 OR 연산, '^'는 XOR 연산 게이트를 나타낸다. 캐리 미리보기 가산기는 그림 4-5에 나타나 있다.

```
g0 = a0 & b0
g1 = a1 & b1
g2 = a2 & b2
g3 = a3 & b3
```

```
p0 = a0 ^ b0
p1 = a1 ^ b1
p2 = a2 ^ b2
p3 = a3 ^ b3

c0 = g0
c1 = g1 | (p1 & c0)
c2 = g2 | (p2 & c1) = g2 | (p2 & (g1 | (p1 & g0)))
c3 = g3 | (p3 & c2) = g3 | (p3 & (g2 | (p2 & (g1 | (p1 & g0))))

s0 = p0
s1 = c1 ^ p1
s2 = c2 ^ p2
s3 = c3 ^ p3
s4 = c4
```

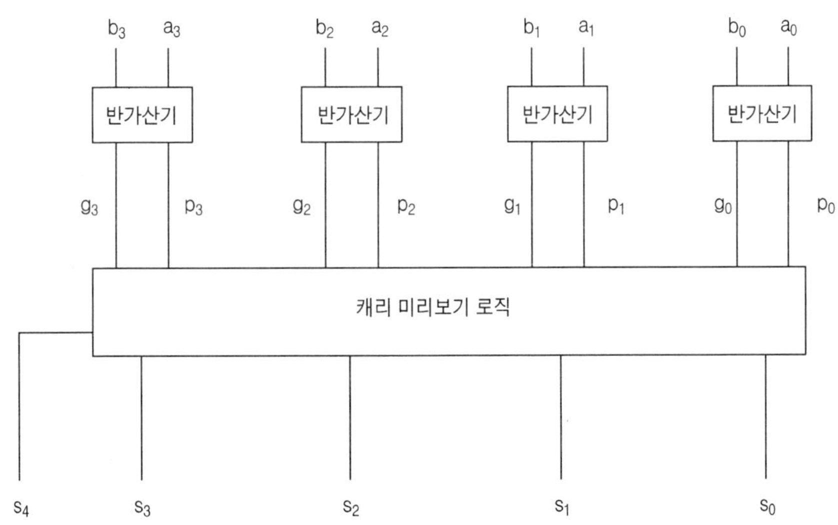

◀ 그림 4-5 ▶ 캐리 미리보기 가산기

감산기

뺄셈 계산은 $A - B = A + \overline{B} + 1$의 관계식을 가지므로, B에 대한 2의 보수를 얻기 위한 인버터를 추가하고 반가산기를 전가산기로 바꾸면 기존의 가산기 회로를 그대로 이용해 감산기 회로를 쉽게 만들 수 있다. 4비트 감산기의 구조가 그림 4-6에 나타나 있다.

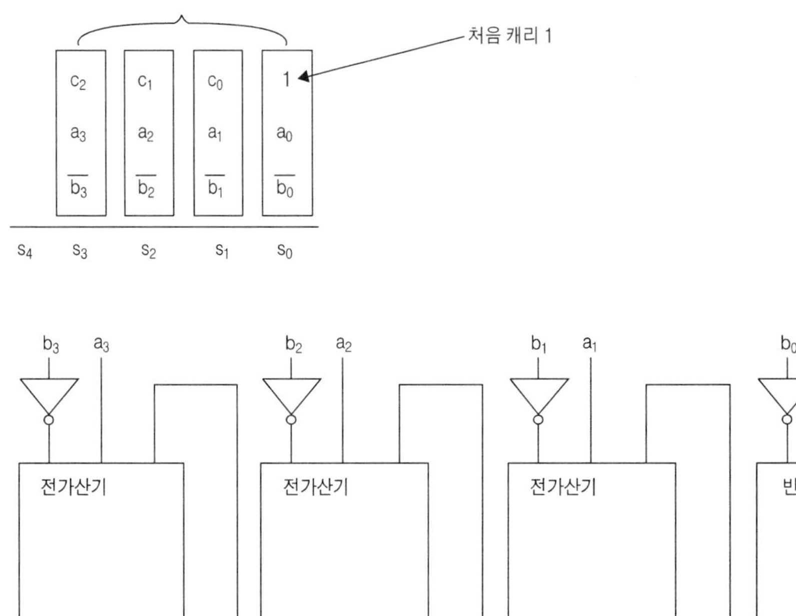

《 그림 4-6 》 4비트 감산기 구조

• **곱셈** •

곱셈에는 $Q = q_{n-1}q_{n-2}\cdots q_1q_0$로 주어지는 피승수와 $M = m_{n-1}m_{n-2}\cdots m_1m_0$로 주어지는 승수의 입력을 필요로 한다. 곱셈을 계산하는 다양한 방법이 있다.

종이와 연필 곱셈 방법

무부호 수에 대한 곱셈을 계산하는 가장 간단한 방법이다. 예를 통해서 이 방법을 설명한다.

예제) 2개의 무부호 정수 6과 7을 곱하라.

2개의 수에 대한 2진수 표현을 이용해 곱셈을 수행하는 과정은 다음과 같다.

```
      0110(6)     피승수(Q)
      0111(7)     승수(M)
      ----------
      0110        (부분곱)
     0110         (부분곱)
    0110          (부분곱)
   0000           (부분곱)
   ======
   00101010(42) 최종곱(P)
```

이 곱셈 계산은 전가산기와 AND 게이트로 이루어진 기본 곱셈 회로를 이용하면 구현할 수 있다. 그림 4-7에 배열 곱셈기의 구조가 나타나 있다.

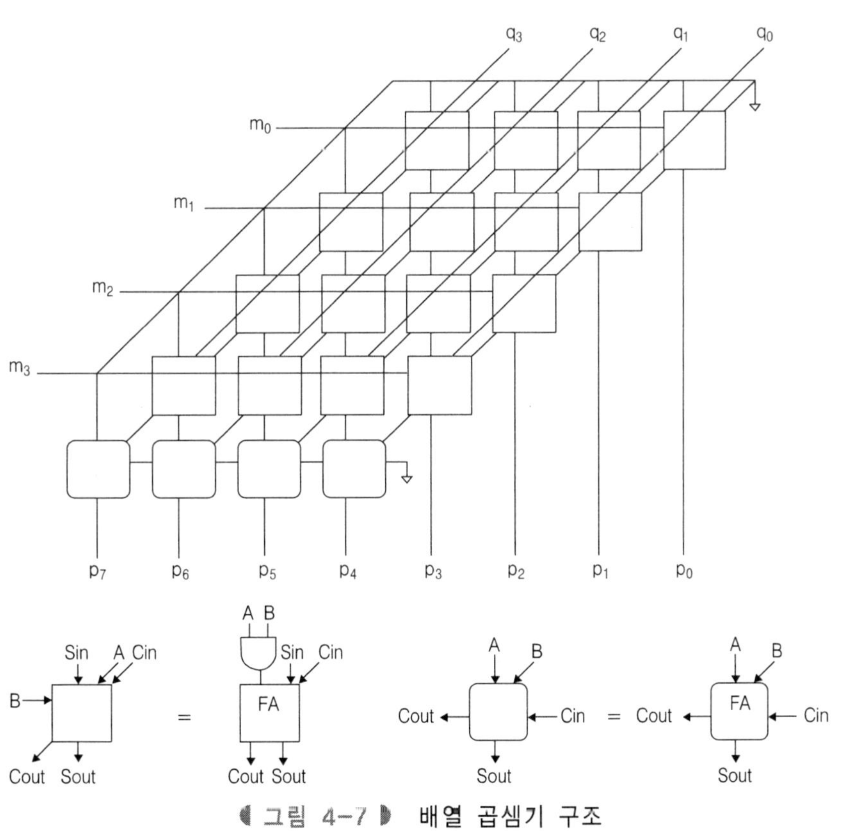

《 그림 4-7 》 배열 곱셈기 구조

더하기-시프트 곱셈 방법

일련의 조건부 덧셈과 시프트 동작으로 곱셈을 계산한다. 승수의 비트가 0이면 시프트 동작만 일어나고, 1이면 부분곱의 덧셈과 시프트 동작이 수행된다.

예제) 2개의 무부호 정수 11과 13을 곱하라.

계산 과정이 아래 표에 나와 있다. 여기서 A는 4비트 레지스터고 0으로 초기화된다. C는 캐리 비트고 최상위 비트로부터 값이 나온다. 승수 M에 있는 값만큼 처리가 n = 4번 반복된다. 승수의 비트가 '1'이면 A ← A + Q이고 A와 M을 같이 오른쪽으로 한 자리 시프트한다. 승수의 비트가 '0'이면 AM에 대해서 시프트만 수행된다. 이런 동작을 수행하기 위한 구조가 그림 4-8에 나타나 있다. 승수 M의 최하위 비트 값에 따라서 수행할 동작을 결정하는 것은 컨트롤 논리가 담당한다. n비트 가산기를 이용해서 A와 Q 레지스터의 내용을 더한다.

Q	C	A	M		
1011	0	0000	1101	초기값	
1011	0	1011	1101	더하기	1번째 사이클
1011	0	0101	1110	시프트	
1011	0	0010	1111	시프트	2번째 사이클
1011	0	1101	1111	더하기	3번째 사이클
1011	0	0110	1111	시프트	
1011	1	0001	1111	더하기	4번째 사이클
1011	0	1000	1111	시프트	

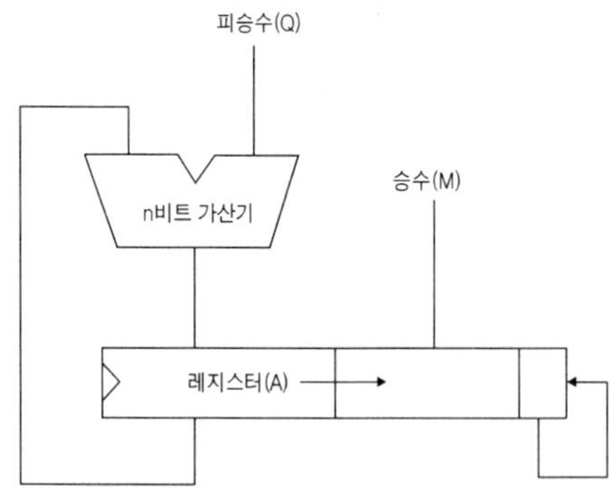

◀ 그림 4-8 ▶ 직렬 가산기

4.3 부동소수점 산술

앞에서 정수의 표현과 산술에 관해서 알아봤다. 이 절에서는 부동소수점 표현과 산술을 배운다.

(1) 부동소수점 표현

2진수의 표현에서 음수와 양수 모두 나타낼 수 있으며, 소수점이 있을 경우 소수도 표현할 수 있다. 부동소수점 수는 일반적으로 $\pm m \times b^{e}$으로 표현된다. 여기서 m을 가수(mantissa)라고 하고, 소수점 부분을 유부호 2진수로 표시하고, e는 지수(exponent), b는 지수의 기수(base)를 뜻한나.

10진수에서 47,200은 4.74×10^{4}, 0.00472는 4.74×10^{-3}으로 표기할 수 있다. 이 방법은 10진수 소수점의 위치를 이동시키고 소수점의 위치는 지수에 따라서 달라진다. 이와 같이 소수점의 위치를 필요에 따라 변경하는 표현 방법을 부동소수점 표현이라 하며, 이와 같이 표현되는 수를 부동소수점 수라고 한다. 2진수 체계가 사용되는 방식으로 표현하는 수는 2진 부동소수점 수가 된다.

그림 4-9는 m = 23비트, e = 8비트, S(부호) = 1비트인 부동소수점 표현이다. S의 값이 0이면 이 수는 양수고, S가 1이면 음수다. 여기서 지수는 양수 0에서 255까지 표현할 수 있다. 양과 음의 지수를 모두 표현하기 위해서 고정된 바이어스(bias) 값을 지수에서 뺀다. 결과 값이 실제 지수값이다. 바이어스된 수란 어떤 수에 바이어스 값이 더해진 수를 말한다.

이 예에서는 바이어스 값이 128이라서 지수의 범위가 -128(지수 부분의 값 0)에서 +127(지수 부분의 값 255)까지다. 따라서 지수값 +4는 지수 부분에 바이어스된 수는 132로 저장되고, 지수값 -12는 116으로 저장된다.

가수(m)는 정밀도를 지정해 주고 지수(e)는 표현 가능한 수의 범위를 결정한다. 가수 부분의 비트가 많을수록 더 정확하게 표현할 수 있으며, 지수 비트가 많을수록 최대값이 커지므로 표현할 수 있는 수의 범위가 증가된다.

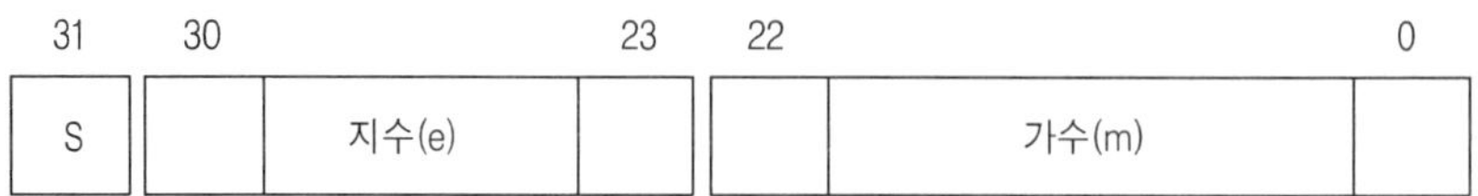

◀ 그림 4-9 ▶ 부동소수점 수 표현

기수가 2라면 부동소수점 수 1.75는 그림 4-10에 보이는 것이 다 맞는 표현이다. 어떤 한 수에 대한 부동소수점 수 표현이 여러 가지여서 혼란이 있을 수 있으므로, 한 가지 표준 형식을 정해서 사용하기 위해 정규화된 표현으로 정규화 형식(normalized form)을 사용한다. 가수의 가장 왼쪽 비트가 1이면 정규화됐다고 말한다. 따라서 1.75의 세 가지 표현 중 첫 번째 것이 정규화된 것이고 이것이 사용된다.

정규화된 부동소수점 수의 최상위 비트는 언제나 1이기 때문에 저장되지 않고 기수점 왼쪽에 숨겨져 있다고(은닉) 간주된다. 따라서 저장된 가수값은 1.m이 된다.

그러므로 0이 아닌 정규화된 수는 $(-1)^s \times (1.m) \times 2^{e-128}$의 뜻이 된다.

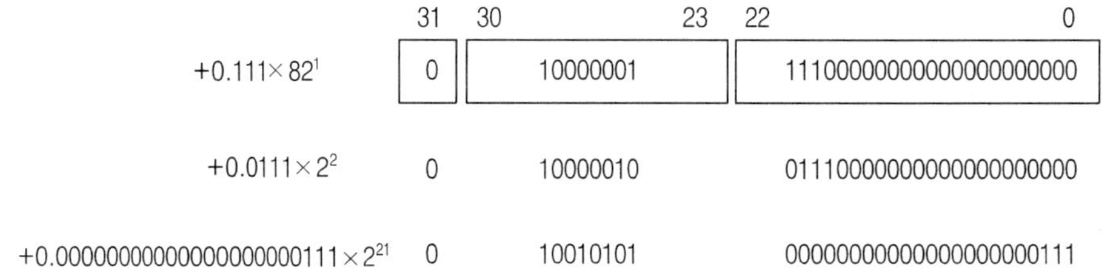

◀ 그림 4-10 ▶ 부동소수점 수의 여러 가지 표현

(2) 부동소수점 산술 연산

부동소수점 수의 산술은 가수와 지수의 연산을 분리해서 수행해야 한다. 덧셈과 뺄셈의 경우에는 지수를 같은 값으로 조정한 후, 가수들에 대해서 덧셈과 뺄셈을 행한다. 곱셈과 나눗셈의 경우에는 가수끼리 곱셈과 나눗셈을 수행하고 지수의 연산에서는 곱셈에서는 덧셈, 나눗셈에서는 뺄셈을 한다.

● 덧셈과 뺄셈 ●

부동소수점 수는 지수 부분이 다르기 때문에 덧셈이 쉽지 않다. 부동소수점 수를 더하기 위해서는 지수 부분을 같게 만들어야 한다. 지수 값이 작은 쪽의 가수를 조절해야 한다. 부동소수점 수의 덧셈/뺄셈을 위한 처리 절차는 다음과 같다.

1. 지수를 비교해서 지수가 작은 쪽을 큰 쪽과 같게 되도록 가수를 조절한다.
2. 덧셈/뺄셈을 수행한다.
3. 계산 결과의 가수값을 정규화하고, 이에 맞게 지수값을 조절한다.

예제) 부동소수점 수 1.1100×2^4과 1.1000×2^2을 더하라.

1. 조절: 1.1000×2^2을 조절해 0.0110×2^4으로 만든다.
2. 덧셈: 두 수를 더해서 10.0010×2^4을 얻는다.
3. 정규화: 정규화를 수행하면 0.1000×2^6이 된다(소수점 이하 4자리까지 허용을 가정).

● 곱셈 ●

부동소수점의 곱셈과 나눗셈에서는 덧셈과 달리 소수점 위치 조정이 필요하지 않다. 가수끼리 직접 곱셈을 하고 지수들은 더한다.

부동소수점 수 $X = m_x \times 2^a$과 $Y = m_y \times 2^b$의 곱은 $X \times Y = (m_x \times m_y) \times 2^{a+b}$으로 표현된다. 부동소수점 수의 곱셈 절차는 다음과 같다.

1. 지수값을 서로 더하면 결과 지수값이 된다.
2. 가수값을 서로 곱한다.
3. 결과에 대해서 정규화와 반올림을 수행한다.

예제) 부동소수점 수 $X = 1.000 \times 2^{-2}$과 $Y = -1.010 \times 2^{-1}$을 곱하라.

1. 지수 덧셈: $-2 + (-1) = -3$
2. 가수 곱셈: $1.000 \times -1.010 = -1.010000$

결과는 -1.0100×2^{-3}이다.

● **나눗셈** ●

부동소수점의 나눗셈에서도 덧셈과 달리 소수점 위치 조정이 필요하지 않다. 가수끼리 직접 나눗셈을 하고 지수들은 뺄셈을 한다.

부동소수점 수 $X = m_x \times 2^a$과 $Y = m_y \times 2^b$의 나눗셈은 $X/Y = (m_x/m_y) \times 2^{a-b}$로 표현된다. 부동소수점 수의 나눗셈을 위한 절차는 다음과 같다.

1. 지수값을 빼면 결과 지수값이 된다.
2. 가수값을 나누고 결과의 부호를 결정한다.
3. 결과에 대해서 정규화와 반올림을 수행한다.

예제) 부동소수점 수 $X = 1.0000 \times 2^{-2}$과 $Y = -1.0100 \times 2^{-1}$의 나눗셈을 구하라.

1. 지수 뺄셈: $-2 - (-1) = -1$
2. 가수 나눗셈: $1.0000 \div -1.0100 = -0.1101$

결과는 -0.1101×2^{-1}이다.

(3) IEEE 부동소수점 표준

부동소수점 수를 위한 표현과 형식이 서로 다르게 정의되어 사용되어 왔으므로 사용자의 혼란을 줄이고 컴퓨터 간의 호환성을 향상시키기 위해 미국 전기전자공학회(IEEE)에서 부동소수점 표현에 대한 국제 표준을 제안했다.

부동소수점 포맷의 IEEE754 표준은 기본형과 확장형 두 가지가 있다. 각각은 32비트인 단정밀도와 64비트인 배정밀도 포맷이 있다. 단정밀도 확장형 포맷은 44비트 크기고, 배정밀도 확장형 포맷은 80비트 크기다. 단정밀도 포맷의 기수는 2이다. S는 수의 부호를 나타내고, 지수 부분은 8비트며, 바이어스된 2진수로 표현하며 바이어스 값은 127이다. 가수는 23비트고 정규화된 형태를 가지며 첫 번째 1은 포함시키지 않는다. 즉, $1.m \times 2^e$ 형태이며 소수점 좌측의 1이 감춰지는 것을 은닉 비트라 한다. 그림 4-11은

IEEE 단정밀도 표현을 보여준다.

S	8비트 바이어스된 지수 e	23비트 소수 부분 m

《 그림 4-11 》 IEEE 단정밀도 표현

8비트 지수 부분은 256가지 조합이 가능한데, 이 중 두 가지는 특별한 값으로 사용된다.

1. e = 0이고 m = 0이면 영, m ≠ 0이면 정규화되지 않은 수
2. e = 255이고 m = 0이면 ±∞, m ≠ 0이면 NaN(not a number)

IEEE 단정밀도 확장형 포맷은 지수 부분이 11비트고 가수 부분이 32비트 이상이다. 전체 길이는 최소 44비트가 된다. 단정밀도 확장형 포맷은 계산의 중간 값을 저장하는 데 사용된다.

(4) 배정밀도 IEEE 포맷

배정밀도 포맷에서는 지수 부분이 11비트고 가수 부분이 52비트다. 그림 4-12에 배정밀도 포맷이 나타나 있다. 단정밀도 포맷과 마찬가지로, e의 두 가지 값(0과 2047)은 특수한 경우의 표현으로 사용된다.

S	11비트 바이어스된 지수 e	52비트 소수 부분 m

《 그림 4-12 》 IEEE 배정밀도 표현

표 4-3에 IEEE 단정밀도 포맷과 배정밀도 포맷의 특징을 비교해 뒀다.

【표 4-3】 IEEE 단정밀도 포맷과 배정밀도 포맷의 비교

특징	단정밀도	배정밀도
비트 크기	32	64
가수 부분의 크기	23	52
은닉 비트	1	1
지수 부분의 크기	8	11
바이어스	127	1023
수의 범위	$2^{128} \approx 3.8 \times 10^{38}$	$2^{1024} \approx 9.0 \times 10^{307}$
정규화된 최소수	$2^{-126} \approx 10^{-38}$	$2^{-1022} \approx \times 10^{-308}$

예제) −17.125를 IEEE754의 단정밀도로 표현하라.

17.125를 2진수로 변경하면 10001.001이다.

$10001.001 = 1.0001001 \times 2^4$

부호 비트(S) = 1

지수(e) = 4 + 127 = 00000100 + 01111111 = 10000011

가수(m) = 00010010000000000000000

연습문제 exercise

1. 다음 10진수를 2진수와 16진수로 변환하라.
   1) 514
   2) 1025
   3) 7.125
2. 다음 10진수에 대해 2의 보수를 구하라. 각 숫자는 8비트로 표현된다.
   1) 64
   2) 33
   3) −1
3. 다음 10진수를 부호화 크기 표기법으로 표기하라. 각 숫자는 8비트 크기다.
   1) −63
   2) 147
   3) 85
4. 십진수 67.575를 2진수로 변환하라. 소수 부분은 5자리까지만 구하라.
5. −22에 대한 2의 보수 표현을 8개의 비트로 표현하라.
6. 2의 보수 표현과 1의 보수 표현의 특징과 장단점을 설명하라.
7. 기억장치에 양의 정수를 나타내는 데이터 7비트 정보가 저장되어 있다면 표현할 수 있는 수의 범위는 얼마인가?
8. −11을 8비트로 하여 부호화 크기법, 1의 보수, 2의 보수로 각각 표현하라.
9. 8비트로 정수를 표시할 경우, 부호화 크기법, 1의 보수, 2의 보수의 표현에서 표현 가능한 수의 범위를 표시하라.
10. 정수의 연산에서 오버플로의 정의는 무엇인가?
11. 11 − 3을 1의 보수와 2의 보수로 뺄셈을 하라.

12. 27 - 34를 8비트 2의 보수법으로 계산하라. 단, 계산 절차를 보여라.

13. 1001 × 0011을 수행하라.

14. 다음 10진수를 IEEE 단정밀도로 나타내어라.
   1) −3
   2) 6.5125
   3) 0.91
   4) 0.000071
   5) 56,000,135
   6) −23.23
   7) 6.02×10^{23}

15. −21.625를 IEEE754 표현으로 나타내어라.

16. 다음 IEEE 단정밀도 부동소수점 수를 십진수로 나타내어라.
   1) 0x21E0 0000
   2) 0x8906 0000
   3) 0x4B90 0000
   4) 0xf1A6 0000

17. $(0.101 \times 2^5) \times (0.01 \times 2^4)$ 부동소수점 곱셈을 계산하라.

18. 부동소수점 수 1.000×2^{-2}과 -1.010×2^{-1}을 곱하라. 단, 절차를 보여라.

19. 부동소수점 수 1.1100×2^4과 1.1000×2^2을 더하라. 단, 절차를 보여라.

20. 부동소수점 수 1.0000×2^{-2}과 -1.0100×2^{-1}의 나눗셈을 구하라. 단, 절차를 보여라.

21. 다음 부동소수점 연산에 대한 정규화와 반올림한 결과를 계산하라.
   1) $(-0.2873 \times 10^{-5}) + (+0.8851 \times 10^{5})$
   2) $(-0.7192 \times 10^{-7}) - (+0.7862 \times 10^{-8})$
   3) $(+0.7221 \times 10^{-5}) \times (-0.3442 \times 10^{-9})$
   4) $(-0.7723 \times 10^{11}) / (+0.2060 \times 10^{-8})$

22. 전가산기를 설명하라.

23. 캐리 미리보기 가산기와 리플 캐리 가산기의 성능상의 특징을 비교 설명하라.

24. 3비트 캐리 미리보기 가산기를 설계하라.

25. 배열 곱셈기와 직렬 곱셈기의 성능상의 특징을 비교 설명하라.

26. 직렬 곱셈기의 블록도를 그리고 동작을 설명하라.

5장 _ 프로세서 설계

앞에서 컴퓨터 시스템의 역사와 메모리 위치, 주소지정 방식, 어셈블리어, 컴퓨터 산술에 관련된 기본 내용을 배웠다. 이 장에서는 컴퓨터 시스템의 주요 구성부인 중앙처리장치(CPU: Central Processing Unit)를 집중적으로 살펴본다. 여기서 중앙처리장치를 일반적으로 프로세서라 한다. 프로세서의 기본 기능은 컴퓨터 메모리에 저장되어 있는 명령어들을 실행하는 것이다. 간단한 프로세서는 레지스터, 산술논리장치(ALU: Arithmetic Logic Unit), 제어장치(CU: Control Unit)로 이뤄진다.

5.1 프로세서 기초

전형적인 프로세서의 세 가지 주요부는 레지스터 집합, 산술논리장치, 제어장치다. 레지스터 집합은 프로세서에 따라서 레지스터의 수와 기능이 다르다. 일반적으로 레지스터는 데이터를 일시적으로 저장하는 일종의 메모리다. 프로세서 내의 레지스터는 범용 레지스터와 특수 용도의 레지스터로 이뤄진다. 범용 레지스터는 여러 용도로 사용할 수 있고 따라서 범용이라는 이름이 붙었다. 여러 레지스터에는 각기 레지스터 이름이 부여되고, 이는 메모리 주소에 해당한다. 범용 레지스터는 프로세서가 수행 중에 발생하는 많은 중간 값을 외부의 메모리에 저장할 필요 없이 범용 레지스터에 저장함으로써 속도를 높일 수 있다. 따라서 컴퓨터의 성능은 레지스터 수와 기능에 영향을 받는다. 특수 용도의 레지스터는 프로세서 안에서 특정한 목적의 일을 담당한다. 예를 들면 프로그램 카운터(PC)는 특수 레지스터로서 다음에 실행할 명령어의 주소를 담고 있다. 또 다른 특수 레지스터 중에서 명령어 레지스터(IR)는 현재 실행되고 있는 명령어를 저장하고 있다. 이 외의 특수 레지스터로는 상태 레지스터, 메모리 데이터 레지스터(MDR: Memory Data Register), 메모리 주소 레지스터(MAR: Memory Address Register) 등이 있다. ALU는 명령어에서 필요로 하는 산술논리 연산을 수행할 회로를 제공한다. 4장에서는 ALU에서 수행되는 계산을 위한 많은 회로를 소개했었다. 제어장치는 명령어를 메모리에서 인출하고 해독하고 실행하게 하는 책임을 진다. 그림 5-1은 프로세서의 주요부와 메모리 시스템, 입출력장치와의 상호 관계를 보여준다.

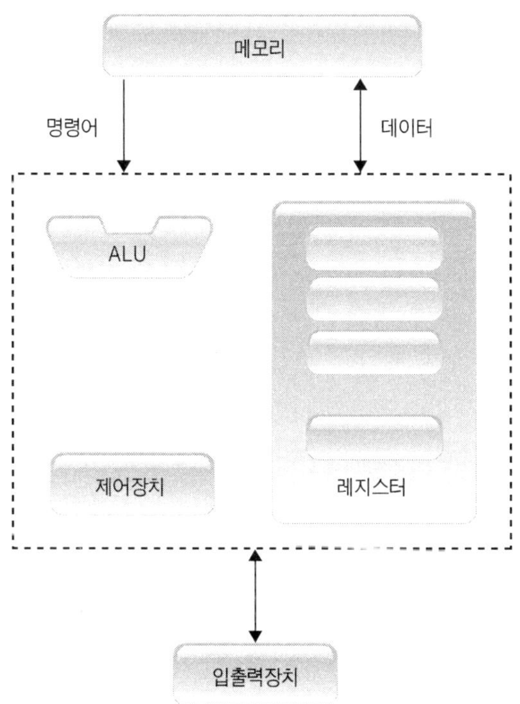

《 그림 5-1 》 프로세서 내부와 메모리, 입출력장치와의 상호 관계

프로세서는 메모리에서 명령어를 인출하고, 데이터를 메모리에서 읽거나 쓰며, 입출력장치와 데이터를 주고받는다. 전형적인 프로세서의 명령어 실행 사이클은 다음과 같다.

1. PC에 있는 주소에서 다음 실행할 명령어가 메모리로부터 인출되어 명령어 레지스터(IR)에 저장된다.
2. 명령어가 해독된다.
3. 오퍼랜드가 메모리에서 인출되어 프로세서 레지스터에 저장된다.
4. 명령어가 실행된다.
5. 실행 결과가 프로세서 레지스터에서 메모리로 전달된다.

실행 사이클은 실행할 명령어가 더 남아 있는 한 계속된다. 대기하고 있는 인터럽트가 있는지 여부의 확인이 사이클 끝에 포함된다. 인터럽트의 예로는 입출력장치 요구, 산술 오버플로, 페이지 폴트가 있다. 인터럽트가 요구되면 인터럽트 처리 루틴으로 이동한다. 인터럽트 처리 루틴은 현재 실행되고 있는 프로그램의 상태를 저장하고, 인터럽트 발생 원인을 해결하고, 프로그램 상태를 복원하는 일을 한다.

실행 사이클 동안에 프로세서가 하는 일은 제어장치에서 내보내는 마이크로 동작 명령에 의해서 결정된다. 마이크로 동작 명령은 전용의 제어선을 통해서 전달되는 개별 제어 신호다. 예를 들면, 레지스터 X의 내용을 레지스터 Y로 옮기는 명령어를 실행한다고 가정해 보자. 또한 두 개의 레지스터 모두 데이터 버스 D에 연결되어 있다고 가정하자. 제어장치는 레지스터 X에게 갖고 있던 내용을 데이터 버스 D로 내보내라는 제어 신호를 보낸다. 잠시 후에 데이터 버스 D의 내용을 읽으라는 또 다른 제어 신호가 레지스터 Y에 보내질 것이다. 제어 신호는 고정배선 제어나 마이크로프로그래밍을 이용해서 만들어진다. 이 장의 후반부에 자세한 설명이 나온다.

5.2 레지스터 집합

레지스터는 프로세서 내부에 있는 아주 빠른 메모리로서, 프로세서 연산이나 다른 계산의 결과를 만들거나 저장하는 데 사용된다. 프로세서마다 레지스터 집합은 다르다. 즉, 레지스터의 개수, 레지스터 타입, 각 레지스터의 크기, 레지스터의 용도 등이 다르다. 범용 레지스터는 다양한 목적으로 사용될 수 있고 프로그래머에 의해 다양한 기능이 부여된다. 특수 레지스터는 특정 기능에만 한정된다. 어떤 경우에는 레지스터가 데이터를 저장할 수는 있지만 오퍼랜드 주소 계산에는 사용될 수 없다. 데이터 레지스터는 대부분의 데이터 타입 값을 저장하기에 충분한 크기여야 한다. 어떤 프로세서에서는 두 배의 크기를 갖는 값을 저장하는 데 연속적인 두 개의 레지스터를 사용하기도 한다. 주소 레지스터는 특정 주소지정 방식에만 사용되거나 주소 신호를 발생시키는 목적으로만 사용되기도 한다. 레지스터의 개수는 명령어 집합 설계에 영향을 미친다. 레지스터의 개수가 적으면 메모리 접근 횟수가 늘어날 수 있다. 또 다른 종류의 레지스터로는 프로세서의 상태 비트를 유지하는 플래그가 있다. 이 비트는 프로세서의 연산 실행 결과로 그 값이 설정된다. 상태 레지스터의 플래그 비트는 나중에 다른 연산의 일부로 사용되어 그 값이 검사된다.

(1) 메모리 접근 레지스터

메모리 읽기 쓰기 동작을 위한 레지스터로는 MDR(메모리 데이터 레지스터)과 MAR(메모리 주소 레지스터)이 있다. MDR과 MAR은 프로세서 내부적으로 사용되며 프로그래머는 직접 접근할 수 없다. 특정 메모리에 대한 쓰기 동작에 MDR과 MAR이 다음과 같이 사용된다.

1. 메모리에 쓸 값이 프로세서에 의해서 MDR에 적재된다.
2. 메모리의 주소가 프로세서에 의해서 MAR에 적재된다.
3. 프로세서에 의해서 쓰기 신호가 발생된다.

위와 비슷하게 특정 메모리에 대한 읽기 동작에도 MDR과 MAR이 다음과 같이 사용된다.

1. 메모리의 주소가 MAR에 적재된다.
2. 프로세서에 의해서 읽기 신호가 발생된다.
3. 원하는 데이터 값이 메모리로부터 MDR에 적재되어 프로세서가 사용할 수 있게 된다.

(2) 명령어 인출 레지스터

명령어 실행을 위한 인출 동작에는 PC(프로그램 카운터)와 IR(명령어 레지스터)이 사용된다. PC는 다음에 인출할 명령어의 주소를 저장하고 있다. 인출된 명령어는 IR에 적재된다. 하나의 명령어가 성공적으로 인출되면 다음에 실행할 명령어의 위치로 PC가 변경된다. 분기 명령인 경우에는 분기 목표가 정해지고 나서 분기 목표에 있는 명령어의 위치로 PC 값이 변경된다.

(3) 조건 레지스터

플래그라고도 하는 조건 레지스터는 상태 정보를 유지한다. 어떤 프로세서에서는 특별한 PSW(프로그램 상태 워드) 레지스터를 두기도 한다. PSW는 실행 프로그램의 현재 상태를 나타내기 위해서 프로세서에 의해서 설정되는 비트들을 포함한다. 산술 연산, 인터럽트, 메모리 보호 정보, 프로세서 상태들이 이에 해당한다.

(4) 특수 주소 레지스터

• 인덱스 레지스터 •

2장에서 살펴봤듯이 인덱스 주소지정 방식에서 오퍼랜드의 주소는 인덱스 레지스터라고 하는 레지스터의 내용과 상수를 더해서 얻는다. 인덱스 레지스터는 주소 변위를 저장하고 있다. 인덱스 주소지정 방식은 명령어에서 인덱스 레지스터를 괄호에 넣고 상수를 X로 표시해서 나타낸다.

• 세그먼트 포인터 •

6장에서 소개할 세그먼테이션을 지원하려면 프로세서가 내보내는 주소는 세그먼트 번호(베이스)와 세그먼트 내부의 변위(오프셋)로 구성돼야 한다. 세그먼트 레지스터는 세그먼트의 베이스 주소를 저장하고 있다.

• 스택 포인터 •

2장에서 스택은 마지막에 저장된 데이터 항목을 가장 먼저 꺼내오는 데이터 구조화 방법이라고 배웠다. 스택에는 푸시(push)와 팝(pop) 두 가지 동작이 있다. 전용 레지스터인 SP(스택 포인터)는 스택의 위치를 가리킨다. 스택의 푸시 동작에서는 SP 값이 스택의 맨 위 자리를 가리키고, 값이 저장된 후에는 SP가 증가된다(x86과 같이 메모리 주소가 작은 쪽으로 스택이 자라는 기계에서는 SP가 감소된다). 스택 레지스터는 리턴 주소, 프로세서 상태 정보, 서브루틴의 임시 변수 등을 저장하는 데 사용된다.

(5) 80×86 레지스터

인텔사의 386, 486, 펜티엄 프로그래밍 모델에는 세 가지 레지스터 그룹이 있다. 범용 레지스터, 세그먼트 레지스터, 명령 포인터(프로그램 카운터)와 플래그 레지스터다. 그림 5-2에 3개의 레지스터 그룹을 나타내었다. 첫 번째는 범용 레지스터로 A, B, C, D, SI(소스 인덱스), DI(목적지 인덱스), SP(스택 포인터), BP(베이스 포인터)다. 두 번째는 전용 레지스터인 CS(코드 세그먼트), SS(스택 세그먼트), 그리고 4개의 데이터 세그먼트 레지스터인 DS, ES, FS, GS이다. 세 번째는 명령 포인터(프로그램 카운터)와 플래그(상태) 레지스터다. 상태 비트 중에서 처음 5개는 초기의 8비트 마이크로프로세서인 8085와 동일하다. 비트 12~14는 80286에서 나왔으며, 비트 16~17은 80386에서 나왔다.

(6) MIPS 레지스터

MIPS 프로세서에는 0~31의 번호가 붙은 32개의 범용 레지스터가 있다. 레지스터 x는 $x로 표시한다. 레지스터 $0는 언제나 값이 0이다. 표 5-1에 레지스터의 목록과 사용처가 나와 있다. 레지스터 $at(1), $k0(26), $k1(27)은 어셈블러와 운영체제에서 사용하는 것으로 예약되어 있다. 레지스터 $a0~$a3(4~7)은 함수 호출에서 처음 4개의 인자 전달에 사용된다. 나머지 인자는 스택을 통해서 전달된다. 레지스터 $v0와 $v1(2, 3)은 함수의 복귀값을 위해 사용된다. 레지스터 $t0~$t9(8~15, 24, 25)는 함수 호출에서 보존되지 않는 임시값을 저장하는 데 사용된다. 레지스터 $s0~$s7(16~23)은 함수 호출에서 보존돼야 하는 값 저장에 사용된다. 레지스터 $sp(29)는 스택 포인터로서 스택의 사용 위치를 가리킨다. 레지스터 $fp(30)는 프레임 포인터고, 레지스터 $ra(31)은 함수 호출의 복귀 주소에 쓰인다. 레지스터 $gp(28)는 전역 포인터로서 상수와 전역 변수를 담고 있는 힙 영역 64 K 메모리 블록의 중간을 가리킨다. 힙에 있는 객체를 적재나 저장 명령어를 이용해서 빠르게 접근할 수 있다.

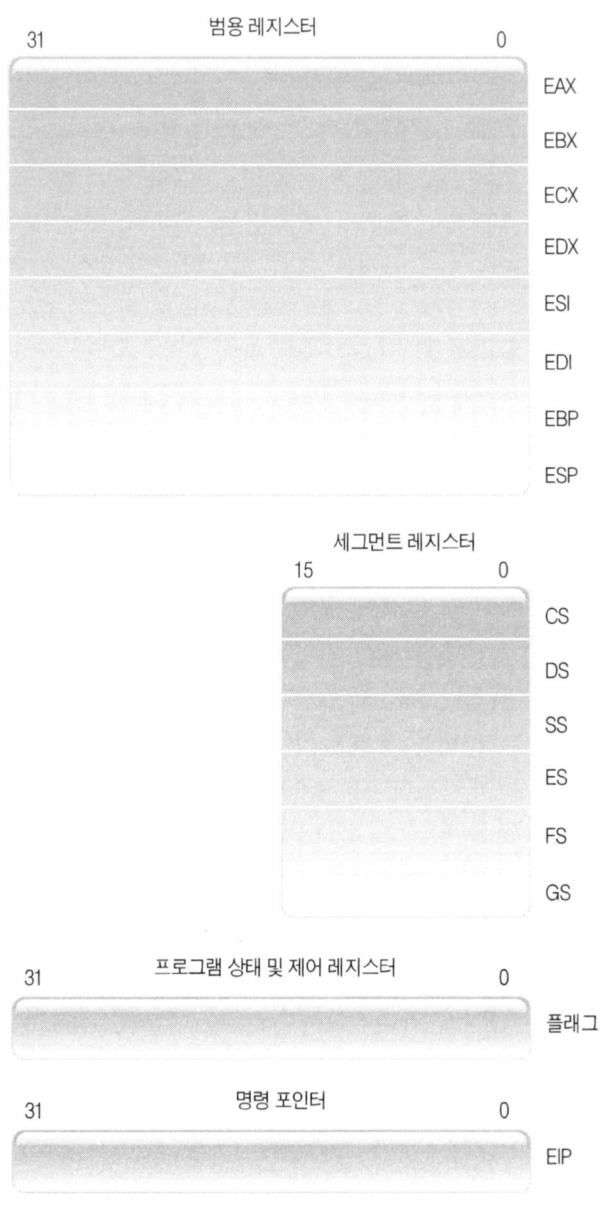

◀ 그림 5-2 ▶ 80×86 레지스터

| 표 5-1 | MIPS 범용 레지스터

레지스터 이름	소프트웨어 이름	사용처
$0		언제나 0
$at		어셈블러가 사용 예약
$2..$3	v0~v1	수식 계산과 함수의 결과 저장
$4..$7	a0~a3	함수 호출 인자 전달
$8..$15	t0~t7	수식 계산 임시 레지스터
$16..$23	s0~s7	보관 레지스터
$24..$25	t8~t9	수식 계산 임시 레지스터
$26..$27 혹은 $kt0..$kt1	k0~k1	운영체제 커널이 사용 예약
$28 혹은 $gp	gp	전역 포인터
$29 혹은 $sp	sp	스택 포인터
$30 혹은 $fp	fp	프레임 포인터
$31	ra	복귀 주소와 수식 계산 저장

5.3 데이터 경로

프로세서 내의 여러 장치는 서로 데이터를 전송, 수신하기 위해 장치들과 상호 연결되어 있다. 이들을 서로 연결하는 경로는 버스다. 버스에는 여러 장치가 연결되어 있어서 서로 필요한 데이터, 제어 신호, 주소 등을 전달할 수 있지만 어느 한 순간에는 하나의 장치만이 버스를 사용할 수 있다. 프로세서 내부의 버스는 데이터, 주소, 제어 버스로 구분된다. 데이터 버스는 데이터 경로라고 하며, 레지스터, ALU 등이 연결되어 있다. 데이터 경로는 데이터 항목에 대해서 어떤 연산을 수행할 수 있다. 제어 버스는 기본적으로 제어장치로서 데이터 경로에 제어 신호를 공급한다. 프로세서 내부에서 데이터는 하나의 레지스터에서 다른 레지스터로 혹은 ALU와 레지스터 사이로 이동된다. 내부적인 데이터 이동은 지역 버스를 통해서 이뤄진다. 지역 버스를 통해서 데이터, 명령어, 주소가 전달된다. 외부적으로는 시스템 버스를 통해서 데이터가 레지스터에서 메모리나 입출력장치로 전달된다. 레지스터 간이나 ALU와 레지스터 간의 내부적인 데이터 전송에는 단일버스, 이중버스, 혹은 삼중버스 구조가 이용되기도 한다. 더 빈번한 데이터 전송에는 전용 데이터 경로가 사용되기도 한다. 예를 들면, 명령어 사이클 시작에서 다음 명령어를 인출하기 위해서는 PC의 내용이 MAR로 전달돼야 한다. 이때 PC에서 MAR로의 전용 데이터 경로를 이용하면 속도를 높일 수 있다.

(1) 단일버스 구조

단일버스 구조에서는 프로세서 레지스터와 ALU가 하나의 버스를 이용해서 데이터가 나가는 것과 들어오는 것을 처리한다. 단일버스에서는 하나의 클록 사이클 동안에 한 번의 데이터 이동만을 처리할 수 있기 때문에, 오퍼랜드가 두 개라면 오퍼랜드 인출 동작에는 2 클록 사이클이 걸린다. 이 버스 구조가 가장 간단하고 비용이 적게 들지만 같은 클록에 전송할 수 있는 데이터의 양에 한계가 있어서 전체적인 성능을 떨어뜨린다. 그림 5-3은 단일버스 구조를 보여준다.

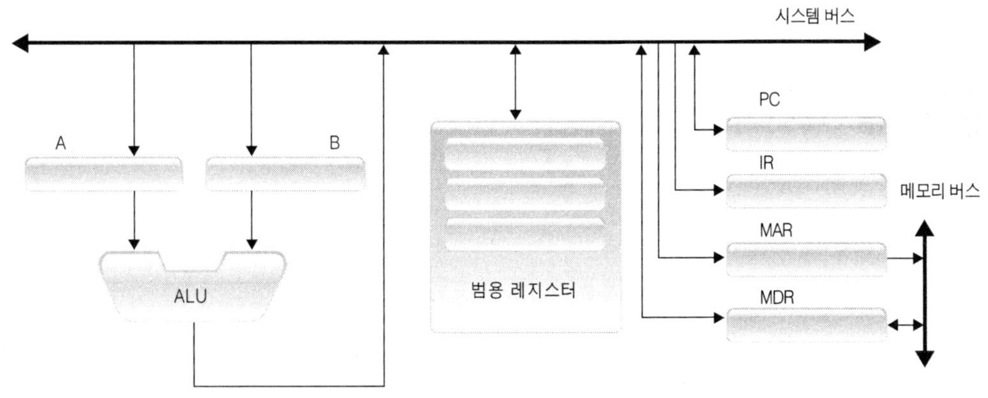

【그림 5-3】 단일버스 구조의 데이터 경로

(2) 이중버스 구조

버스 한 개를 사용하는 것보다 두 개를 사용하면 더 빨라질 수 있다. 이중버스 구조에서는 범용 레지스터가 양쪽의 버스에 연결된다. 데이터가 두 개의 다른 레지스터로부터 ALU의 입력으로 동시에 연결된다. 따라서 두 개의 오퍼랜드 연산에서 모든 오퍼랜드가 같은 클록 사이클에 인출될 수 있다. ALU의 출력을 담아놓기 위해서 추가적인 버퍼 레지스터가 필요할 수도 있다. 그림 5-4는 이중버스 구조를 보여준다. 어떤 경우에는 하나의 버스가 레지스터 데이터 입력에 사용되고, 다른 버스는 레지스터 데이터 출력으로만 사용하기도 한다. 이런 경우에는 ALU의 또 다른 입력을 위해서 버퍼 레지스터가 추가로 필요하다. 하지만 ALU의 출력은 레지스터 입력 버스에 직접 연결되어 출력 결과를 레지스터에 직접 전송할 수 있게 된다. 그림 5-5는 레지스터의 관점에서 입력 버스, 출력 버스로 구분된 이중버스 구조를 보여준다.

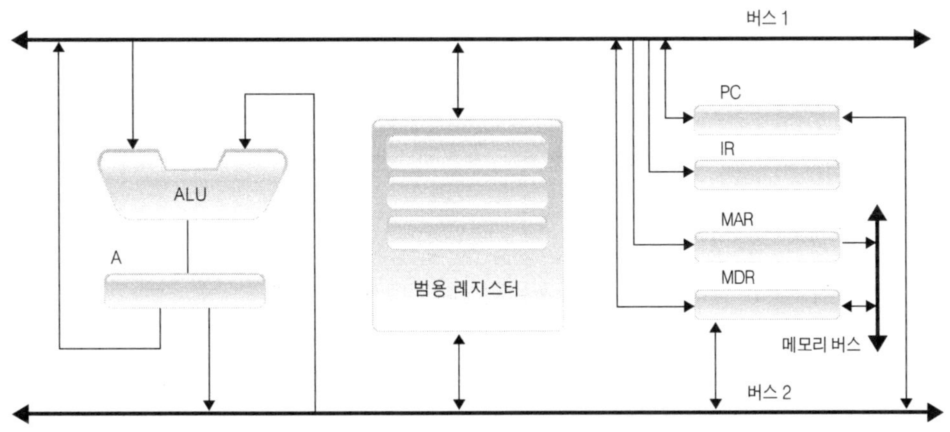

◀ 그림 5-4 ▶ 이중버스 구조

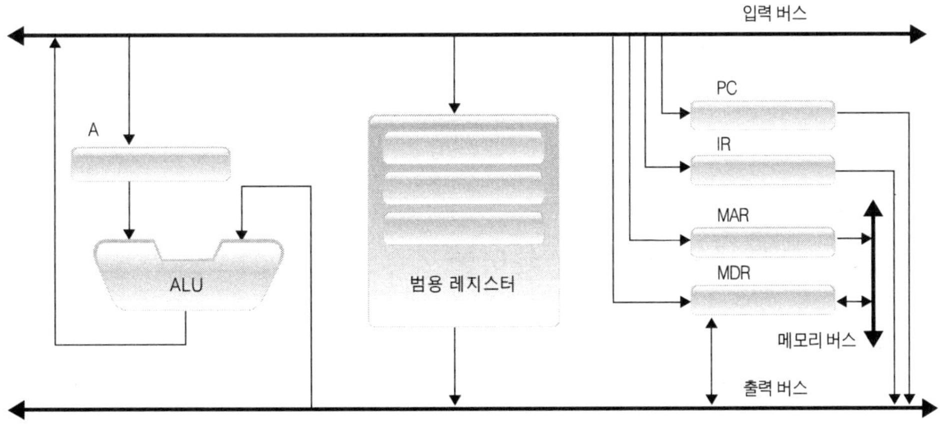

◀ 그림 5-5 ▶ 입력, 출력으로 구분된 이중버스 구조

(3) 삼중버스 구조

삼중버스 구조에서는 두 개의 버스가 소스로 사용되고 세 번째 버스가 목적지로 사용된다. 소스 버스는 레지스터에서 나온 데이터(출력 버스)를 전송하고, 목적지 버스는 데이터를 레지스터(입력 버스)로 전송한다. 두 개의 출력 버스는 ALU의 입력에 연결되고, 하나의 입력 버스는 ALU 출력에 직접 연결된다. 더 많은 버스를 사용할수록 같은 클록 사이클에 더 많은 데이터를 전송할 수 있지만 버스의 수가 많아지면 하드웨어가 복잡해진다. 그림 5.6은 삼중버스의 구조를 보여준다.

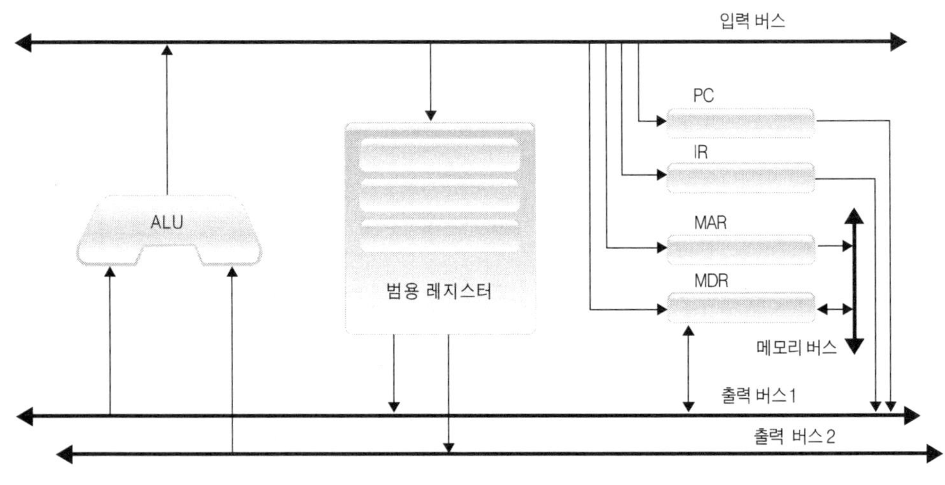

《 그림 5-6 》 삼중버스 구조

5.4 프로세서 명령어 사이클

명령어 실행에서 프로세서에 의해 수행되는 동작들의 순서를 그림 5-7에 나타냈다. 실행할 명령어가 있는 한, 다음 명령어가 주기억장치에서 인출된다. 명령어는 명령어의 연산 코드에서 지정한 동작을 수행한다. 명령어 사이클이 끝나면 인터럽트가 발생됐는지를 검사한다. 인터럽트가 요청됐다면 인터럽트 처리 루틴이 호출된다.

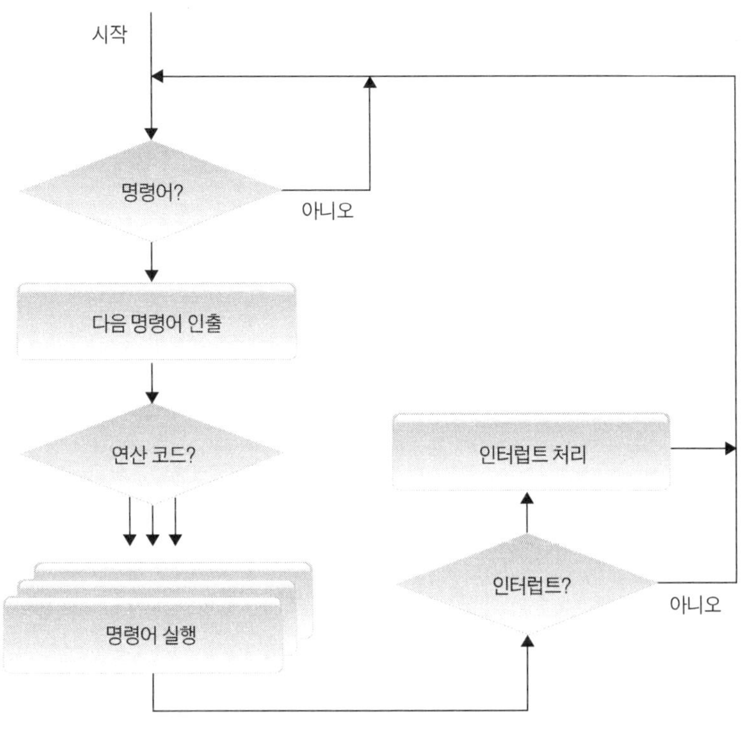

【그림 5-7】 프로세서의 명령어 실행 사이클

명령어 인출, 명령어 실행, 인터럽트 처리에 필요한 기본 동작은 마이크로 동작 순서에 의해서 정의된다. 제어 신호들이 미리 정해진 순서대로 활성화돼서 마이크로 동작 실행이 개시된다. 이 절에서는 명령어 인출, 단순 산술 명령어의 실행, 인터럽트 처리를 구현하는 마이크로 동작을 살펴본다.

(1) 명령어 인출

명령어를 인출할 때 다음과 같은 동작이 순차적으로 발생한다.

1. PC의 내용이 메모리 주소 레지스터(MAR)에 적재된다.
2. PC 값이 증가된다(이 동작은 메모리 접근과 병렬적으로 진행될 수 있다).
3. 메모리 읽기의 결과로 명령어가 메모리 데이터 레지스터(MDR)에 적재된다.

4. MDR의 내용이 명령어 레지스터(IR)에 적재된다.

그림 5-3에 있는 단일버스 구조를 가정하면, 인출 동작은 아래 표에 나타난 대로 3단계로 이뤄진다. 여러 가지 동작은 ';'으로 구분되고 병렬적으로 동작한다는 것을 암시한다.

단계	마이크로 동작
t_0	MAR ← (PC); A ← (PC)
t_1	MDR ← Mem[MAR]; PC ← (A) + 4
t_2	IR ← (MDR)

삼중버스 구조를 사용하면 필요한 단계가 다음과 같이 된다.

단계	마이크로 동작
t_0	MAR ← (PC); A ← (PC) +4
t_1	MDR ← Mem[MAR]
t_2	IR ← (MDR)

(2) 간단한 산술 연산 실행

Add R_1, R_2, R_0

이 명령어는 소스 레지스터 R_1, R_2의 내용을 더해서 결과를 목적지 레지스터 R_0에 저장한다. 덧셈의 수행과정은 다음과 같다.

1. IR에서 R_0, R_1, R_2를 가져온다.
2. R_1과 R_2의 내용이 ALU로 전달된다.
3. ALU의 출력이 R_0로 전달된다.

단일버스 데이터 경로를 사용하면 덧셈에는 3단계가 필요하다.

단계	마이크로 동작
t_0	$A \leftarrow (R_1)$
t_1	$A \leftarrow (R_2)$
t_2	$R_0 \leftarrow (A) + (B)$

이중버스 데이터 경로를 사용하면 덧셈에는 2단계가 필요하다.

단계	마이크로 동작
t_0	$A \leftarrow (R_1) + (R_2)$
t_1	$R_0 \leftarrow (A)$

입력 버스 출력 버스의 이중버스 데이터 경로를 사용하면 다음과 같이 2단계가 필요하다.

단계	마이크로 동작
t_0	$A \leftarrow (R_1)$
t_1	$R_0 \leftarrow (A) + (R_2)$

삼중버스 구조를 사용하면 한 단계만이 필요하다.

단계	마이크로 동작
t_0	$R_0 \leftarrow (R_1) + (R_2)$

Add X, R_0

이 명령어는 메모리 위치 X의 내용과 레지스터 R_0의 내용을 더해서 결과를 R_0에 저장한다. 덧셈은 다음과 같이 실행된다.

1. 메모리 위치 X를 IR에서 가져와서, MAR에 적재한다.
2. 메모리 읽기 동작의 결과로 X의 내용이 MDR에 적재된다.

3. MDR의 내용이 R_0의 내용과 더해진다.

단일버스 데이터 경로를 이용하면 이 덧셈에는 5단계가 필요하다.

단계	마이크로 동작
t_0	MAR ← X
t_1	MDR ← Mem[MAR]
t_2	A ← (R_0)
t_3	B ← (MDR)
t_4	R ← (A) + (B)

이중버스 데이터 경로를 이용하면 4단계가 필요하다.

단계	마이크로 동작
t_0	MAR ← X
t_1	MDR ← Mem[MAR]
t_2	A ← (R_0) + (MDR)
t_3	B ← (A)

입력 버스, 출력 버스의 이중버스 데이터 경로를 사용하면 다음과 같이 4단계가 필요하다.

단계	마이크로 동작
t_0	MAR ← X
t_1	MDR ← Mem[MAR]
t_2	A ← (R_0)
t_3	R_0 ← (A) + (MDR)

삼중버스 구조를 사용하면 3단계가 필요하다.

단계	마이크로 동작
t_0	MAR ← X
t_1	MDR ← Mem[MAR]
t_2	R_0 ← R_0 + (MDR)

(3) 인터럽트 처리

하나의 명령어가 실행되고 난 후에 기다리고 있는 인터럽트가 있는지 검사한다. 인터럽트 요청이 대기 중이면 다음 절차가 수행된다.

1. PC의 내용이 MDR에 적재된다.
2. PC의 내용이 저장될 메모리 주소가 MAR에 적재된다.
3. 인터럽트 처리 루틴의 첫 번째 명령어의 주소가 PC에 적재된다.
4. MDR의 내용(이전 PC의 값)이 메모리에 저장된다.

다음 표는 사건이 일어나는 순서를 보여준다.

단계	마이크로 동작
t_1	MDR ← (PC)
t_2	MAR ← 주소 1(옛 PC 저장할 곳) PC ← 주소 2(인터럽트 처리 루틴)
t_3	Mem[MAR] ← (MDR)

5.5 제어장치

제어장치는 데이터 경로에 제어 신호를 보냄으로써 시스템 동작을 제어한다. 이 신호들은 CPU 내부나, 메모리나 입출력장치 같은 외부 장치와 CPU 간의 데이터 흐름을 제어한다. 컨트롤 버스에서 제어장치와 컴퓨터 부품 간의 신호 전달은 클록 구동 방식을 이용한다. 시스템 클록은 특정 주기와 주파수를 가진 펄스를 연속적으로 발생시킨다. 이 펄스의 순차 t_0, t_1, t_2, ...는 명령어 실행에 사용된다. 인출된 명령어의 연산 코드 부분은 해독되어 제어 신호 발생기에 제공되고, 실행할 명령어에 대한 정보를 제공한다. 논리회로 모듈에서 발생된 단계 정보가 다른 입력과 함께 제어 신호를 만드는 데 사용된다. 신호 발생기는 출력을 입력의 부울 대수식으로 기술할 수 있다. 그림 5-8은 제어 신호를 만드는 타이밍이 어떻게 만들어지는지 보여준다.

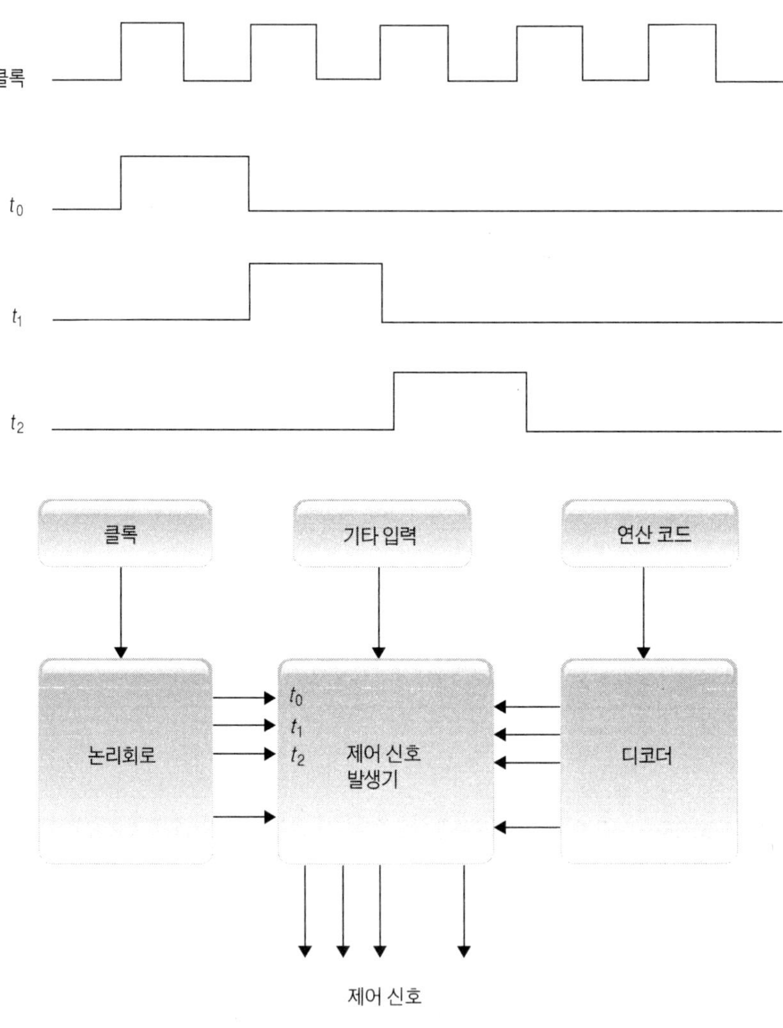

《 그림 5-8 》 제어 신호 타이밍

제어장치를 만드는 방법은 두 가지가 있다. 마이크로프로그램과 고정배선 방식이다. 마이크로프로그램 제어에서 제어 신호는 동작과 연관되고 프로그래머가 접근할 수 없는 특수한 메모리에 저장된다. 제어 워드는 하나 이상의 마이크로 동작을 규정하는 마이크로명령어다. 마이크로명령어의 순차를 마이크로프로그램이라고 하는데, CM(제어 메모리)이라고 하는 ROM이나 RAM에 저장된다.

고정배선 방식에서는 부울 대수식에 해당하는 고정된 논리회로를 이용해서 제어 신호를 만든다. 분명히 고정배선 방식이 마이크로프로그램 제어보다는 빠르다. 하지만 고정배선 방식은 비용이 많이 들고 큰 시스템에서는 복잡해진다. 고정배선 방식은 작은 제어장치에서 좀 더 경제적이다. 마이크로프로그램 제어에서는 시스템의 설계 변경이 더 용이하다. 하드웨어의 변경 없이 새로운 명령어를 쉽게 추가할 수 있다. 고정배선 방식은 약간만 변경하려고 해도 전체 시스템을 다시 설계해야 한다.

예제 1) 소스 레지스터 R_1, R_2의 내용을 더해서 결과를 목적지 레지스터 R_0에 저장하는 덧셈 명령어를 살펴보자.

앞에서 삼중버스 데이터 경로를 이용하면 한 단계로 동작을 수행할 수 있다고 했었다. 이 덧셈 동작에 필요한 제어 순차를 알아보자. 현재 명령어의 연산 코드 부분은 명령어-x 타입으로 해독됐다고 가정한다. 우선 소스 레지스터와 목적지 레지스터를 선택해야 한다. 그리고 ALU 기능 중에서 더하기를 선택한다. 다음 표는 필요한 단계와 제어 순차를 보여준다.

단계	명령어 타입	마이크로 동작	제어
t_0	명령어-x	$R_0 \leftarrow (R_1) + (R_2)$	R_1을 출력 버스 1의 소스 1로 선택 R_2를 출력 버스 2의 소스 2로 선택 R_0을 입력 버스의 목적지로 선택 ALU의 더하기 동작 선택

그림 5-9는 t_0 시간에 명령어-x를 실행하기 위해서 발생되는 신호들을 보여준다. AND 게이트는 연산 코드가 명령어-x로 해독되고 시간이 t_0일 때 활성화된다. 신호 (R_1 출력 버스 1), (R_2 출력 버스 2), (R_0 입력 버스), (더하기)는 R_1을 출력 버스 1의 소스로 선택하고, R_2를 출력 버스 2의 소스로 선택하고, ALU의 더하기

기능을 선택한다.

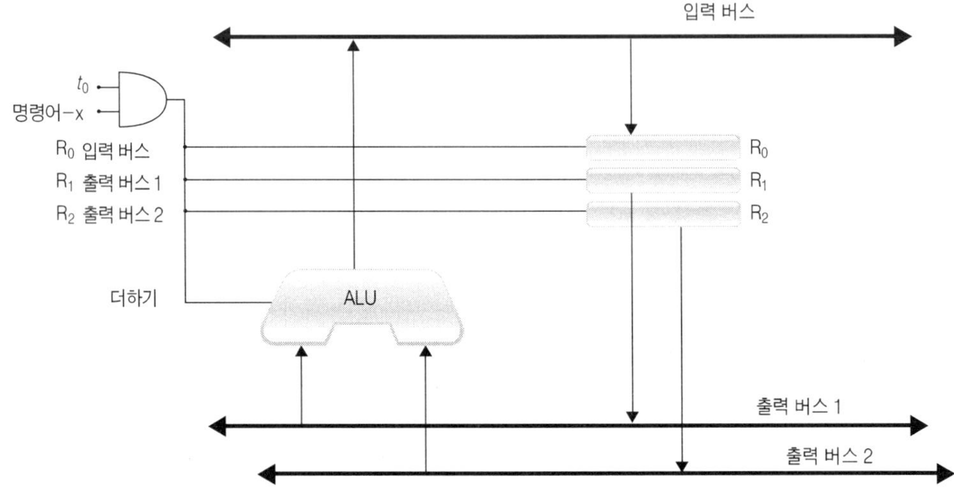

《 그림 5-9 》 삼중버스 데이터 경로의 명령어-x 실행을 위한 제어 신호

예제 2) 앞의 예를 단일버스 데이터 경로를 이용해서 반복하라.

앞에서 단일버스 데이터 경로를 이용하면 이 동작을 3단계로 수행할 수 있다고 배웠다. 현재 명령어의 연산 코드 부분이 명령어-x 타입으로 해독된다고 가정한다. 다음 표는 필요한 단계와 제어 순차를 보여준다.

단계	명령어 타입	마이크로 동작	제어
t_0	명령어-x	$A \leftarrow (R_1)$	R_1을 소스로 선택(R_1 출력) A를 목적지로 선택(A 입력)
t_1	명령어-x	$B \leftarrow (R_2)$	R_2를 소스로 선택(R_2 출력) B를 목적지로 선택(B 입력)
t_2	명령어-x	$R_0 \leftarrow (A) + (B)$	ALU 기능을 더하기로 선택(더하기) R_0를 목적지로 선택(R_0 입력)

그림 5-10은 t_0, t_1, t_2 시간에 명령어-x를 실행하기 위해서 발생되는 신호들을 보여준다. AND 게이트는 연산 코드가 명령어-x로 해독되고 적당한 시간 주기에 적당한 신호가 활성화되게 한다. t_0 동안에는 (R_1 출력)과 (A 입력) 신호가 발생해 R_1의 내용을 A로 옮긴다. 비슷하게 t_1 동안에는 (t_2 출력)과 (B 입력) 신호가 발생해 t_2의 내용을 B로 옮긴다. 마지막으로 (R_0 입력)과 (더하기) 신호가 발생해 t_2 동안에 A와 B의 내용을 더하고 결과를 R_0로 옮긴다.

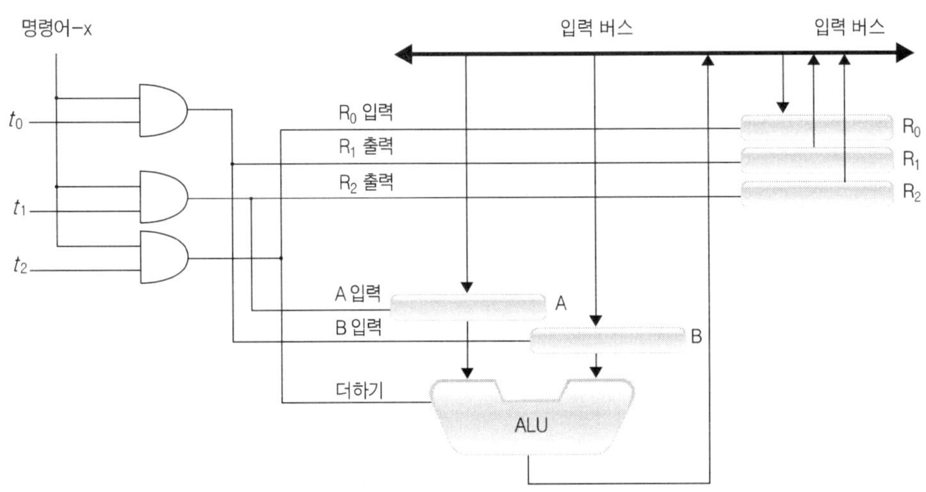

◀ 그림 5-10 ▶ 단일버스 데이터 경로의 명령어-x 실행을 위한 제어 신호

(1) 고정배선 방식 구현

고정배선 방식 제어는 논리회로를 이용해서 직접 구현된다. 그림 5-8에 보이는 것처럼 각 제어선마다 필요한 입력 항의 조합인 부울 대수식을 찾아야 한다. 간단한 예를 들어 구현을 설명한다. 기계의 명령어 집합은 3개의 명령어, 즉 명령어-x, 명령어-y, 명령어-z로 이뤄져 있고, A, B, C, D, E, F, G, H의 제어선들로 이뤄져 있다고 가정한다. 다음 표는 3개의 명령어에 대해서 t_0, t_1, t_2단계에 활성화돼야 하는 제어선들을 보여준다.

단계	명령어-x	명령어-y	명령어-z
t_0	D, B, E	F, H, G	E, H
t_1	C, A, H	G	D, A, C
t_2	G, C	B, C	

제어선 A, B, C에 대한 부울 대수식은 다음과 같다.

A = 명령어-x • t_1 + 명령어-z • t_1 = (명령어-x + 명령어-z) • t_1
B = 명령어-x • t_0 + 명령어-y • t_2
C = 명령어-x • t_1 + 명령어-x • t_2 + 명령어-y • t_2 + 명령어-z • t_1
= (명령어-x + 명령어-z) • t_1 + (명령어-x + 명령어-y) • t_2

그림 5-11은 이 제어선에 대한 논리회로를 보여준다. 나머지 제어선에 대한 부울 대수식도 비슷한 방법으로 얻을 수 있다. 그림 5-12는 이 명령어의 실행 사이클에 대한 상태도를 보여준다.

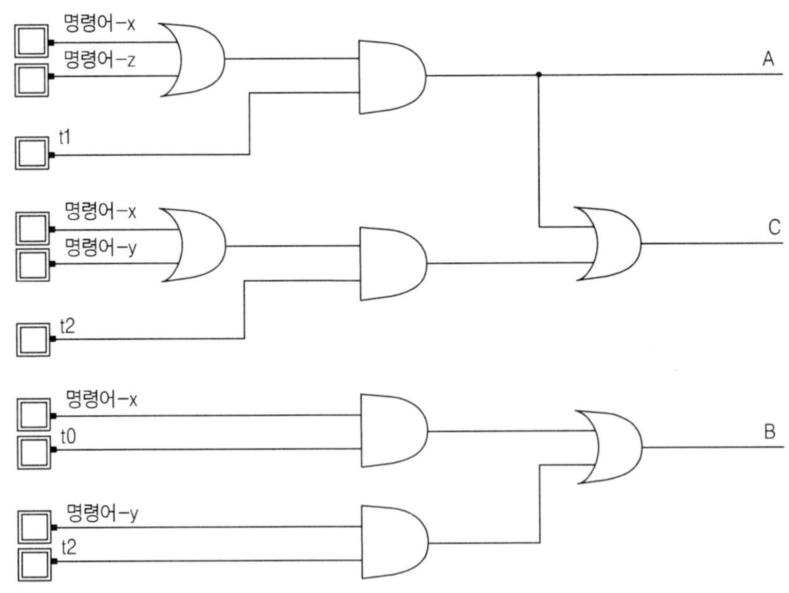

【그림 5-11】 제어선 A, B, C에 대한 논리회로

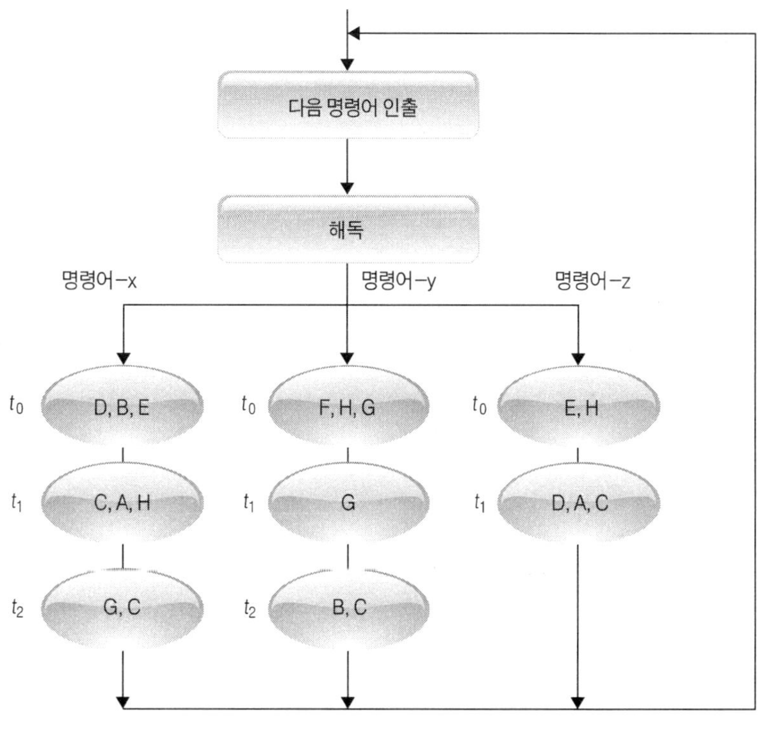

《 그림 5-12 》 명령어 실행 상태도

(2) 마이크로프로그램 제어장치

마이크로프로그램 제어장치는 1950년대 초에 M. V. 윌크스(Wilkes)가 제안했다. 마이크로프로그래밍은 고정배선 방식 제어의 복잡함을 줄이려는 의도로 시도됐다. 앞에서 하나의 명령어는 마이크로 동작들로 구현된다는 것을 알았다. 각 마이크로 동작에는 해당 마이크로 동작을 수행하기 위해서 제어선들이 활성화돼야 한다. 마이크로프로그램 제어는 명령어 구현에 필요한 제어 신호들을 CM(제어 메모리)이라는 특수한 메모리에 마이크로프로그램으로 저장하는 구현 방식을 사용한다. 마이크로프로그램은 마이크로 명령어들의 순차로 이뤄진다. 하나의 마이크로명령어는 비트 벡터로서 각 비트가 제어 신호, 조건 코드, 혹은 다음 마이크로명령어의 주소로 이뤄진다. 마이크로명령어는 프로그램 명령어가 주기억장치에서 인출되듯이 CM에서 인출된다. 그림 5-13에 마이크로명령어의 인출 블록도가 나타나 있다.

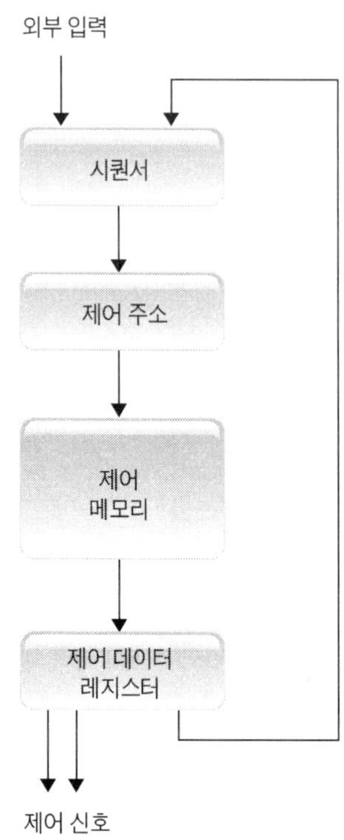

《 그림 5-13 》 마이크로명령어의 인출 블록도

명령어가 메모리에서 인출되면 명령어의 연산 코드 부분에 의해서 어느 마이크로프로그램이 실행될 것인가가 결정된다. 즉, 연산 코드가 제어 메모리의 마이크로명령어 주소에 매핑된다. 마이크로명령어 프로세서는 이 주소를 이용해서 마이크로프로그램에 있는 첫 번째 마이크로명령어를 인출한다. 마이크로명령어가 인출되면 적당한 제어 신호들이 활성화된다. 비트 값이 '1'에 해당하는 제어 신호는 켜지고, '0'에 해당하는 제어 신호는 꺼진다. 하나의 마이크로명령어가 수행되고 나면 새로운 마이크로명령어가 인출되고 실행된다. 조건 코드 비트가 분기를 나타내면, 현재 마이크로명령어의 주소 부분에 규정되어 있는 다음 명령어가 사용된다. 아니면 순서상에 있는 다음 명령어가 인출되고 실행된다.

마이크로명령어의 길이는 마이크로명령어에서 규정된 마이크로 동작의 숫자, 제어 비트가 해독되는 방법, 다음 마이크로명령어의 주소를 얻는 방법에 의해서 결정된다. 하나의 마이크로명령어에 동시에 활성화되는 마이크로 동작을 하나 이상 규정할 수도 있다. 병렬적으로 실행되는 마이크로 동작의 수가 증가할수록 마이크로명령어의 길이는 커진다. 또한 마이크로명령어의 각 제어 비트가 하나의 제어선에 해당하도록 하면 마이크로명령어의 길이는 더 커질 것이다. 제어선들이 마이크로명령어의 특정 부분에 코드화되면 마이크로명령어의 길이는 짧아질 수 있다. 그러나 각 필드의 내용을 제어선들로 매핑하려면 디코더가 필요하다. 디코더를 이용하면 동시에 활성화될 수 있는 제어선의 수는 줄어든다. 마이크로명령어의 길이와 병렬성 간에는 상호타협 관계가 있다. 비용과 제어 메모리의 접근 시간을 줄이기 위해서는 마이크로명령어의 길이를 줄이는 것이 중요하다. 더 많은 마이크로 동작을 병렬적으로 실행하고 더 많은 제어선이 동시에 활성화될 수 있게 하는 것도 역시 바람직한 특징이다.

● 수평 대 수직 마이크로명령어 ●

마이크로명령어는 수평적 혹은 수직적으로 분류된다. 수평적 마이크로명령어는 각 비트가 하나의 제어선에 해당한다. 수평적 마이크로명령어는 각 비트가 하나의 제어선을 제어하므로 길어지고, 또한 최대의 병렬성을 허용한다. 수직적 마이크로명령어에서 제어선들은 마이크로명령어의 특정 부분에 코드화되어 들어간다. k비트를 2^k의 가능한 제어선 조합으로 매핑하기 위해서는 디코더가 필요하다. 예를 들면, 마이크로명령어의 3비트 필드는 8개의 가능한 선 중 하나는 지정할 수 있다. 인코딩 때문에 수직적 마이크로명령어는 수평적인 것보다 더 짧다. 같은 필드에 인코딩된 제어선들은 동시에 활성화될 수 없다. 따라서 수직적 마이크로명령어는 병렬성에 제약이 된다. 수평적 마이크로명령어에는 디코딩이 필요 없지만 수직적 마이크로명령어에서는 디코딩이 필요하다.

예제 3) 삼중버스 데이터 경로를 고려해 보자. PC, IR, MAR, MDR 외에 16개의 범용 레지스터 R_0~R_{15}가 있다고 가정하자. 또한 ALU가 8개의 기능(덧셈, 뺄셈, 곱셈, 나눗셈, AND, OR, 왼쪽 시프트, 오른쪽 시프트)을 지원한다고 가정하자. 덧셈 명령어 Add R_1, R_2, R_0는 소스 레지스터 R_1, R_2의 내용을 더해서 결과를 목적지 레지스터 R_0에 저장한다. 이 예에서 수평적 마이크로명령어의 포맷을 살펴보자.

수평적 마이크로명령어에는 각 제어선이 하나의 제어 비트로 들어간다. 마이크로명령어의 포맷에는 다음과 같은 제어 비트들이 들어간다.

- ALU 동작
- 출력 버스 1(소스 1)로 출력되는 레지스터
- 출력 버스 2(소스 2)로 출력되는 레지스터
- 입력 버스(목적지)로 입력되는 레지스터
- 그 외의 동작

다음 표는 ALU, 소스 1, 소스 2, 목적지에 필요한 비트의 개수를 보여준다.

목적	비트 개수	설명
ALU	8비트	8개의 기능
소스 1	20비트	16개의 범용 레지스터와 4개의 전용 레지스터
소스 2	16비트	16개의 범용 레지스터
목적지	20비트	16개의 범용 레지스터와 4개의 전용 레지스터

그림 5-14는 Add R_1, R_2, R_0 명령어에 대한 마이크로명령어를 보여준다.

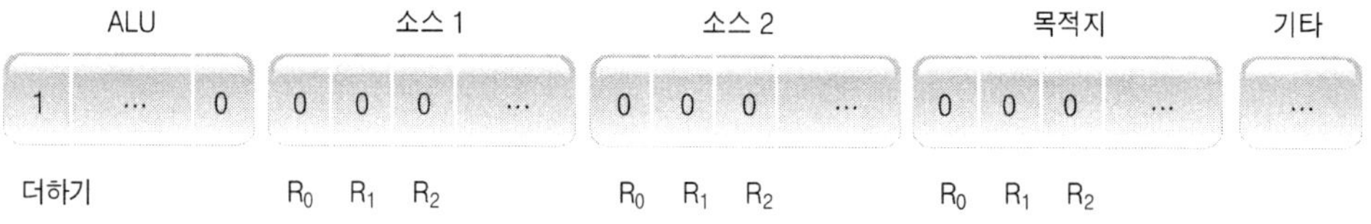

《 그림 5-14 》 Add R_1, R_2, R_0 명령어에 대한 마이크로명령어

예제 4) 수직적 마이크로명령어를 사용하려면 디코더가 필요하다. 삼중버스 데이터 경로를 사용하라. 16개의 범용 레지스터가 있고 ALU는 8개의 기능을 지원한다고 가정한다. 다음 표는 ALU 기능, 출력 버스 1(소스 1)에 연결된 레지스터, 출력 버스 2(소스 2)에 연결된 레지스터, 입력 버스(목적지)에 연결된 레지스터에 대한 인코딩을 보여준다.

목적	비트 개수	설명
ALU	4비트	8개의 기능
소스 1	5비트	16개의 범용 레지스터와 4개의 전용 레지스터
소스 2	5비트	16개의 범용 레지스터
목적지	5비트	16개의 범용 레지스터와 4개의 전용 레지스터

인코딩	ALU 기능
0 0 0 0	전달(출력 버스 1이 입력 버스에 연결)
0 0 0 1	더하기
0 0 1 0	빼기
0 0 1 1	곱하기
0 1 0 0	나누기
0 1 0 1	AND
0 1 1 0	OR
0 1 1 1	왼쪽 시프트
1 0 0 0	오른쪽 시프트

인코딩	소스 1	소스 2	소스 1
00000	R0	R0	R0
00001	R1	R1	R1
00010	R2	R2	R2
00011	R3	R3	R3
00100	R4	R4	R4
00101	R5	R5	R5
00110	R6	R6	R6
00111	R7	R7	R7
01000	R8	R8	R8
01001	R9	R9	R9
01010	R10	R10	R10
01011	R11	R11	R11
01100	R12	R12	R12
01101	R13	R13	R13
01110	R14	R14	R14
01111	R15	R15	R15
10000	PC	없다	PC
10001	IR		IR
10010	MAR		MAR
10011	MDR		MDR
10100	NONE		NONE

그림 5-15는 Add R_1, R_2, R_0 명령어에 대한 삼중버스 데이터 경로와 수직적 구조를 사용하는 마이크로명령어를 보여준다.

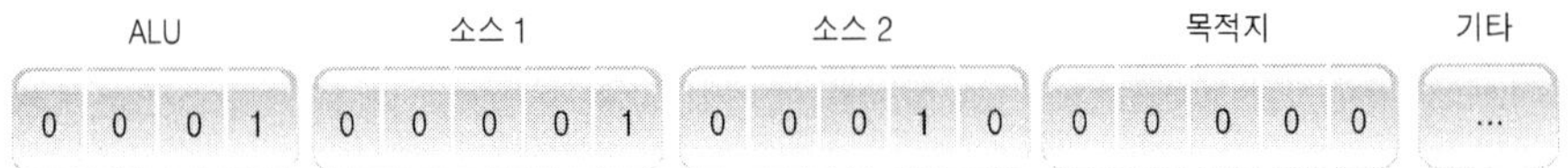

《 그림 5-15 》 Add R_1, R_2, R_0 명령어에 대한 마이크로명령어

예제 5) 앞의 예제 4와 동일한 인코딩을 이용해서 명령어를 인출하는 데 쓰이는 수직적 마이크로명령어를 작성하라.

MAR ← PC

우선 소스 1로 PC를 선택하려면 '10000'이 소스 1의 내용이 돼야 한다. 같은 방법으로 MAR을 목적지로 선택하려면 '10010'이 목적지 필드의 내용이 돼야 한다. ALU 필드로는 '0000'이 사용되어 '전달'이 된다. ALU 인코딩 표에서 볼 수 있듯이 '전달'은 출력 버스 1이 입력 버스에 연결된다는 것을 나타낸다. 소스 2는 '10000'이 되어 어떤 레지스터도 선택되지 않는다. 마이크로명령어는 그림 5-16에 나타나 있다.

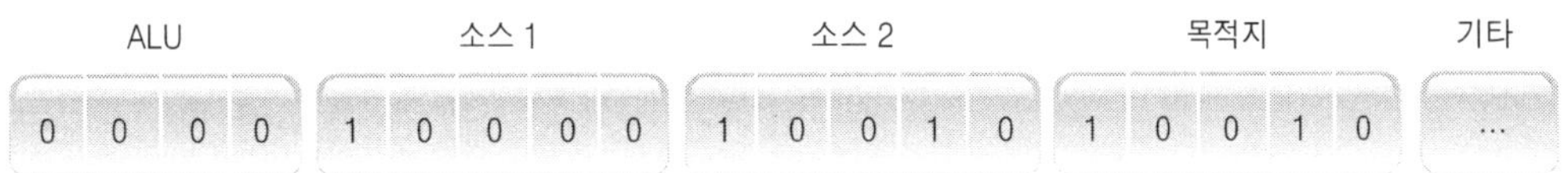

◀ 그림 5-16 ▶ MAR ← PC의 마이크로명령어

● **메모리 읽기와 쓰기** ●

읽기를 위해 1비트, 쓰기를 위해 1비트를 추가하면 메모리 동작을 쉽게 추가할 수 있다. 그림 5-17에 있는 두 개의 마이크로명령어는 메모리 읽기와 메모리 쓰기를 수행한다.

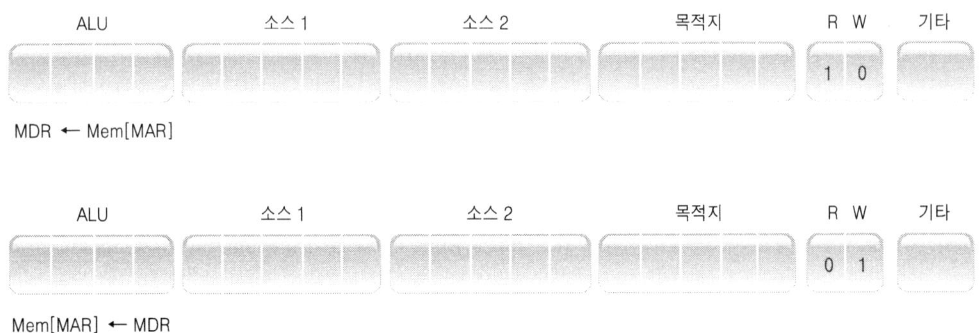

◀ 그림 5-17 ▶ 메모리 읽기, 쓰기를 위한 마이크로명령어

● 명령어 인출 ●

명령어 인출은 그림 5-18의 마이크로명령어를 이용하면 된다. 첫 번째와 두 번째 마이크로명령어는 위에서 봤다. 세 번째 마이크로명령어는 MDR의 내용을 IR로 옮긴다(IR ← MDR). 소스 1 필드를 '10011'로 하면 MDR이 선택된다. 목적지 필드를 '10001'로 하면 IR이 목적지 필드로 선택된다. 출력 버스 1이 입력 버스에 연결되기 위해서는 ALU 필드가 '0000'('NONE')이 돼야 한다.

ALU	소스 1	소스 2	목적지	R W	기타
0 0 0 0	1 0 0 0 0	1 0 0 0 0	1 0 0 1 0	0 0	
0 0 0 0	0 0 0 0 0	0 0 0 0 0	0 0 0 1 0	1 0	
0 0 0 0	1 0 0 1 1	1 0 0 0 0	1 0 0 0 1	0 0	

MAR ← (PC)
MDR ← Mem[MAR]
IR ← MDR

◀ 그림 5-18 ▶ 명령어 인출을 위한 마이크로명령어

연습문제 exercise

1. 프로세서 내부의 레지스터 집합은 어떻게 분류되는가?
2. 스택 포인터란 무엇인가?
3. 메모리를 읽고 쓰기 위한 동작을 설명하라.
4. 프로세서 내부의 버스 종류를 설명하라.
5. 단일버스 구조에서 명령어 인출 과정의 동작을 설명하라.
6. 인터럽트를 고려한 명령어 사이클의 동작을 설명하라.
7. 제어장치의 기능을 설명하라.
8. 고정배선 방식과 마이크로프로그램 방식의 장단점을 설명하라.
9. 수평 마이크로프로그램과 수직 마이크로프로그램의 장점을 설명하라.
10. 단일버스 구조에서 명령어 인출 단계의 마이크로 동작을 RTL 표현으로 나타내라.
11. Add R1, R2, R3은 R1과 R2의 내용을 더해서 R3에 저장한다. 이 명령어의 실행 과정을 삼중버스 구조를 사용했을 때 RTL 표현으로 나타내라.
12. Add X, R0는 메모리 X의 내용과 R0의 내용을 더해서 R0에 저장한다. 이 명령어의 실행 과정을 삼중버스 구조를 사용했을 때 RTL 표현으로 나타내라.
13. 마이크로프로그램 제어장치에서 시퀀서와 제어 메모리의 기능을 설명하라.
14. LOAD 명령어를 위한 마이크로 동작을 단일버스, 이중버스, 삼중버스 구조를 이용해서 작성하라.
15. STORE 명령어를 위한 마이크로 동작을 단일버스, 이중버스, 삼중버스 구조를 이용해서 작성하라.
16. 어떤 기계가 3개의 명령어를 갖고 있으며, 각 명령어 수행에 필요한 제어 신호와 타이밍이 다음 표와 같다고 할 때, 각 제어 신호를 만들기 위한 부울식을 작성하라.

단계	명령어-x	명령어-y	명령어-z
t_0	D, B, E	F, H, G	E, H
t_1	C, A, H	G	D, A, C
t_2	G, C	B, C	

17. 문제 16에서 각 제어 신호를 만들기 위한 논리회로를 그려라.
18. 문제 16에서 명령어-x에 대한 제어 신호를 수평적 마이크로프로그램 방식을 이용해서 작성하라.
19. 단일버스 구조를 이용해서 조건부 분기 명령어 구현에 필요한 제어 신호들을 만들어라.
20. 명령어 인출을 위한 마이크로프로그램을 단일버스 구조를 이용해서 작성하라.
21. 명령어 인출을 위한 마이크로프로그램을 이중버스 구조를 이용해서 작성하라.

6장 _ 메모리 시스템 I

이 장에서는 컴퓨터 메모리 시스템에 관해서 다룬다. 3장에서 메모리가 없으면 컴퓨터에 정보를 저장하거나 정보를 꺼내올 수 없다고 언급한 바 있다. 컴퓨터의 초창기인 1946년에 폰 노이만 등은 컴퓨터 메모리가 계층적으로 구성돼야 한다는 것을 인식했다. 계층적인 구성에서는 크고 느린 메모리가 작고 빠른 메모리의 보조적인 역할을 한다. 이 개념은 그 이후에도 컴퓨터 메모리 구성에 있어서 필수적인 것으로 간주됐다. 만약 CPU 레지스터를 제외하면(CPU 안에서 정보를 저장하고 꺼내오는 첫 번째 수준), 전형적인 메모리 계층의 시작점은 캐시(cache)라는 작고, 비싸고, 상대적으로 빠른 장치가 된다. 메모리 계층에서 캐시 다음에 있는 것은 크고, 덜 비싸고, 상대적으로 느린 주기억장치(main memory)다. 캐시와 주기억장치는 반도체 소자를 이용해서 만든다. 메모리 계층에서 다음에 오는 것은 더 크고, 덜 비싸고, 아주 느린 자기 메모리로서, 일반적으로 하드디스크와 테이프가 해당된다.

이 장에서는 메모리의 기본 개념과 메모리 시스템, 컴퓨터의 메모리 계층 구조에 영향을 주는 특징과 요소를 다루고, 주기억장치 RAM과 ROM에 대해서 설명한다.

6.1 메모리 개념

메모리는 작성한 프로그램을 컴파일해 생성된 명령어와 데이터를 저장하는 장치며, 프로세서에 의해 읽거나 쓰는 기본 기능을 갖고 있다. 메모리에 저장하는 명령어나 데이터는 비트열이며, 컴퓨터가 취급하는 정보의 최소 단위는 1비트다. 1비트를 저장하는 최소의 저장 단위가 메모리셀이다.

컴퓨터의 메모리 계층 구조에 대한 기본 개념을 소개한다. 메모리 시스템에서 메모리의 기능은 프로그램 실행에 필요한 데이터, 프로그램을 프로세서의 요구에 따라서 저장하는 것이다. 따라서 명령어의 수행 속도는 메모리 시스템의 데이터 전송 속도와 관계가 있으므로 메모리 시스템 설계가 컴퓨터 설계에서 중요한 부분이다. 프로세서의 성능이 급진적으로 발달됨에 따라서 메모리 시스템도 읽거나 쓰기에 충분히 빠른 속도가 요구되고 있으며, 프로그램 및 데이터가 점차 커짐에 따라서 이를 저장하기에 충분히 큰 메모리 용량, 저렴한 비용 등이 요구되고 있다.

(1) 메모리 종류

메모리는 매체 종류, 보존성 유무, 접근 방법 등에 따라서 분류된다.

• 메모리 매체 •

메모리의 매체 재료에 따라서 반도체와 자성체 메모리로 분류된다. 반도체 메모리는 메모리 매체에서 동작이 전자(전하)의 이동에 의해서 일어나며, 컴퓨터의 주기억장치로 사용하고 있는 메모리가 대부분 반도체 메모리다. 자성체 메모리는 메모리 매체의 동작이 자기장에 의해 일어난다. 대표적으로 하드디스크가 있다.

• 보존의 유효기간 •

보존성의 유무에 따라서 휘발성 메모리와 비휘발성 메모리로 구분된다. 휘발성 메모리는 전원이 메모리로 공급되지 않으면 메모리에 저장된 내용이 없어지는 것으로서, 보존이 일시적인 메모리를 말한다. 대표적인 휘발성 메모리는 RAM이다. 비휘발성 메모리는 메모리로 전원이 공급되지 않아도 메모리에 저장되어 있는 내용의 정보를 보존하고 있는 메모리다. 하드디스크, 광디스크, 광자기 디스크, ROM 등의 메모리가 이에 해당한다.

• 접근 방법 •

메모리에 접근하는 방법에 따라 임의 접근과 순차 접근으로 구분이 된다. 임의 접근은 주소가 부여되어 있어서, 메모리의 어느 장소에도 동일한 일정 시간으로 접근 가능하다. 반도체 메모리가 대표적인 임의 접근 메모리다. 순차 접근은 1차원으로 정렬되어 있는 메모리를 저장된 순서로 순차적으로 접근한다. 접근 시간이 접근하려는 장소에 따라서 달라지는 메모리다. 예로는 자기 테이프가 있다. 2차원 접근을 이용하는 방법으로는 자기 디스크 등의 원판 매체 위에 메모리셀을 동심원으로 배열하는 경우가 이에 해당한다.

• 접근 장소의 인식 방법 •

메모리는 읽기 또는 쓰기 동작의 대상이 되는 셀을 선택하기 위해서 주소를 사용하거나 메모리 내용의 일부를 사용하는 방법이 있다. RAM과 ROM을 포함한 대부분의 메모리가 주소에 의해 접근이 이뤄지는 형태다. 연관 메모리는 읽거나 쓰기 위한 셀의 선택을 위해서 메모리 워드의 일부인 내용을 사용한다. 메모리에 저장된 각 주소의 내용을 이용해 부분 또는 전부로 탐색하기 때문에 빠르다.

반도체 메모리는 폰 노이만형 컴퓨터를 지원하는 데 필요한 메모리며, 반도체 칩 위에 트랜지스터를 집적해 구성하고 있다. 반도체 메모리로는 RAM과 ROM이 대표적이며, 이 반도체 메모리는 어떤 주소로 접근(읽기 혹은 쓰기)해도 동일한 시간이 걸린다. 반도체 메모리는 대부분 MOS(Metal Oxide Semiconductor)를 사용하고 있으며 집적도가 높다. DRAM(Dynamic RAM)은 MOS 트랜지스터와 커패시터의 전하량에 의해 메모리 기능이 구현된다. 커패시터에서 전하가 방전되어 저장된 내용이 없어지는 것을 방지하기 위해서 리프레시(refresh)가 필요하다. SRAM(Static RAM)은 4~6개의 트랜지스터로 구성된 플립플롭(flip-flop)을 사용한다. SRAM은 DRAM에 비해서 복잡하고 집적도가 낮다. 전원이 유지되는 동안 계속 데이터를 유지하고, 리프레시가 필요 없다. SRAM은 제어가 간단하며 고속으로 동작하고 DRAM보다 빠르기 때문에 캐시 메모리로 많이 사용된다. ROM은 저장된 내용을 읽기만 할 수 있는 메모리로서, 전기가 공급되지 않더라도 저장된 데이터와 프로그램이 보존되는 비휘발성 메모리다.

(2) 메모리 성능

일반적으로 메모리 접근 속도는 메모리 접근 시간(access time)과 메모리 사이클 시간(memory cycle time)으로 구분할 수 있다.

• 메모리 접근 시간 •

메모리 접근 시간은 메모리 주소와 제어 신호(읽기/쓰기)가 메모리에 도착하는 순간부터 데이터가 읽히거나 저장되는 동작이 완료되는 순간까지의 시간을 말한다.

메모리의 내용을 읽는 데 소요되는 시간이 읽기 접근 시간이며 메모리로 데이터를 쓰는 데 소요되는 시간이 기록 접근 시간이다. 읽기 접근 시간과 기록 접근 시간은 항상 같지 않다. 메모리 접근 시간은 접근 시간이 작을수록 가격이 비싸며, 컴퓨터의 성능도 향상된다.

• 메모리 사이클 시간 •

메모리 사이클 시간은 접근 시간에다가 다음 접근을 시작하는 데 필요한 동작에 걸리는 추가적인 시간을 합한 것을 말한다. DRAM인 경우에는 메모리가 작업 완료와 동시에 대기 신호를 내놓고 나면 다음 신호를 받을 준비가 된 것이다. 사이클 시간은 접근 시간과 재충전 시간을 합한 것으로, 메모리로부터 데이터를 가져오거나 메모리에 데이터를 쓰는 데 실질적으로 걸리는 시간을 말한다. 여기서 재충전 시간은 메모리에서 데이터를 한 번 읽고 난 다음에 다시 읽을 수 있게 되기 전까지 기다려야 하는 시간을 말한다. 이 시간은 메모리 접근 시간만큼이나 길며, 실제 DRAM의 사이클 시간은 접근 시간의 약 두 배가 된다.

• 데이터 전송률 •

메모리에서의 성능을 나타내는 또 다른 매개변수는 데이터 전송률(data transfer rate)이다. 이것은 메모리로부터 읽거나 쓸 수 있는 비트 수를 초 단위로 나타낸 것을 말하며, 메모리의 대역폭(bandwidth)이라고도 한다. 예를 들면 메모리의 접근 시간이 50 nsec이고 데이터 버스가 64비트며 한 번에 읽힌다면, 데이터 전송률은 $1 / (50 \times 10^{-9}$ sec$) \times 64$ bit $= 128 \times 10^{7}$ bit/sec = 1.28 Gbit/sec가 된다.

(3) 메모리 계층 구조

컴퓨터 시스템은 성능이 좋으면서 저가격으로 설계되어 왔다. 메모리 시스템도 빠르고, 고용량, 저가격으로 설계하고자 한다. 일반적으로 메모리는 속도가 빠르면 고가이므로, 저가로 설계하려면 용량이 작아진다. 속도가 느리면 가격이 상대적으로 싸며, 용량을 크게 할 수 있다. 메모리 시스템에서 각 메모리는 속도, 용량, 가격 등이 다르므로 계층을 이용해 메모리 시스템을 설계하면 가격 대비 성능과 용량을 더욱 향상시킬 수 있다. 속도, 용량, 가격 등이 서로 다른 메모리들을 연결해 상호 보완하도록 만든 계층적 메모리 구조를 메모리 계층 구조(memory hierarchy)라고 한다. 전형적인 메모리 계층 구조는 작고, 비싸며, 비교적 빠른 캐시라는 장치에서 시작해서 크고, 덜 비싸며, 비교적 느린 주기억장치가 뒤 따른다. 캐시와 주기억장치는 반도체 소자를 이용해서 만든다. 반도체 메모리 다음에는 더 크고, 덜 비싸며, 더욱 느린 자기 메모리가 따른다. 이런 것으로는 하드디스크와 테이프가 있다. 메모리 계층 구조를 구성하는 목적은 전체 비용이 느린 장치에 해당하지만 마치 전체가 빠른 장치로 되어 있는 것과 같은 성능을 얻으려는 데 있다.

메모리 계층 구조는 여러 가지 매개변수로 특징지어진다. 이 특징을 세부적으로 분류하면 액세스 타입, 용량, 사이클 시간, 지연 시간, 대역폭, 비용 등이 있다. 액세스라는 용어는 읽기 혹은 쓰기 동작 중에 물리적으로 일어나는 행위를 말한다. 메모리에서 용량은 바이트 단위를 사용한다. 사이클 시간은 읽기 동작의 시작에서부터 다음 읽기 동작의 시작까지 걸리는 시간으로 정의된다. 지연 시간은 정보 요청에서부터 첫 비트의 정보가 접근될 때까지 걸리는 시간으로 정의된다. 대역폭은 초당 접근 가능한 비트 수다. 비용은 메가바이트당 몇 원으로 규정된다. 그림 6-1은 전형적인 메모리 계층 구조를 보여준다. 표 6-1은 메모리 계층 구조의 전형적인 매개변수 값을 나타낸다.

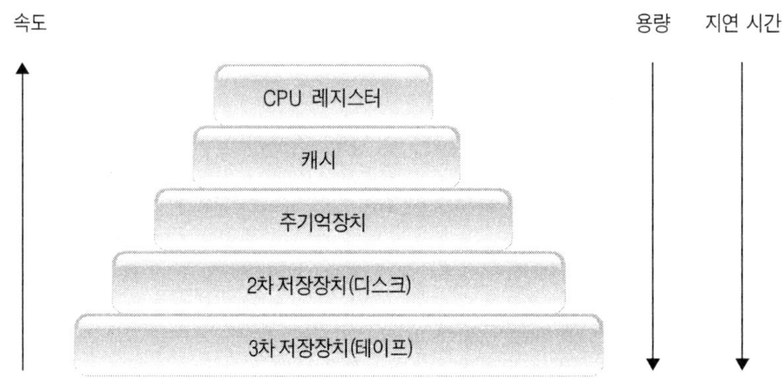

【그림 6-1】 전형적인 메모리 계층 구조

【표 6-1】 메모리 계층 구조 매개변수

종류	접근 타입	용량	지연 시간	대역폭	비용
레지스터	임의	64~1024바이트	1~10 ns	시스템 클록	높다
캐시	임의	8~512 KB	15~20 ns	10~20 MB/s	$500
주기억장치	임의	16~512 MB	30~50 ns	1~2 MB/s	$20~50
디스크	직접	1~20 GB	10~30 ms	1~2 MB/s	$0.25
테이프	순차	1~20 TB	30~10000 ms	1~2 MB/s	$0.025

임의 접근(random access)이라는 용어는 메모리의 어느 위치에 대한 접근도 실제 메모리 위치나 접근 순서에 무관하게 고정된 일정 시간이 걸리는 것을 나타낸다. 예를 들어, 메모리 100번지에 대한 쓰기 동작이 15 ns 동안 일어나고 바로 이어서 3000번지에 대한 읽기 동작이 일어난다면, 이 읽기 동작도 15 ns가 걸릴 것이다. 순차 접근에서는 100번지에 대한 접근에 500 ns가 걸리고 연속해서 101번지에 대한 접근에 505 ns가 걸리면, 300번지에 대한 접근은 1500 ns가 걸릴 것이다. 이것은 메모리 각 번지마다 5 ns가 걸리고 100번지에서 300번지까지 순회해야 하기 때문이다.

(4) 메모리의 지역성

실제 프로그램의 실행 시에 메모리 참조의 특성을 분석해 메모리 계층 구조가 최적이 되게 한다면 메모리 시스템의 성능을 향상시킬 수 있다. 실제 프로그램의 실행에서 프로그램을 구성하는 모든 명령어가 균일하게 참조되는 것이 아니라 명령어에 따라서 차이가 많다. 빈번하게 참조되는 명령어를 더욱 빨리 수행될 수 있게 한다면 더 효율적일 것이다.

메모리 계층 구조가 효과적이 되느냐는 것은 빠른 메모리로 정보를 이동하는 일이 흔하지 않고, 이 정보를 대체하기 전에 많은 접근이 일어난다는 원칙에 달려 있다. 이 원리는 참조의 지역성이라는 현상에 의해서 실현된다. 주어진 시간 동안에 프로그램은 메모리의 한정된 영역을 반복적으로 접근하려고 한다. 즉, 메모리 계층 구조에서 메모리를 참조하는 경향은 임의적인 것이 아니라 일부 지역적인 영역을 선호해 집중적으로 참조하는 현상이 나타나는데 이것을 지역성(locality)이라고 한다. 지역성에는 공간적 지역성(spatial locality)과 시간적 지역성(temporal locality)의 두 가지 형태가 있다. 공간적 지역성은 한 주소가 참조됐다면, 얼마 지나지 않아서 그 주소와 인접한 주소가 참조되려고 한다는 것을 뜻한다. 예를 들면, 순차적으로 실행되는 프로그램에서 연속적인 위치의 명령어가 이에 해당한다. 시간적 지역성은 어느 특정 메모리 위치가 참조됐다면 그 위치가 다시 참조되리라는 것을 뜻한다. 예를 들면, 프로그램의 루프에 있는 명령어가 해당된다.

메모리 참조의 지역성 특성에 따라서 반복적으로 참조되거나, 시간적으로 곧 다시 참조될 주기억장치의 데이터들을 상위 계층의 캐시에 미리 갖다 놓는다. 캐시 메모리는 빠른 접근 속도로 참조할 수 있기 때문에 메모리 참조 시간을 줄일 수 있다. 이 경우 메모리의 가격은 주기억장치의 가격과 캐시 가격의 합이므로 주기억장치 전체를 접근 시간이 빠른 메모리로 사용하는 것보다는 저렴하다. 마찬가지로 하위 계층의 디스크를 주기억장치처럼 사용하는 방법을 이용하면 프로세서는 주기억장치의 용량을 실제보다 더 크게 사용할 수 있다. 캐시 메모리와 가상 메모리는 다음 장에서 자세히 설명한다.

프로세서가 어떤 항목에 대한 요구를 할 때 일어나는 사건의 순서는 다음과 같다. 우선 메모리 계층 구조의 첫 번째 메모리에서 항목을 찾는다. 첫 번째 수준에서 항목을 찾을 확률을 적중률 h_1이라고 한다. 원하는 항목을 첫 번째 수준에서 찾지 못할 확률을 실패율 $(1-h_1)$이라고 한다. 원하는 항목이 '실패'하면 다음번 메모리 수준에서 찾는다. 원하는 항목을 두 번째 메모리 수준에서 찾을 확률은 두 번째 수준의 적중률 h_2이다. 두 번째 메모리 수준의 실패율은 $(1-h_2)$이다. 원하는 항목을 찾을 때까지 이 과정이 반복된다. 원하는 항목을 찾으면 프로세서로 가져온다. 3개의 수준으로 이뤄진 메모리 계층 구조에서 평균 메모리 접근 시간은 다음과 같이 나타낼 수 있다.

$$t_{av} = h_1 \times t_1 + (1-h_1)[t_1 + h_2 \times t_2 + (1-h_2)(t_2 + t_3)] = t_1 + (1-h_1)[t_2 + (1-h_2)t_3]$$

메모리 수준의 평균 접근 시간은 그 수준에서 하나의 워드에 접근하는 데 걸리는 시간으로 정의된다. 이 식에서 t_1, t_2, t_3는 세 가지 수준의 접근 시간을 나타낸다.

6.2 주기억장치

주기억장치는 컴퓨터에서 프로세서와 연결돼서 프로세서의 동작 수행에 필요한 운영체제, 수행될 프로그램이나 데이터를 제공하는 기억장치다. 이 메모리에 저장된 명령어는 한 개씩 제어장치로 인출되고 해독된 후 제어 신호로 바뀌어 명령어 실행을 담당하는 각 장치로 전달된다. 주기억장치에 저장된 데이터는 반복적으로 읽거나 이동해도 그 내용이 변경되거나 지워지지 않는다. 주기억장치는 휘발성 메모리이므로 전원이 꺼지면 기억된 내용이 모두 지워진다.

그림 6-2는 주기억장치와 프로세서 간의 전형적인 인터페이스를 보여주고 있다. 그림

에서 프로세서 내부에 MAR(Memory Address Register)과 MDR(Memory Data Register)이 있고, MAR은 메모리에 접근하기 위한 메모리 주소를 일시적으로 저장하고 있으며, MDR은 메모리에 읽고/쓰기 위한 데이터를 저장하고 있다. 또한 n비트의 주소 버스와 b비트의 데이터 버스를 갖고 있으며, 주기억장치에서는 b비트의 메모리 워드가 있다. 프로세서에서의 주소 비트가 n비트이므로 메모리 내부에서는 주소가 디코딩되어 메모리로 주소지정 가능한 번지는 2^n개가 된다.

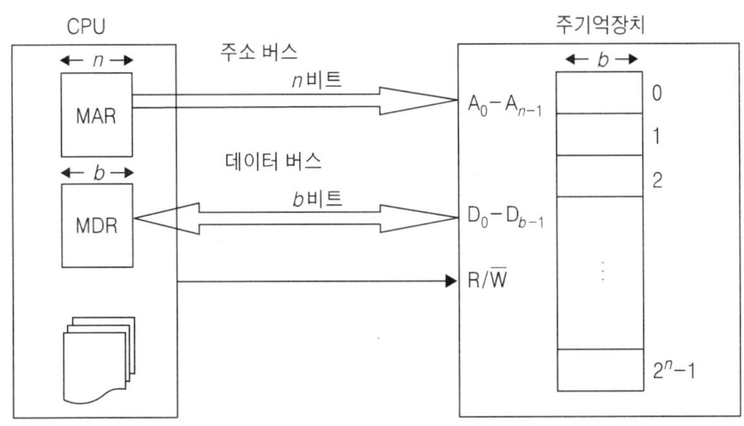

《 그림 6-2 》 프로세서와 메모리 인터페이스

데이터 버스의 크기와 메모리 워드의 크기가 동일하다. 이 시스템에서 메모리 용량은 $2^n \times b$비트다. 메모리의 용량은 메모리칩이 저장할 수 있는 비트 수를 말한다. 일반적으로 메모리는 주소 버스의 수가 n인 메모리칩은 2^n개의 기억요소를 갖고 있다. 메모리칩의 데이터 비트 수가 b비트라면 각 기억요소는 b비트 크기를 갖는다. 따라서 메모리칩은 전체 $2^n \times b$비트의 메모리 용량을 갖는다.

주기억장치의 내부 구조는 한 비트를 저장할 수 있는 기본적인 셀(cell)을 이용해서 행과 열이 구성된다. 그림 6-3에서 메모리의 기본적인 내부 구조를 보여주고 있다. 메모리칩의 외부의 주소가 A_0, A_1, $\cdots A_{n-1}$ 입력되며, 디코딩되어 메모리의 워드선을 만든다. 메모리의 각 데이터 워드선이 W_0, W_1, $\cdots W_{2^n-1}$이다. 선택된 워드선상에 있는 동일한 행의 모든 셀에서 데이터가 데이터선을 통해서 출력/입력되며, 이 데이터 크기의 단위가 워드다. 각 셀은 데이터선과 두 개의 선으로 연결되어 있는데, 한 선은 입력용이며 다른 한 선은 출력용이다.

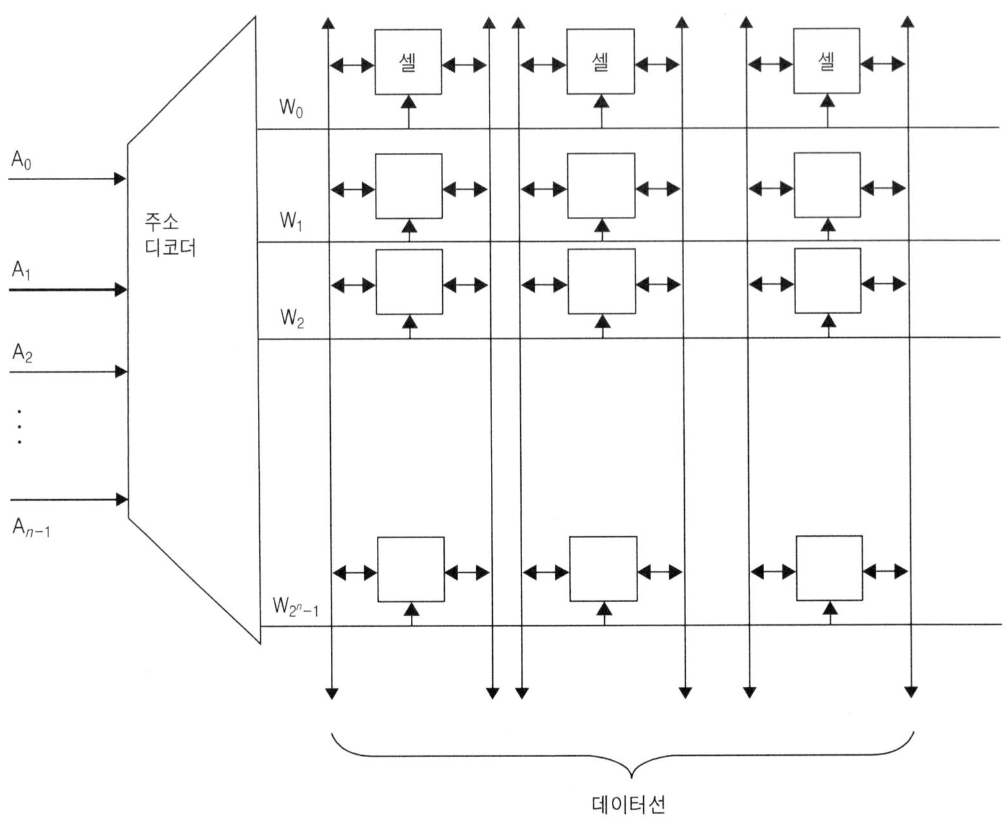

《 그림 6-3 》 메모리칩의 내부 구조

(1) 정적 메모리

RAM(Random Access Memory)에서 모든 메모리셀의 접근은 물리적 위치에 관계없이 동일한 시간이 걸린다. 데이터의 저장 방식과 제조 기법에 따라 정적 RAM(SRAM)과 동적 RAM(DRAM), ROM(Read-Only Memory) 등으로 나뉜다. SRAM인 경우에는 한 비트를 저장하는 셀은 한 개의 플립플롭을 이용한다. 그래서 SRAM은 데이터가 안정된 상태에서 저장될 수 있고, 전원이 공급되는 동안에는 리프레시 없이 데이터 값을 유지할 수 있다. SRAM의 동작 속도는 DRAM보다 빠르고, 리프레시가 필요 없어 컴퓨터에서 캐시 메모리로 사용된다. DRAM은 커패시터(capacitor)에 전하를 충전하는 방식을 이용해서 데이터를 저장하는 메모리셀들로 이뤄져 있다. 커패시터는 전하를 충전한 후, 전기 신호가 없으면 방전을 한다. 따라서 커패시터의 전하가 충전된 상태에 따라 '1'과 '0'으로 구분된다. 커패시터는 방전하는 성질이 있으므로 데이터의 저장 상태를 유지하기 위해서는 주기적으로 재충전을 해 줘야 한다. 이것이 DRAM 리프레시다.

정적 CMOS 기술에서는 6개의 트랜지스터를 사용해 메모리셀을 그림 6-4처럼 구성한다. 여기에는 2개의 인버터 회로가 있으며, '1' 또는 '0' 두 상태 중 하나의 값을 갖는다.

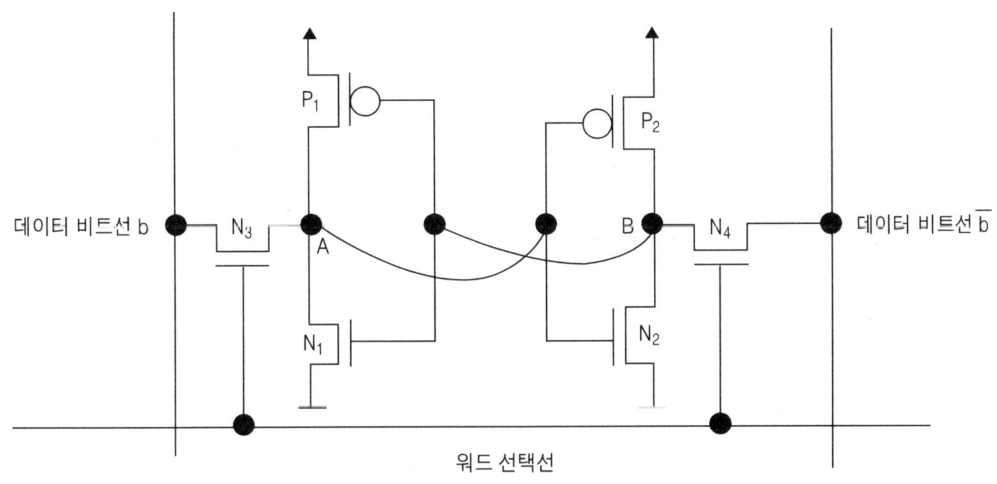

그림 6-4 정적 CMOS 메모리셀

그림에서 A = 1이면 N_2가 ON(도통) 되면서 B가 '0'이 된다. 따라서 P_1이 ON 되며 A는 '1'이 된다. 반대로 A = 0이면, P_2가 ON 되면서 B = 1이 된다. 따라서 N_1이 ON 되면서 A는 '0'이 된다. N_3과 N_4의 트랜지스터는 데이터 비트선과 연결되어 있다. 워드 선택선이 비활성화되어 있으면, 이 트랜지스터들은 OFF 된다. 워드 선택선이 활성화되면 두 트랜지스터는 ON 되며 데이터를 읽고 쓸 수 있다. 이 트랜지스터의 동작을 통해서 셀에 대한 읽기와 쓰기가 모두 가능하다.

다음은 읽기 동작과 쓰기 동작을 설명한다.

(A) 읽기 동작

1. 데이터 비트선인 b와 $\overline{b}$를 '1'(high)로 사전충전(precharge)한다

2. 워드 선택선을 활성화한다. 그러면 N_3과 N_4 트랜지스터가 ON 된다.
3. 셀의 내부에 저장되어 있는 값에 따라서 A 또는 B가 데이터선 b 또는 $\bar{b}$로 방전한다. 즉, 셀에 저장되어 있는 값이 데이터선을 통해서 읽힌다.

(B) 쓰기 동작

1. 데이터 비트선인 b에 '1'(high), $\bar{b}$에 '0'(low)으로 사전충전한다.
2. 워드 선택선을 활성화하면 N_3과 N_4 트랜지스터가 ON 된다.
3. 비트선이 '1'로 사전충전을 하면, A는 '1'이 되고, B는 '0'이 된다.

메모리 배열의 내부 구조에서 메모리 설계에서 중요한 요소는 메모리칩을 효율적으로 이용해야 한다. 1 K × 4비트의 메모리칩을 구성한다면 셀의 행은 1 K이며, 하나의 행에 셀이 4개로 구성된다. 따라서 W가 0~1023의 1024(1 K)개며, 데이터 라인이 4개다. 칩은 주소선을 10개, 데이터선을 4개 갖는다.

그림 6-5와 같이 메모리셀의 배열이 64 × 64인 구조를 살펴보면, 셀의 행과 열이 모두 64개다. 메모리칩 외부에서 입력되는 주소는 6개 선이며, 이는 주소 디코더를 통해서 64개로 워드선(W)이 되어 메모리셀의 행으로 입력된다. 셀에서 출력되는 64개의 데이터 버스(B)는 멀티플렉스가 되어 4개의 데이터 버스와 연결되어 있다.

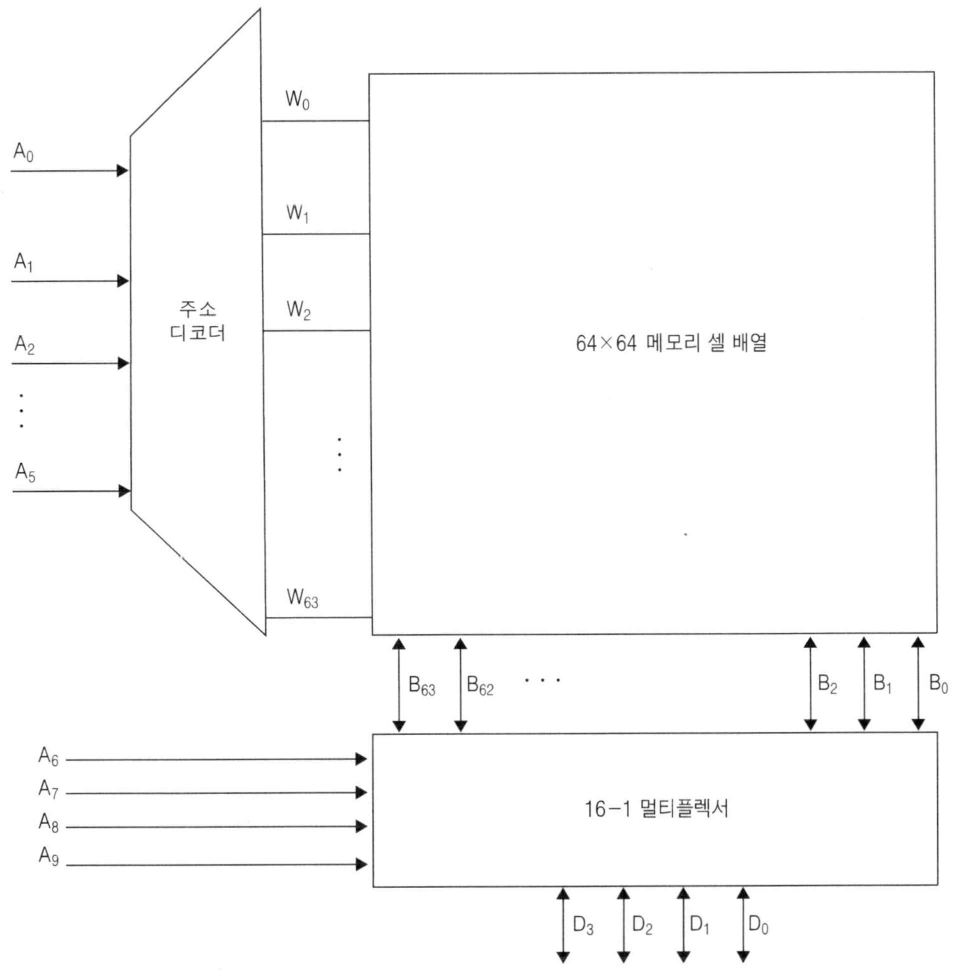

《 그림 6-5 》 1K × 4 메모리칩의 내부 구조

주기억장치의 설계와 관련된 다른 중요한 요소는 메모리칩의 핀 수다. 예를 들어 4K 비트 용량을 갖는 메모리 시스템을 설계한다면 표 6-2와 동일한 용량을 구성하는데, 조직과 주소, 데이터선의 구성을 다양하게 할 수 있다. 칩의 핀 수를 증가시키면 용량이 증가되는 것은 당연하다.

【표 6-2】 4 K비트 메모리의 다른 구성

조직	필요한 주소선의 수	필요한 데이터선의 수
4 K × 1	12	1
1 K × 4	10	4
512 × 8	9	8
256 × 16	8	16

주기억장치 시스템 설계에서 중요한 또 다른 요소는 메모리칩의 수다. 예를 들어 4 M바이트(4 M × 8 bit) 메모리 시스템을 1 M비트 메모리칩을 갖고 설계하고자 할 때, 8개의 데이터선을 지원하기 위해서 32개의 메모리칩이 필요하다.

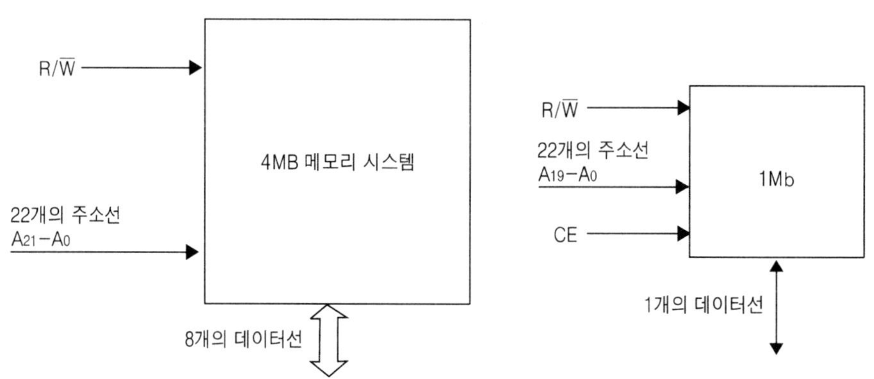

【그림 6-6】 4 M바이트 메모리 시스템과 1 M비트 메모리칩

그림 6-6처럼 4 M바이트의 조직 구성은 22개의 주소선과 8개의 데이터선이 기본적으로 필요하다. 이 메모리의 구성에 사용되는 메모리칩은 1 M비트다. 이 메모리칩은 주소선 20개, 데이터선 1개, 읽기/쓰기 제어 신호 $R/\overline{W}$, 칩 선택을 제어하는 CE선과 내부에 1 M 비트의 메모리셀로 구성되어 있다. CE선이 활성화됐을 때만 메모리칩이 선택된다. 4 M × 8비트로 구성하기 위해서는 1 M비트 칩이 32개 필요하므로 메모리 조직을 4개의 행으로 구성하고, 한 행에 8개의 칩을 둬서 배열을 구성한다.

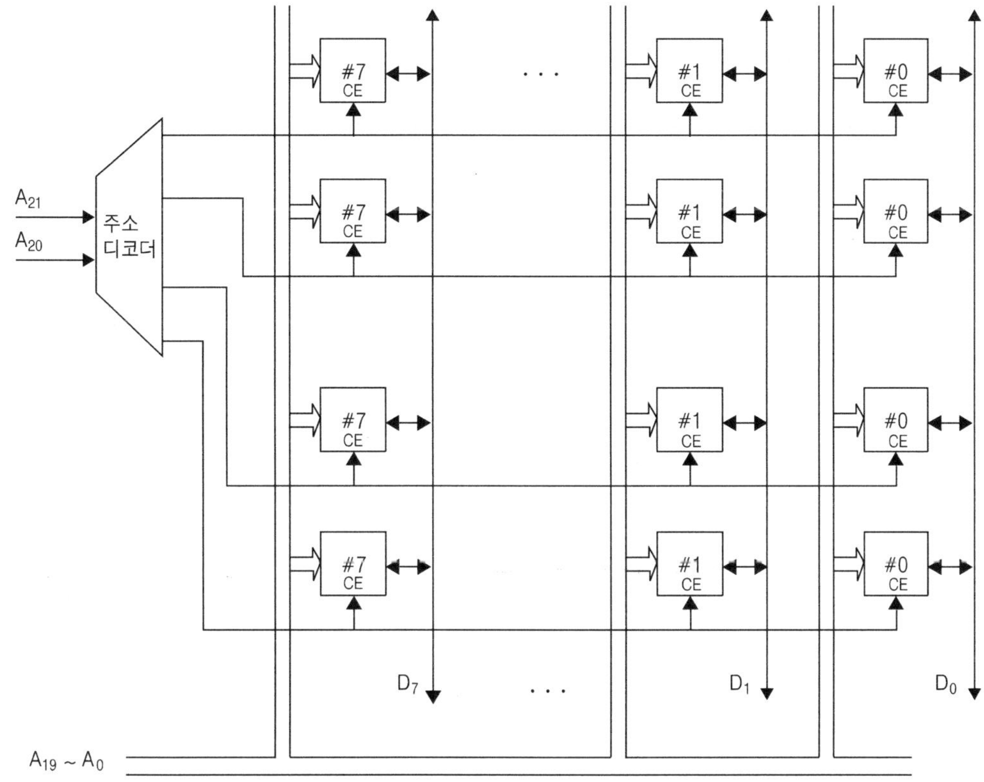

【그림 6-7】 1 M × 1비트 메모리칩을 사용한 4 M × 8비트 메모리 구성

그림 6-7에서 1 M비트 메모리칩에 접근하기 위해서 주소 A_{19}~A_0가 사용됐으며 4개의 행을 선택하기 위해서 주소 A_{21}~A_{20}이 사용됐다. A_{21}과 A_{20}은 주소 디코더로 입력되며, 이 디코더의 출력이 같은 행에 있는 8개 메모리칩의 CE선에 동일하게 연결된다.

(2) 동적 메모리

정적 메모리에서는 6개의 트랜지스터로 구성된 메모리를 살펴봤으나, 한 개의 트랜지스터로 동적 셀을 구성할 수 있다. DRAM은 1비트를 저장하기 위해 한 개의 트랜지스터와 커패시터를 사용한다. 정적 셀보다 셀 면적을 상당히 절약할 수 있는 구성이지만, 저장된 값이 시간이 지남에 따라 방전되기 때문에 저장된 값을 유지하려면 주기적으로 리프레시를 해 줘야 한다. 그림 6-8은 동적 메모리의 구성을 보여주고 있다.

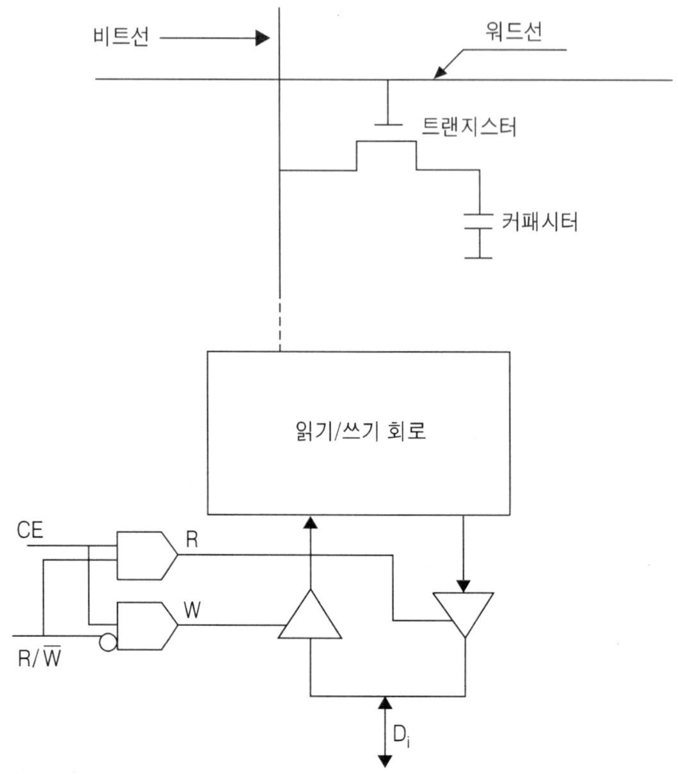

◀ 그림 6-8 ▶ 동적 메모리 배열 구조

제어 신호인 CE와 R/$\overline{\text{W}}$의 값에 따른 동작은 표 6-3과 같다.

▌표 6-3▐ 제어 회로의 동작

CE	R/W	동작
0	x	x
1	1	읽기
1	0	쓰기

(A) 읽기 동작

1. 정적 메모리와 같이 비트선을 '1'(high)로 사전충전한다.
2. 워드선을 활성화한다.
3. 커패시터에 저장되어 있는 값이 데이터 비트선에 나타나고, 그 값이 감지되며 데이터선 D_i에 나타난다.

(B) 쓰기 동작

1. 쓰고자 하는 값을 비트선에 놓는다. 데이터 비트선인 b와 $\bar{b}$를 '1'(high)로 사전 충전한다.
2. 워드선을 활성화한다.
3. 만일 '1'을 쓰고자 한다면 커패시터에 충전되며, 쓰고자 하는 값이 '0'이면 방전을 한다.

동적 메모리칩에서 중요한 것은 칩의 핀 개수와 셀의 리프레시다. 메모리칩의 용량이 증가함에 따라서 주소 핀의 수는 증가한다. 그러나 칩의 크기 및 주소 수를 줄이기 위해서 메모리 내의 메모리셀 주소를 행 주소와 열 주소로 나눈다. 그래시 같은 주소 핀에서 한 번은 행 주소를 전송하고, 다음은 열 주소를 순차적으로 시차를 두고 전송하는 시분할(time-multiplexing) 기법을 사용한다. 이 방법을 사용하면 핀 수를 절반으로 줄일 수 있다. 예를 들어 4 M × 1 칩의 경우에는 22개의 주소 핀이 필요하지만, 시분할 기술을 사용하면 11개로 줄어든다.

이 방법을 사용하려면 두 개의 제어 신호가 추가돼야 한다. 메모리 주소선에 행 주소가 유효할 때 메모리에게 알리는 행 주소 스트로브(RAS: Row Address Strobe) 신호와 열의 주소가 유효할 때 메모리에게 알리는 열 주소 스트로브(CAS: Column Address Strobe) 신호다. RAS 신호가 활성화되는 동안 열 주소가 입력되고 CAS 주소가 활성화되는 동안 행 주소가 입력된다. 입력된 열 주소에 의해 메모리셀 배열에서 해당 열의 데이터가 모두 읽히며, 그 후에 행 주소에 의해 열의 데이터 중에서 해당 주소의 자료가 선택된다.

1 M × 1 DRAM 메모리 시스템을 설계할 경우, 그림 6-9와 같이 1024 × 1024 셀 배열을 갖는 구조를 생각해 볼 수 있다. 이 칩의 주소 입력은 10개의 핀으로만 구성되어

있지만 시분할을 통해서 20개의 주소가 메모리셀 배열로 입력된다. 이와 관련한 제어 신호 RAS, CAS, R/$\overline{W}$가 있다.

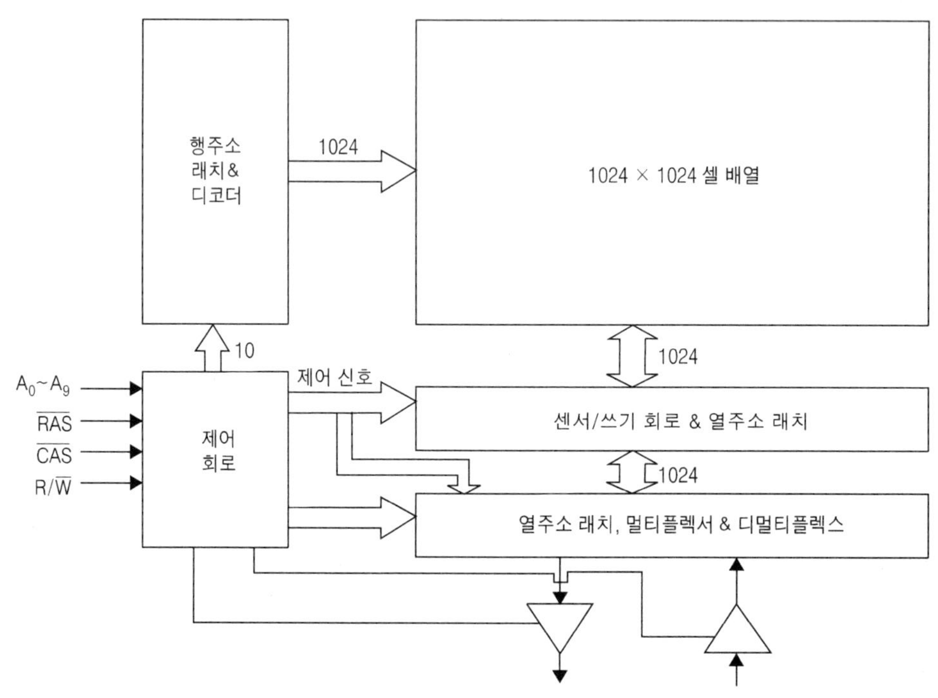

《 그림 6-9 》 1024 × 1024 메모리

6.3 ROM(Read-Only Memory)

DRAM과 SRAM은 전원이 꺼지면 저장되어 있는 데이터가 모두 지워지는 휘발성 메모리다. ROM은 비휘발성 메모리로 전원이 꺼져도 저장된 내용이 지워지지 않는 메모리다. 비휘발성 메모리는 시스템 관리 프로그램, 시스템 초기화 프로그램, 진단 프로그램 등을 저장하는 데 사용되고 있다.

ROM은 사용 목적에 따라서 다음과 같이 분류한다.

- Mask ROM: 제작 회사에서 필요한 내용을 ROM에 미리 기록한 것으로 사용자가 ROM의 내용을 변경할 수 없다. ROM의 내용을 지우고 다시 사용할 수 없다.

- PROM(Programmable ROM): 제조과정에서는 ROM에 데이터를 기록하지 않으며 비워 둔다. 사용자가 필요할 때 원하는 내용을 단 한 번만 기록할 수 있다.

- EPROM(Erasable programmable ROM): ROM에 기록된 내용을 지울 수 있고 사용자가 여러 번 쓸 수 있다. EPROM에 기록된 내용을 지우기 위해서 EPROM에 창을 두는데, 이 창으로 자외선을 쬐면 기록된 내용이 지워진다.

- EEPROM(Electrically Erasable programmable ROM): EPROM과 유사하나 지우기 위해서 전기적인 방법을 사용하므로 순간적으로 지우는 것이 가능하다. EPROM에서 지울 때는 ROM에 기록된 내용이 모두 지워지지만, EEPROM에서는 기억된 내용을 바이트 단위로 지울 수 있다. 따라서 EEPROM은 제작된 보드상에 탑재한 채로 프로그램과 삭제가 가능하다.

- FlashROM: 데이터의 삭제와 기록에 전기 신호를 사용한다는 점에서는 EEPROM과 유사하며 부분적 또는 블록별로 데이터 삭제와 기록이 가능한 ROM이다. 최근에는 ROM으로 FlashROM을 많이 사용하고 있다. FlashROM은 EEPROM보다 속도가 빨라졌으며, 집적도도 높아졌다.

그림 6-10은 4×4 CMOS ROM 칩을 보여주고 있다. 이 ROM의 용량은 $16(2^2 \times 4)$비트로, 주소는 2개가 입력되며 데이터 출력은 4비트다. ROM의 칩으로 입력하는 2개의 주소는 2-4 주소 디코더를 통해서 4개의 선(워드선: W_0, W_1, W_2, W_3) 중에서 한 개의 선을 활성화하며, 각 워드선에서 인버터를 통해 데이터(D_0, D_1, D_2, D_3)가 출력된다. 예를 들어 주소 A_0, A_1이 모두 0인 경우에는 워드선 W_0가 활성화된다. 즉, 이 라인이 '1(high)'로 된다. 워드선에 있는 트랜지스터를 도통시킨다. 이 트랜지스터의 도통으로 그 비트선은 '0'이 된다. 따라서 출력은 인버터를 통하므로 '1'이 출력된다. 따라서 데이터 출력은 $D_0D_1D_2D_3 = 1001$이다. 그림 6-10에 ROM 주소에 따른 출력을 나타내었다.

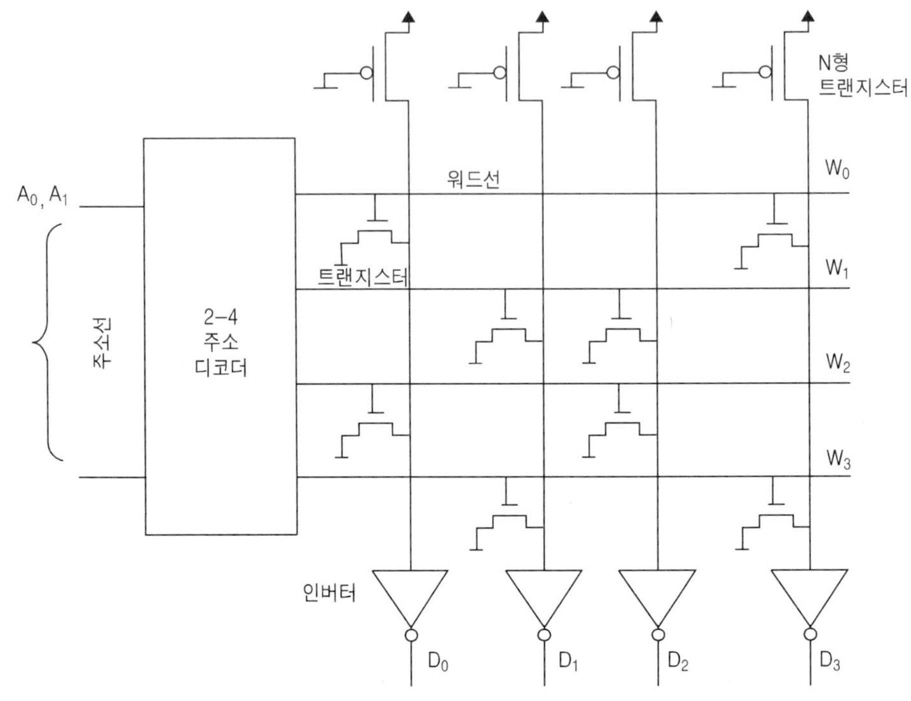

【그림 6-10】 4 × 4 CMOS ROM

【표 6-4】 ROM 주소에 따른 데이터 출력

주소(A_0, A_1)	활성화되는 워드선	출력 데이터(D_0, D_1, D_2, D_3)
00	W_0	1001
01	W_1	0110
10	W_2	1010
11	W_3	0101

메모리 시스템 설계에서 고려해야 할 중요한 특성은 용량과 접근 속도다. 메모리에서의 용량은 바이트 또는 워드고, 일반적으로 워드 길이는 8, 16, 32, 64이며 워드의 길이는 프로세서마다 다르다.

연습문제 exercise

1. 임의 접근에 대해서 설명하라.
2. 바이트 단위로 주소를 지정하는 메모리 시스템에서 20비트의 주소를 이용해 메모리에 직접 접근할 수 있는 메모리의 용량은 얼마인가?
3. 메모리 계층 구조에서 상위로 올라감에 따른 특성을 기술하라.
4. 캐시 메모리를 사용하는 목적은 무엇인가?
5. 휘발성 메모리의 특징은 무엇인가?
7. DRAM과 SRAM의 차이점을 설명하라.
8. 한 바이트씩 저장되는 메모리에서 1024개의 RAM에 필요한 주소 비트는 몇 개인가?
9. ROM에서 주소선의 수가 16개고 데이터 비트수가 8비트인 용량을 나타내라.
10. 16비트 프로세서를 위한 1K × 16비트 주기억장치의 모듈을 1K × 4비트의 메모리칩으로 구성하라.
11. FlashROM의 장단점을 기술하라.
12. 주기억장치에서 캐시 메모리로의 데이터 이동의 단위는 캐시 블록 혹은 캐시선 단위로 이뤄진다. 이것은 어떤 지역성과 관련이 되는가?
13. 정적 메모리의 동작 방식을 설명하라.
14. 동적 메모리의 동작 방식을 설명하라.
15. 공간 지역성과 시간 지역성이 무엇인지를 설명하라.
16. 4 M바이트 크기의 메모리 시스템을 만들려고 한다. 1 M비트 메모리칩을 원하는 개수만큼 이용하라. 메모리 시스템의 구성도를 그려라.
17. h는 적중률, t_p는 1차 메모리 접근 시간, t_s는 2차 메모리 접근 시간일 때, 평균 접근 시간 t_a의

식을 작성하라.

18. 메모리셀의 배열을 가능한 한 정방형으로 하여 16 × 4 메모리칩의 내부 구조를 구성하라.

19. 8 × 2 메모리칩을 이용해 8비트 주소 버스를 가진 컴퓨터 시스템을 위한 16 × 4 크기의 메모리 서브시스템을 설계하라.

20. 어떤 컴퓨터 시스템이 t_c = 8 ns인 캐시와 t_p = 65 ns인 물리 메모리를 갖고 있다. 적중률이 75%라면 평균 메모리 접근 시간은 얼마인가?

21. 캐시가 있는 어떤 컴퓨터 시스템에 t_p = 75 ns인 물리 메모리가 있고, 적중률 65%, 평균 메모리 접근 시간 t_m = 39.9 ns이다. 이 캐시의 접근 시간은 얼마인가?

22. 2-4 디코더와 2입력 AND 게이트를 이용해서 2-32 디코더를 설계하라.

7장 _ 메모리 시스템 II

이 장에서는 6장에서 설명한 메모리 계층 구조에서 시스템 성능을 향상시키는 방법으로 메모리 시스템에 캐시 메모리를 결합한다. 캐시 메모리는 빠른 속도로 수행되는 프로세서와, 프로세서에 비해 상대적으로 매우 느린 주기억장치 사이에 위치한다. 자주 접근하는 프로그램과 데이터를 캐시 메모리에 저장한다면 프로세서가 메모리에 접근하는 시간이 매우 단축될 것이다. 가상 메모리는 주기억장치의 유효 크기를 증가시키는 데 사용된다. 실행할 프로그램과 데이터의 용량이 매우 커서 주기억장치의 물리적인 공간이 부족할 경우에 하드디스크 장치의 일부를 할당해 메모리 데이터를 저장하게 된다. 이 장에서는 캐시 메모리의 설계와 분석, 그리고 가상 메모리 설계와 구현에 대해서 설명한다.

7.1 캐시 메모리

캐시 메모리는 1965년에 윌크스가 소개했다. 그 당시 윌크스는 주기억장치를 기존 메모리와 슬레이브 메모리로 구분했다. 슬레이브 메모리는 기존보다 빠른 속도의 메모리로서, 지금의 캐시 메모리에 해당한다.

캐시를 메모리 계층 구조에서 첫 번째 수준으로 사용하는 것은 CPU에 의해 더 자주 사용되는 정보를 캐시에 유지하려는 생각이다. 결과적으로 어느 시간에도 활성화된 주기억장치의 일부가 캐시에 복사본으로 있게 되었다. 따라서 프로세서가 메모리 참조 요구를 내보내면 우선 캐시에서 찾아본다. 요구에 해당하는 요소가 캐시에 존재하면 캐시 적중이라고 말한다. 그렇지 않고 캐시에 존재하지 않으면 캐시 실패라고 말한다. 캐시 적중률 h_c는 원하는 요소를 캐시에서 찾을 확률로 정의된다. 캐시 실패율 $(1-h_c)$는 캐시에서 원하는 요소를 찾지 못할 확률이다.

요구된 요소를 캐시에서 찾지 못하면 메모리 계층 구조의 다음 수준에서 이 요소를 가져온다. 요소가 다음 메모리 수준인 주기억장치에 존재하면 이를 가져와서 캐시에 넣어 둬야 한다. 다음에 요청하는 요소가 현재 요청한 요소의 근처에 있으리라는 기대(공간 지역성)에 의해서 캐시가 실패했을 때 실제로 요청된 요소를 포함하는 하나의 블록을 가져온다. 한 번의 메모리 접근 시간에 하나의 블록을 옮길 수 있으면, 주기억장치에서 캐시로 한 블록을 가져오는 것의 장점은 분명하다. 주기억장치와 캐시 간의 정보 전송률을 증가시키면 장점의 가능성이 높아진다. 대역폭을 증가시키는 한 가지 기법은 메모리 인터리빙이다. 캐시 실패 시에 주기억장치에서 캐시로 가져오는 블록이 서로 다른 메모리 모듈에 저장되어 있다고 가정해 보자. 그림 7-1은 8개의 메모리 모듈로 이뤄진 주기억장치의 간단한 예를 보여준다. 여기서 블록은 8바이트로 이뤄졌다.

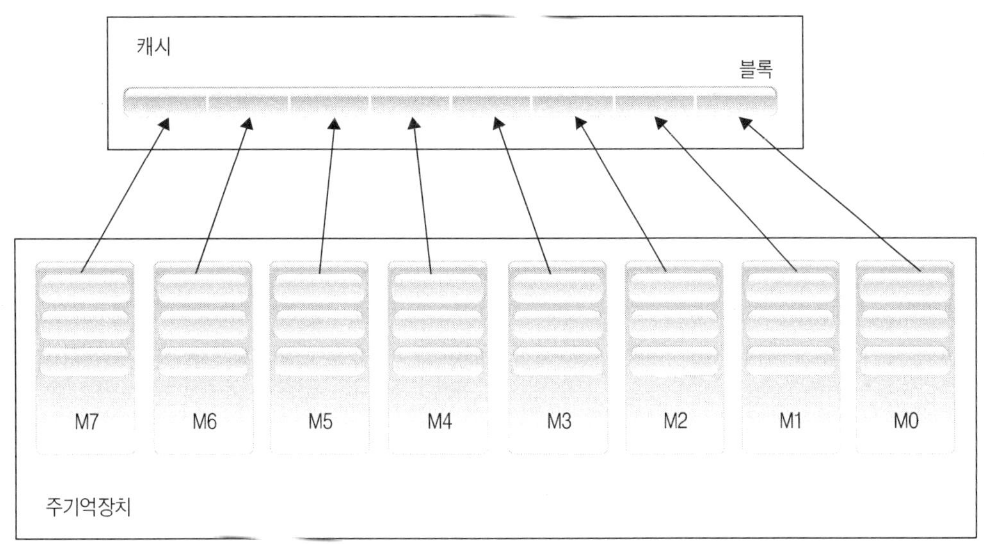

《 그림 7-1 》 8개 모듈 메모리 인터리빙

캐시 메모리를 사용하는 개념을 알았으므로 시간과 공간 지역성이 메모리 계층 구조의 성능에 미치는 영향을 알아보자. 논의를 간단히 하기 위해서 캐시와 주기억장치로 되어 있는 2개 수준의 메모리 계층 구조만을 가정한다. 주기억장치 접근 시간은 t_m이고 캐시 접근 시간은 t_c이다. 지역성의 효과를 평균 접근 시간의 관점에서 측정할 것이다. 평균 접근 시간은 이런 2수준 계층에서 프로세서가 요구한 요소에 접근하는 데 걸리는 평균 시간으로 정의된다.

(1) 시간 지역성의 효과

프로그램 루프에 있는 명령어가 캐시에 적재되고 나서 새로운 명령으로 대체되기 전에 n번 반복해서 실행된다고 가정하자. 평균 접근 시간 t_{av}는 다음과 같이 주어진다.

$$t_{av} = \frac{nt_c + t_m}{n} = t_c + \frac{t_m}{n}$$

위 식을 유도함에 있어서 요청된 메모리 요소는 캐시 실패를 겪고 나서 시간 t_m 동안에 주기억장치에서 블록을 전송한다고 가정했다. 그 후에 n번의 접근이 같은 요소에 대해서 이뤄지고, 각 요구는 t_c의 시간이 걸린다. 위 식은 반복적인 접근의 횟수 n이 증가함에 따라서 평균 접근 시간이 감소한다는 것을 보여준다. 이것은 바람직한 특징이다.

(2) 공간 지역성

캐시가 실패하고 나서 주기억장치에서 캐시로 이동되는 블록의 크기가 m개의 요소라고 가정한다. 공간 지역성에 의해서 모든 m개의 요소가 한 번에 하나씩 프로세서에 의해서 요청된다고 가정한다. 평균 접근 시간 t_{av}는 다음과 같다.

$$t_{av} = \frac{mt_c + t_m}{m} = t_c + \frac{t_m}{m}$$

위 식을 유도함에 있어서 요청된 메모리 요소는 캐시 실패를 겪고 나서 시간 t_m 동안에 m개의 요소로 이뤄진 블록을 주기억장치로부터 전송한다고 가정했다. 그 후에 m개의 요소에 대한 접근이 이뤄진다. 위의 식은 블록에 있는 요소의 수 m이 증가할수록 평균 접근 시간이 감소하며, 이는 바람직한 특징임을 보여준다.

(3) 시간 지역성과 공간 지역성의 혼합 효과

프로세서가 요청한 요소에 대해서 캐시 실패가 일어나고, m개의 요소로 이뤄진 블록에 대한 캐시로의 전송이 t_m 동안에 일어난다고 가정한다. 공간 지역성에 의해서 블록을 구성하는 모든 m개의 요소가 한 번에 하나씩 프로세서에 의해서 mt_c 동안에 요청된다. 다음에는 처음 요청됐던 요소가 시간 지역성에 의해서 $(n-1)$번 요청돼서 전체적으로는 n번의 접근이 일어난다. 이 가정에 의해서 평균 접근 시간 t_{av}는 다음과 같이 주어진다.

$$t_{av} = \frac{(\frac{mt_c + t_m}{m}) + (n-1)t_c}{n} = \frac{t_c + \frac{t_m}{m} + (n-1)t_c}{n} = \frac{t_m}{nm} + t_c$$

위 식을 더 간단히 만들기 위해서 $t_m = mt_c$를 가정하면 다음과 같이 간단해진다.

$$t_{av} = \frac{t_m}{nm} + t_c = t_c + \frac{t_c}{n} = \frac{n+1}{n} t_c$$

위 식은 반복적인 접근 횟수 n이 증가함에 따라서 평균 접근 시간이 t_c에 근접한다는 것을 나타낸다. 이것은 상당한 성능 개선이다.

캐시에 존재하지 않는 항목에 대한 요청이 많을수록(캐시 실패) 더 많은 블록이 캐시로 전송돼야 한다는 것은 분명하다. 여기서 두 가지 질문이 생긴다. 주기억장치에서 가져온 블록을 캐시의 어디에 놓을 것인가? 그리고 캐시가 완전히 가득 찼다면 어떤 캐시 블록이 대체돼야 하는가? 들어오는 블록을 배치하고 기존의 블록을 대체하는 것은 특정한 프로토콜(알고리즘)에 따른다. 이 프로토콜은 캐시의 내부 구조와 밀접한 관계를 갖는다. 캐시의 내부 구조에 대해서는 다음 절에서 다룬다. 하지만 캐시의 구조를 배우기 전에 캐시 매핑 함수를 먼저 소개한다.

(4) 캐시 매핑 함수

캐시 매핑 함수를 메모리 계층 구조에서 연속적인 두 수준 사이의 인터페이스라고 간주한다. 캐시와 주기억장치 간의 인터페이스에 관심이 있다면, 캐시는 1차 수준이 되고 주기억장치가 2차 수준이 된다. 동일한 원리가 계층 구조의 어떠한 두 메모리 계층 간의 인터페이스에도 해당된다. 여기서는 캐시와 주기억장치 간의 인터페이스에 대해서 알아본다.

프로세서에 의한 메모리 요소의 접근 요청은 원하는 요소의 주소를 내보냄으로써 이루어진다. 프로세서가 요청한 주소는 현재 캐시에 있는 요소의 주소일 수도 있고, 현재 주기억장치에 있는 요소의 주소일 수도 있다. 따라서 원하는 요소가 어디에 있는지 결정하기 위해서는 주소 변환이 이뤄져야 한다. 이것이 MMU(메모리 관리장치)의 역할이다. 주소 매핑 함수의 블록도가 그림 7-2에 나타나 있다.

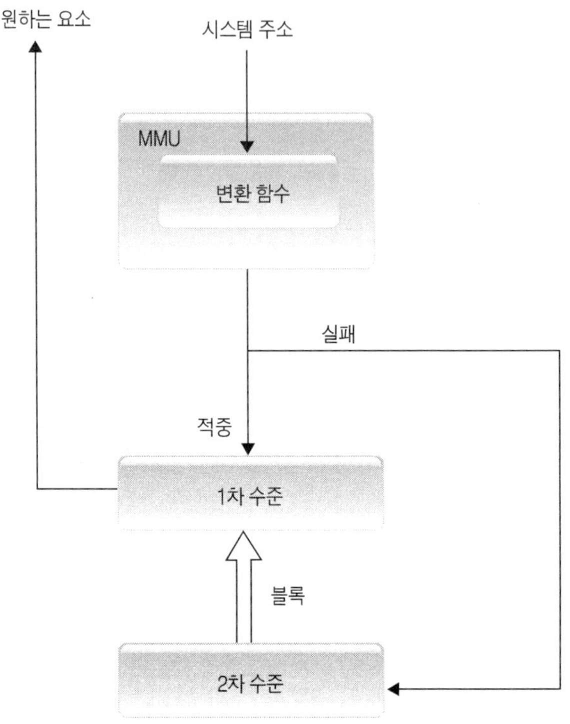

《 그림 7-2 》 주소 매핑 동작

이 그림에서 시스템 주소는 프로세서가 원하는 요소의 주소를 나타낸다. 이 주소가 MMU 안의 주소 변환 함수에 사용된다. 주소 변환에 의해서 요청된 주소가 현재 캐시에 있는 요소에 해당하면 프로세서가 그 요소를 사용할 수 있게 된다. 만일 요소가 현재 캐시에 있지 않으면, 주기억장치에서 읽어서 블록 단위로 전송되어 캐시에 배치되고 나서야 프로세서가 사용할 수 있게 된다.

(5) 캐시 메모리 구조

캐시 메모리를 구성하는 세 가지 방법이 아래에 나와 있는데, 이 기법들은 두 가지 측면에서 차이가 있다.

1. 주기억장치에서 들어오는 블록을 캐시 안에 배치하는 기준

2. 캐시가 가득 찼을 때 캐시에 있는 블록을 대체하는 기준

• 직접 매핑 •

세 가지 방법 중에서 가장 간단하다. 주기억장치에서 들어오는 블록을 고정된 캐시 블록의 위치에 놓기 때문이다. 들어오는 블록 번호 i, 캐시 블록 번호 j, 캐시 블록의 개수 N에 대한 다음 관계로 배치가 결정된다.

$$j = i \bmod N$$

예제 1) 주기억장치가 4 K개의 블록을 갖고, 캐시 메모리는 128개의 블록을 갖고, 블록의 크기는 16워드다. 그림 7-3은 직접 매핑 캐시 방식에 의한 주기억장치와 캐시의 구분을 보여준다.

태그	캐시
3	384
1	129
0	
31	4095

주기억장치

0	0	128	256	384		3968
1	1	129	257	385		
2	2	130	258	386		
126						
127	127	255	383			4095

◀ 그림 7-3 ▶ 직접 매핑에 의한 매핑

그림에서 보듯이 32개의 주기억장치 블록이 하나의 캐시 블록에 매핑된다. 예를 들면, 주기억장치 블록 0, 128, 256, 384, ..., 3968이 캐시 블록 0에 매핑된다. 따라서 직접 매핑 기법을 다대일 매핑이라고 한다. 직접 매핑 기법의 장점은 들어오는 주기억장치 블록을 캐시의 어디에 놓을지 결정하는 것이 간단하다는 것이다. 주요 단점은 캐시의 비효율적인 사용이다. 이 기법에 따르면 캐시 블록이 많이 비어 있더라도 메모리 블록이 하나의 블록을 놓고 경쟁을 벌인다. 이런 단점은 캐시 적중률을 낮춘다.

직접 매핑 기법에 따르면 MMU는 프로세서가 요청한 주소를 그림 7-4처럼 세 부분으로 나눠서 해독한다. 각 필드의 길이는 다음과 같다.

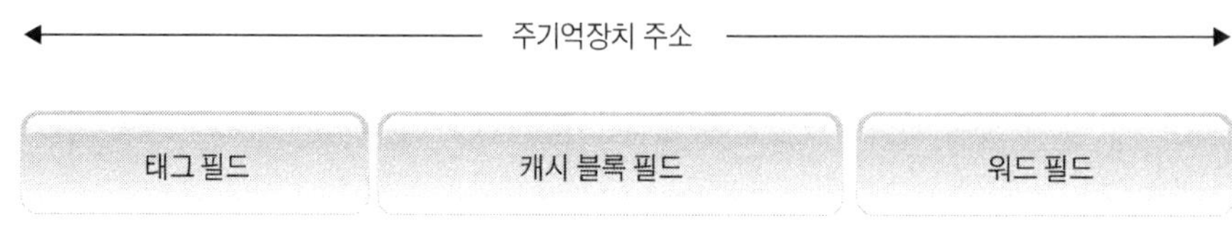

《 그림 7-4 》 직접 매핑 주소 필드

1. 워드 필드 = $\log_2 B$, 여기서 B는 워드로 표시되는 블록의 크기다.
2. 블록 필드 = $\log_2 N$, 여기서 N은 블록으로 표시되는 캐시의 크기다.
3. 태그 필드 = $\log_2(\frac{M}{N})$, 여기서 M은 블록으로 표시되는 주기억장치의 크기다.
4. 주기억장치의 주소 비트 개수 = $\log_2(B \times M)$

처음 세 개의 식으로 계산되는 전체 비트의 수는 주기억장치 주소의 길이에 해당한다. 계산이 맞는지 확인할 때 이것을 사용할 수 있다.

예제 2) 예제 1의 데이터로 위의 네 가지 매개변수를 계산하라.

워드 필드 = $\log_2 B = \log_2 16 = \log_2 2^4 = 4$비트
블록 필드 = $\log_2 N = \log_2 128 = \log_2 2^7 = 7$비트
태그 필드 = $\log_2(M/N) = \log_2(2^2 \times 2^{10}/2^7) = 5$비트
주기억장치에 있는 비트 수 = $\log_2(B \times M) = \log_2(2^4 \times 2^{12}) = 16$비트

주기억장치의 주소를 나누었으니 이제는 프로세서의 요청을 해결하기 위해서 MMU가 프로토콜을 어떻게 사용하는지를 살펴보자. 위의 예에서 주어진 매개변수를 이용해서 프로토콜을 설명한다. 그림 7-5는 프로토콜의 단계를 보여준다. 그 절차는 다음과 같다.

1. 프로세서가 블록 필드를 이용해서 요청한 요소를 포함하고 있는 캐시 블록을 결정한다. 블록 필드는 캐시 블록을 찾는 데 직접적으로 이용되고, 따라서 직접 매핑이

라는 이름이 붙었다.

2. 태그 메모리를 검사해서 그 내용이 태그 필드의 내용과 일치하는지 검사한다. 두 개가 일치하면 1단계에서 결정된 캐시 블록이 프로세서가 요구한 요소를 갖고 있다는 것을 나타낸다. 즉, 캐시 적중이다.
3. 캐시 블록에 있는 여러 요소 중에서 원하는 요소는 워드 필드를 이용해서 선택해 낸다.
4. 2단계에서 일치하지 않으면 캐시 실패다. 따라서 원하는 블록을 주기억장치에서 가져와서 캐시에 넣어야 한다. 그러고 나면 원하는 요소를 프로세서가 사용할 수 있다. 캐시 태그 메모리와 캐시 블록 메모리는 적절하게 갱신돼야 한다.

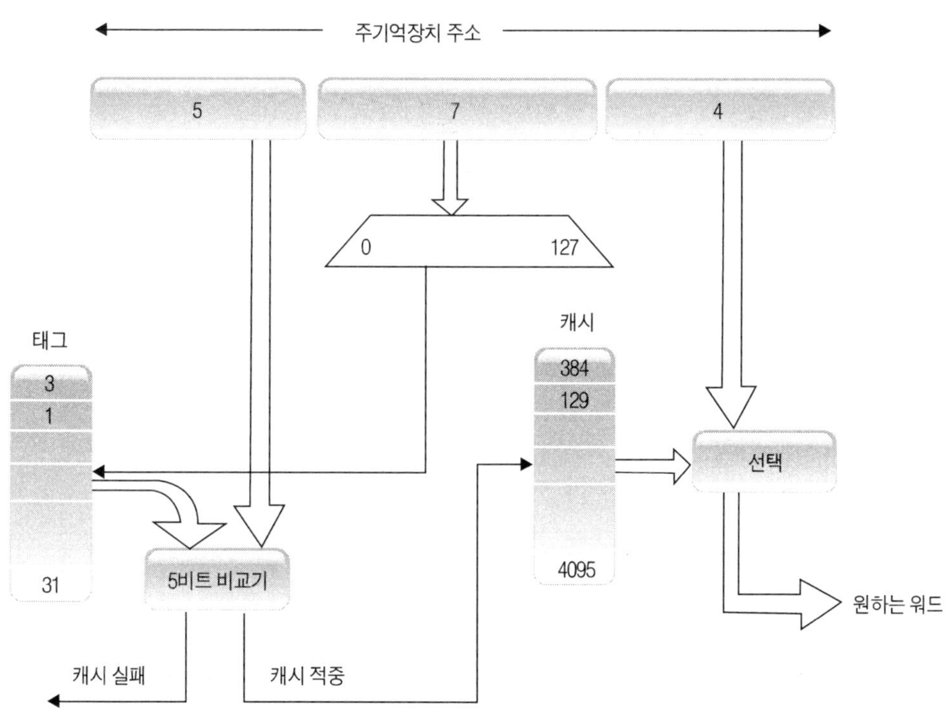

《 그림 7-5 》 직접 매핑 캐시 주소 변환

직접 매핑 기법은 들어오는 주기억장치 블록에 대한 배치를 해결할 뿐만 아니라 교체에 대한 해답도 준다. 새로운 주기억장치 블록이 들어와야 하는데 캐시가 가득 차 있으면, 배치는 간단히 식 $j = i \bmod N$에 의해서 결정된다.

직접 매핑 기법의 가장 큰 장점은 캐시 블록을 직접적으로 결정할 수 있는 단순함에 있다. 탐색이 필요하지 않으며, 배치 기법도 간단하다. 이 기법의 단점은 캐시 메모리의 사용률이 낮을 수 있다는 점이다. 예를 들어, 주기억장치에 있는 블록을 1, 33, 65, 97, 129, 161 순서로 접근하면 이 모든 블록은 캐시 블록 1번에 매핑된다. 따라서 이 블록들은 나머지 31개의 캐시 블록이 사용되고 있지 않아도 동일한 캐시 블록을 놓고 경쟁하게 된다.

직접 매핑 기법에 의한 낮은 캐시 사용률은 들어오는 주기억장치 블록을 캐시에 배치할 때 제약이 있기 때문에 생기는 것이다. 이 제약이 완화된다면, 즉 들어오는 주기억장치 블록을 사용 가능한 빈 캐시 블록에 놓을 수 있다면 더 유연한 기법이 되어서 캐시가 효율적이 될 것이다. 이런 유연한 기법을 연관 매핑 기법이라고 한다.

• 완전연관 매핑 •

이 기법에서는 들어오는 주기억장치 블록이 어느 캐시 블록에도 배치될 수 있다. 따라서 프로세서가 내보내는 주소는 두 개의 필드인 태그와 워드 필드만 갖는다. 첫 번째는 캐시에서 블록을 인식하고, 두 번째는 블록 안에서 요소를 인식한다. MMU는 프로세서가 내보낸 주소를 그림 7-6처럼 두 개의 필드로 나누어서 해독 작업을 한다. 각 필드의 비트 크기는 다음과 같이 주어진다.

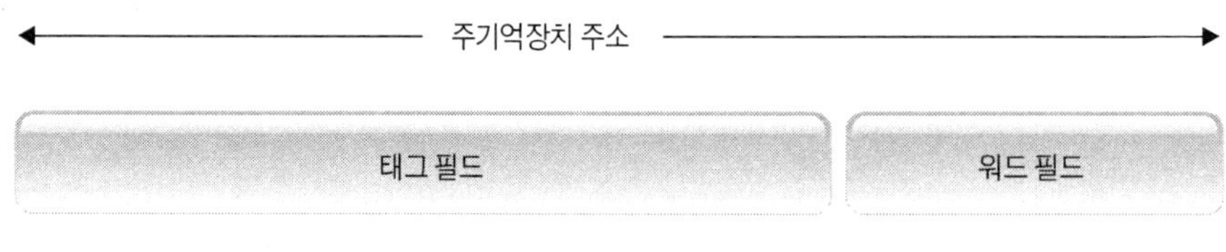

【 그림 7-6 】 연관 매핑 주소 필드

1. 워드 필드 = $\log_2 B$, 여기서 B는 워드로 표시되는 블록의 크기다.
2. 태그 필드 = $\log_2 M$, 여기서 M은 블록으로 표시되는 주기억장치의 크기다.
3. 주기억장치의 주소 비트 개수 = $\log_2(B \times M)$

처음 두 개의 식으로 계산되는 전체 비트의 수는 주기억장치 주소의 길이에 해당한다. 계산이 맞는지 확인할 때 이것을 사용할 수 있다.

예제 3) 사양이 다음과 같은 메모리 시스템에 대해서 위의 세 가지 매개변수를 계산하라. 주기억장치는 4 K의 블록을 갖고, 캐시는 128개의 블록을 가지며, 블록의 크기는 16워드다. 연관 매핑을 사용하는 시스템이라고 가정한다.

워드 필드 = $\log_2 B = \log_2 16 = \log_2 2^4$ = 4비트
태그 필드 = $\log_2 M = \log_2 2^7 \times 2^{10}$ = 12비트
주기억장치의 주소 비트 개수 = $\log_2(B \times M) = \log_2(2^4 \times 2^{12})$ = 16비트

주기억장치의 주소를 나누었으니 이제는 프로세서의 요청을 해결하기 위해서 MMU가 프로토콜을 어떻게 사용하는지 살펴보자. 위의 예에서 주어진 매개변수를 이용해서 프로토콜을 설명한다. 그림 7-7은 프로토콜의 단계를 보여준다. 그 절차는 다음과 같다.

1. 태그 필드를 이용해서 태그 메모리를 검색해 저장된 어떤 태그와도 일치하는지 검사한다.
2. 태그 메모리에서 일치한다는 것은 1단계에서 결정된 캐시 블록이 프로세서가 요구한 주기억장치 요소를 현재 유지하고 있다는 것을 뜻한다. 즉, 캐시 적중이다.
3. 캐시 블록에 포함된 요소들 중에서 원하는 요소를 워드 필드를 이용해서 선택한다.
4. 만일 2단계에서 일치가 발견되지 않으면 캐시 실패다. 따라서 원하는 블록을 주기억장치에서 가져와서, 첫 번째 사용 가능한 캐시 블록에 넣어야 프로세서가 사용할 수 있다. 캐시 태그 메모리와 캐시 블록 메모리는 적절하게 갱신돼야 한다.

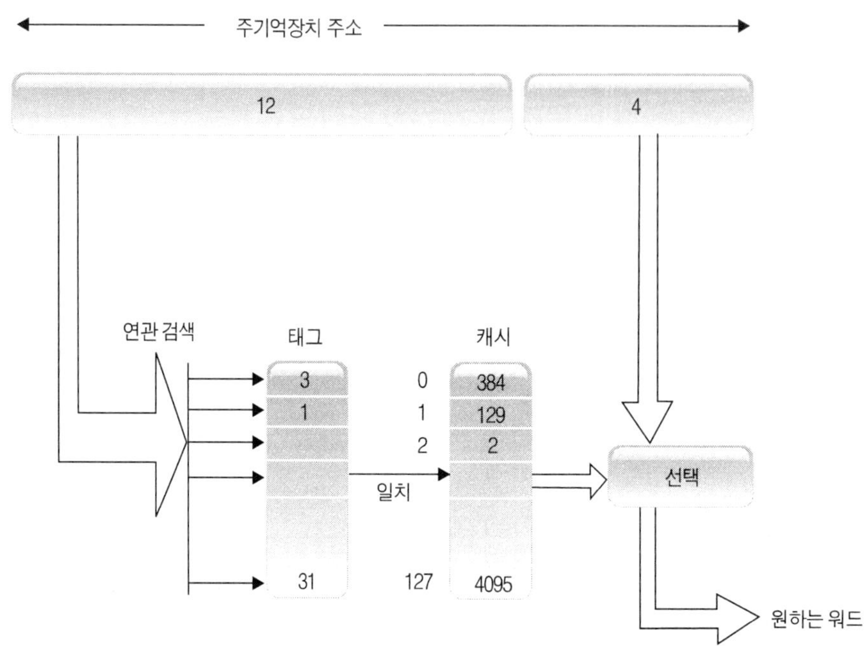

◀ 그림 7-7 ▶ 연관 매핑 캐시 주소 변환

위의 1단계에서 이뤄진 검색에는 주소의 태그 필드와 태그 메모리에 있는 모든 항목에 대한 일치 비교가 필요하다. 이런 검색이 순차적으로 이뤄진다면 지연이 아주 길어진다. 따라서 태그는 연관 메모리에 저장된다. 태그 메모리의 전체 내용이 병렬적으로 검색되기 때문에 연관 매핑이라는 이름이 붙었다.

캐시의 구조와 무관하게 접근된 캐시 블록이 유효한 정보를 포함하고 있다는 것을 나타낼 방법이 필요하다. 캐시 블록에서 정보의 유효성은 각 캐시 블록마다 유효 비트라는 1비트를 이용해서 표시한다. 캐시 블록의 유효 비트는 다음과 같은 의미대로 갱신돼야 한다. 유효 비트 = 1이면 해당 캐시 블록은 유효한 정보를 갖고 있고, 그렇지 않으면 캐시 블록은 무효다. 컴퓨터 시스템에 처음 전원이 들어가면 모든 유효 비트는 0으로 되어서 무효한 정보라는 것을 나타내야 한다. 블록이 캐시로 들어옴에 따라 그 상태가 정보의 유효성에 따라서 바뀌게 된다.

연관 매핑 기법의 주요 장점은 캐시의 효율적인 이용이다. 들어오는 주기억장치 블록을 어디에 놓을지에 관한 제약이 없기 때문에 이것이 가능하다. 점유되지 않은 어떠한 캐시 블록에도 들어오는 주기억장치의 블록을 받아서 넣을 수 있다. 이 기법의 주요 단점은 태그 필드와 태그 메모리 간의 일치를 찾기 위해서 연관 검색을 수행해야 하며, 이것을 위한 하드웨어 오버헤드가 있다는 점이다.

간단하지만 비효율적인 직접 매핑 구조와, 복잡하지만 효율적인 연관 매핑 구조를 절충할 수 있다. 들어오는 주기억장치의 블록을 어디에 놓을지 검색함에 있어 제한된 캐시 블록 집합에 대해서만 검색을 허용함으로써 이것이 가능한데, 이것이 집합연관 매핑 기법이다.

• 집합연관 매핑 •

집합연관 매핑 기법에서는 캐시가 여러 개의 집합으로 나뉜다. 각 집합에는 여러 개의 블록이 들어간다. 주기억장치의 블록은 관계식 $s = i \bmod S$에 의해서 특정 집합에 매핑된다. 여기서 S는 캐시에 있는 집합의 개수, i는 주기억장치 블록 번호, s는 블록 i가 매핑되는 특정 캐시 집합이다. 하지만 들어오는 블록은 해당 캐시 집합의 어느 블록에도 매핑 가능하다. 따라서 프로세서가 내보내는 주소는 3개의 필드 태그, 집합, 워드 필드로 구분된다. 집합 필드는 특정 캐시 집합을 구별하는 데 사용되고, 태그 필드는 결정된 집합 안에서 목표 블록을 구별하는 데 사용된다. 워드 필드는 블록 안에서 프로세서가 요구한 요소(워드)를 구별하는 데 사용된다. 집합연관 매핑 기법에서 MMU는 프로세서가 내보낸 주소를 그림 7-8처럼 3개의 필드로 구별해서 해독한다. 각 필드의 비트 길이는 다음과 같다.

1. 워드 필드 = $\log_2 B$, 여기서 B는 워드로 표시되는 블록의 크기다.
2. 집합 필드 = $\log_2 S$, 여기서 S는 캐시에서 집합의 개수다.
3. 태그 필드 = $\log_2(M/S)$, 여기서 M은 블록으로 표시되는 주기억장치의 크기고, $S = N/B_s$. 여기서 N은 캐시 블록의 개수고, B_s는 집합에 있는 블록의 개수다.
4. 주기억장치의 주소 비트 개수 = $\log_2(B \times M)$

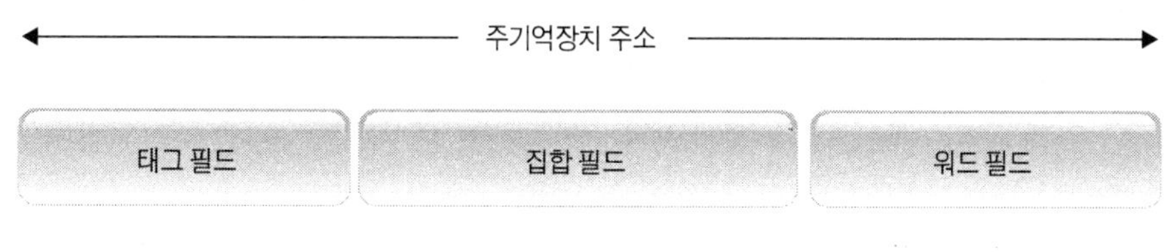

【그림 7-8】 집합연관 주소 필드

처음 세 개의 식에 의해서 계산되는 전체 비트의 수는 주기억장치 주소의 길이에 해당한다. 계산이 맞는지 확인할 때 이것을 사용할 수 있다.

예제 4) 사양이 다음과 같은 메모리 시스템에 대해서 세 가지 매개변수(워드, 집합, 태그)를 계산하라. 주기억장치는 4 K의 블록을 갖고, 캐시는 128개의 블록을 가지며, 블록의 크기는 16워드다. 시스템은 집합연관 매핑을 사용하고 집합당 블록의 개수는 4이다.

$$S = \frac{128}{4} = 32\text{집합}$$

1. 워드 필드 = $\log_2 B$ = $\log_2 16$ = $\log_2 2^4$ = 4비트
2. 집합 필드 = $\log_2 32$ = 5비트
3. 태그 필드 = $\log_2(4 \times 2^{10}/32)$ = 7비트
4. 주기억장치의 주소 비트 개수 = $\log_2(B \times M)$ = $\log_2(2^4 \times 2^{12})$ = 16비트

주기억장치의 주소를 나누었으니 이제는 프로세서의 요청을 해결하기 위해서 MMU가 프로토콜을 어떻게 사용하는지를 살펴보자. 위의 예에서 주어진 매개변수를 이용해서 프로토콜을 설명한다. 그림 7-9는 프로토콜의 단계를 보여준다. 그 절차는 다음과 같다.

1. 집합 필드(5비트)를 이용해서 원하는 집합(32개 중의 1개)을 결정한다.
2. 태그 필드를 이용해서 결정된 집합에 있는 4개의 블록 중에서 일치하는 것이 있는지 찾는다. 태그 메모리에서 일치는 1단계에서 결정된 집합이 목표 블록을 포함하고 있다는 것을 나타낸다. 즉, 캐시 적중이다.
3. 적중된 캐시 블록에 포함된 16워드 중에서 원하는 워드는 워드 필드를 이용해서 선택한다.
4. 2단계에서 일치가 발견되지 않으면 캐시 실패다. 따라서 원하는 블록이 주기억장치에서 읽혀서 지정된 집합에 넣어져야 한다. 그러면 프로세서는 원하는 요소를 사용할 수 있게 된다. 캐시 태그 메모리와 캐시 블록 메모리는 적절하게 갱신돼야 한다.

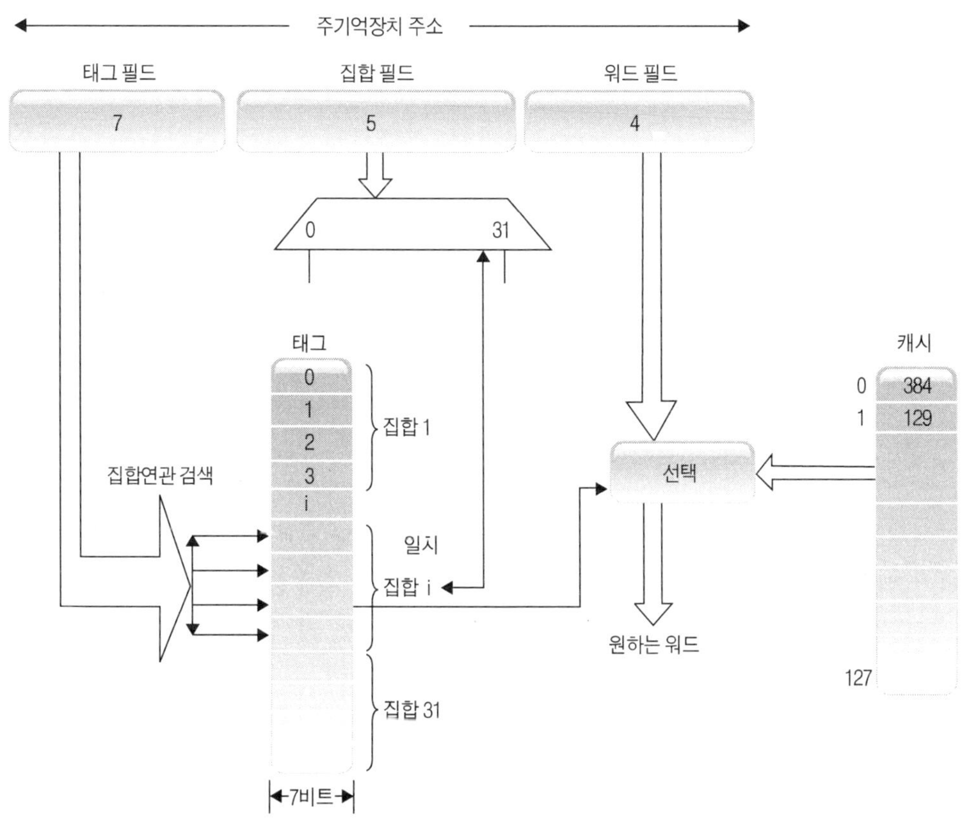

◀ 그림 7-9 ▶ 집합연관 캐시 주소 변환

위의 2단계에서의 검색에는 주소의 태그 필드와 지정된 집합의 태그 메모리에 있는 모든 항목과의 일치 여부가 필요하다. 이런 검색은 집합에 대해서 병렬적으로 수행되기 때문에 집합연관 매핑이라는 이름이 붙었다. 태그 필드와 태그 메모리 간의 일치를 알아내기 위해서 집합에 대해서 연관 검색을 수행한다. 이를 위한 하드웨어 오버헤드는 완전연관 기법보다는 덜 복잡하다.

집합연관 매핑 기법은 캐시 활용률의 효율성이 중간 정도다. 즉, 완전연관 기법보다는 덜 효율적이지만 직접 기법보다는 좋다. 하지만 목표 집합을 결정하기 위해서는 직접 매핑 기법의 단순한 성질을 갖고 있다.

세 가지 매핑 기법의 전체적인 비교가 표 7-1에 나와 있다. 복잡도와 캐시 활용도가 적당하기 때문에 집합연관 기법이 인텔 펜티엄 계열 프로세서에서 사용된다.

표 7-1 캐시 매핑 기법 비교

매핑 기법	단순성	태그 연관 검색	캐시 효율	교체 기법
직접	단순	없다	낮음	불필요
연관	복잡	연관	높음	필요
집합연관	중간	중간	중간	필요

앞에서는 연관 매핑과 집합연관 기법을 통해서 들어오는 주기억장치 블록을 캐시의 어디에 배치할지에 관한 해답을 얻었다. 또 다른 중요한 질문은 교체에 관한 것이다. 특히, 새로운 주기억장치 블록이 들어올 때 캐시가 완전히 차 있으면 어떤 캐시 블록이 교체돼야 하는가? 이것에 관해서 살펴보자.

(6) 교체 전략

여러 가지 교체 기법을 사용할 수 있는데, 임의 선택, 캐시에 오래 있었던 블록 선택(FIFO), 캐시에 있을 때 가장 적게 사용된 블록(LRU) 방식 등이 있다.

컴퓨터에 전원이 들어가면 임의 숫자 발생기가 0에서 $(N - 1)$ 사이의 숫자를 발생시킨다고 가정하자. 교체를 위한 캐시 블록을 임의로 선택하는 것은 교체 시에 임의 숫자 발생기의 출력에 의존한다. 이 기법은 단순하고 추가적인 오버헤드가 필요 없다. 하지만 주요 단점은 지역성을 고려하지 못한다는 것이다. 임의 기법은 인텔의 iAPX 마이크로프로세서에 사용돼서 그 유용성을 입증했다.

FIFO 교체 기법은 캐시에서 블록이 소비한 시간을 측정해서 교체에 사용한다. 가장 오래 캐시에 있었던 블록이 사용 패턴에 무관하게 선택된다. 이 기법에서는 캐시 블록의 지속 시간을 추적해야 한다. 따라서 임의 선택 기법보다는 간단하지 않다. FIFO 기법은 참조 지역성이 고려되지 않는 순차적인 프로그램에 적당하다는 것을 직관적으로 알 수 있다.

LRU 교체 기법에서는 최근에 가장 덜 사용됐던 캐시 블록이 교체된다. 세 가지 교체 기법 중에서 LRU가 가장 효과적인데, 블록 사용의 과거 행적이 고려되기 때문이다. LRU 알고리즘을 위해서는 캐시에 존재하는 모든 블록에 대한 참조를 지켜보는 캐시 제어기 회로가 필요하다. 많은 구현 방법이 있는데, 그중 한 가지는 카운터를 이용하는 것이다. 모든 캐시 블록에 카운터를 하나씩 할당한다. 캐시 적중이 일어나면 해당 블록의 카운터가 0이 된다. 적중 블록의 원래 카운터 값보다 작은 값을 갖고 있던 나머지 모든 카운터는 1씩 증가된다. 큰 값을 갖고 있던 카운터의 값은 유지된다. 캐시 실패가 일어나면 가장 큰 값의 카운터를 가진 블록이 교체 대상으로 선택된다. 이 블록의 카운터 값은 0으로 설정되고 나머지 카운터는 1씩 증가된다.

예제 5) 54 × 8 이차원 수의 배열 A에서 각 수는 1개의 워드를 차지하고, 배열의 요소들은 주기억장치 주소 1000에서 1031까지 열우선의 순서로 저장되어 있다고 가정한다. 캐시에는 8개의 블록이 있으며, 블록에는 2개의 워드가 있다. LRU 교체 방식이 사용된다. 앞서 살펴본 세 가지 매핑 기법이 사용될 때 다음과 같은 순서로 배열 요소에 대한 접근이 일어나면 캐시에는 어떤 변화가 생기겠는가?

$$a_{0,0}a_{0,1}a_{0,2}a_{0,3}a_{0,4}a_{0,5}a_{0,6}a_{0,7}$$
$$a_{1,0}a_{1,1}a_{1,2}a_{1,3}a_{1,4}a_{1,5}a_{1,6}a_{1,7}$$

배열 요소를 주기억장치에 배치하면 그림 7-10과 같다. 요청이 일어나기 전의 캐시 상태를 보여준다.

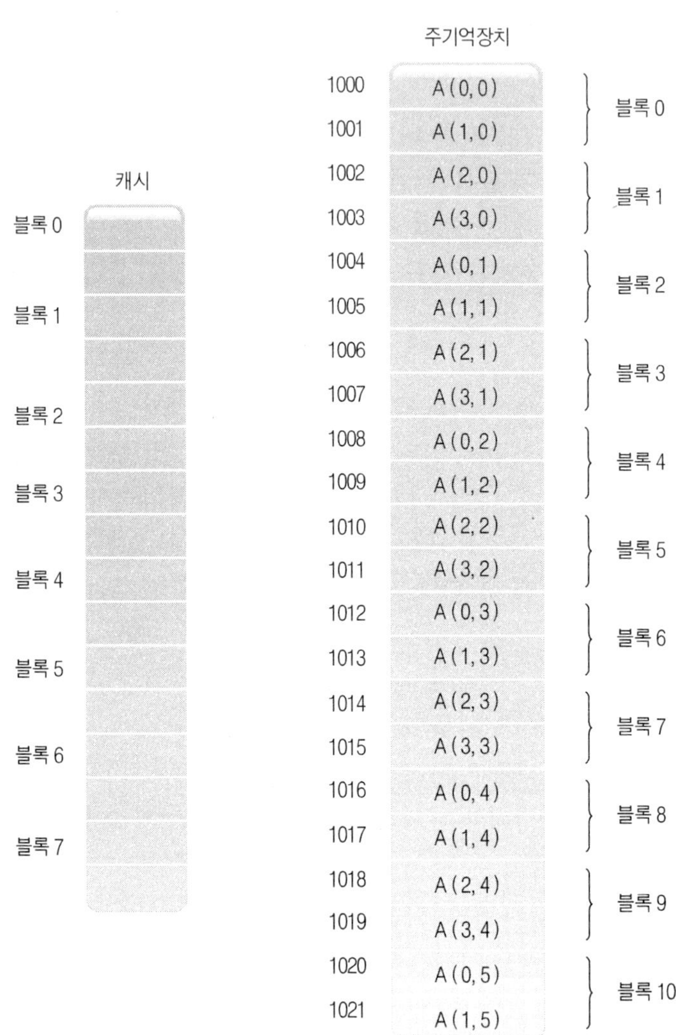

《 그림 7-10 》 주기억장치의 배열 요소

• 직접 매핑 •

표 7-2는 16번의 캐시 실패가 있고 교체는 12번이 있음을 보여준다. 사용 가능한 8개의 캐시 블록 중 4개만(0, 2, 4, 6) 사용할 수 있다. 나머지 4개는 언제나 활성화되어 있지 않다. 이것은 캐시 활용도가 50%라는 것을 나타낸다.

| 표 7-2 | 직접 매핑

요구	캐시 적중/실패	주기억장치 블록번호 (i)	캐시 블록번호 (j)	캐시 상태							
				BL0	BL1	BL2	BL3	BL4	BL5	BL6	BL7
A(0,0)	실패	0	0	0 1 0 0							
A(0,1)	실패	2	2	0 1 0 0		0 1 1 1					
A(0,2)	실패	4	4	0 1 0 0		0 1 1 1		0 1 2 2			
A(0,3)	실패	6	6	0 1 0 0		0 1 1 1		0 1 2 2		0 1 3 3	
A(0,4)	실패	8	0	0 1 4 4		0 1 1 1		0 1 2 2			
A(0,5)	실패	10	2	0 1 4 4		0 1 5 5		0 1 2 2			
A(0,6)	실패	12	4	0 1 4 4		0 1 5 5		0 1 6 6			
A(0,7)	실패	14	6	0 1 4 4		0 1 5 5		0 1 6 6		0 1 7 7	
A(1,0)	실패	0	0	0 1 0 0		0 1 5 5		0 1 6 6		0 1 7 7	
A(1,1)	실패	2	2	0 1 0 0		0 1 1 1		0 1 6 6		0 1 7 7	

• 완전연관 매핑 •

표 7-3은 8번의 캐시 적중이 있었고 교체는 일어나지 않았다는 것을 보여준다. 캐시 활용도가 100%이다.

| 표 7-3 | 완전연관 매핑

요구	캐시 적중/실패	주기억장치 블록번호 (i)	캐시 블록번호 (j)	캐시 상태							
				BL0	BL1	BL2	BL3	BL4	BL5	BL6	BL7
A(0,0)	실패	0	0	0 1 0 0							
A(0,1)	실패	2	1	0 1 0 0	0 1 1 1						
A(0,2)	실패	4	2	0 1 0 0	0 1 1 1	0 1 2 2					
A(0,3)	실패	6	3	0 1 0 0	0 1 1 1	0 1 2 2	0 1 3 3				
A(0,4)	실패	8	4	0 1 0 0	0 1 1 1	0 1 2 2	0 1 3 3	0 1 4 4			
A(0,5)	실패	10	5	0 1 0 0	0 1 1 1	0 1 2 2	0 1 3 3	0 1 4 4	0 1 5 5		
A(0,6)	실패	12	6	0 1 0 0	0 1 1 1	0 1 2 2	0 1 3 3	0 1 4 4	0 1 5 5	0 1 6 6	
A(0,7)	실패	14	7	0 1 0 0	0 1 1 1	0 1 2 2	0 1 3 3	0 1 4 4	0 1 5 5	0 1 6 6	0 1 7 7
A(1,0)	성공	0	0	0 1 0 0	0 1 1 1	0 1 2 2	0 1 3 3	0 1 4 4	0 1 5 5	0 1 6 6	0 1 7 7
A(1,1)	성공	2	1	0 1 0 0	0 1 1 1	0 1 2 2	0 1 3 3	0 1 4 4	0 1 5 5	0 1 6 6	0 1 7 7

• 집합연관 매핑 •

표 7-4는 16번의 캐시 실패가 있었고 교체는 12번 일어났다는 것을 보여준다. 4개의 사용 가능한 캐시 집합 중에서 2개만이 사용됐고, 나머지 2개는 활성화되지 않았다. 이것은 캐시 활용도가 50%라는 것을 나타낸다.

▌표 7-4▐ 집합연관 매핑

요구	캐시 적중/실패	주기억장치 블록번호 (i)	캐시 블록번호 (j)	캐시 상태							
				집합 0		집합 1		집합 2		집합 3	
				BL0	BL1	BL2	BL3	BL4	BL5	BL6	BL7
A(0,0)	실패	0	0	0 1 0 0							
A(0,1)	실패	2	2	0 1 0 0				0 1 1 1			
A(0,2)	실패	4	0	0 1 0 0	0 1 2 2			0 1 1 1			
A(0,3)	실패	6	2	0 1 0 0	0 1 2 2			0 1 1 1	0 1 3 3		
A(0,4)	실패	8	0	0 1 4 4	0 1 2 2			0 1 1 1	0 1 3 3		
A(0,5)	실패	10	2	0 1 4 4	0 1 2 2			0 1 5 5	0 1 3 3		
A(0,6)	실패	12	0	0 1 4 4	0 1 6 6			0 1 5 5	0 1 3 3		
A(0,7)	실패	14	2	0 1 4 4	0 1 6 6			0 1 5 5	0 1 7 7		
A(1,0)	실패	0	0	0 1 0 0	0 1 6 6			0 1 5 5	0 1 7 7		
A(1,1)	실패	2	2	0 1 0 0	0 1 6 6			0 1 1 1	0 1 7 7		

(7) 캐시 쓰기 전략

앞에서 캐시 매핑 기법과 교체 전략을 배웠다. 이제 캐시 일관성에 관해서 알아보려고 한다. 캐시와 주기억장치에 있는 복사본 간의 일관성은 가능한 한 언제나 유지돼야 한다. 주기억장치에서의 쓰기 동작 수행을 위한 많은 전략이 있다. 이런 전략은 캐시 워드와 주기억장치의 해당 블록 간에 유지되는 일관성의 정도를 결정한다.

• 캐시 적중 시의 캐시 쓰기 전략 •

캐시 적중 시에 가능한 두 가지 쓰기 전략이 있다. 연속쓰기(write-through)와 모아쓰기(write-back)다. 연속쓰기 방식에서는 캐시에 대한 모든 쓰기 동작이 주기억장치에도 동시에 반복된다. 모아쓰기 방식에서는 모든 쓰기가 캐시에 대해서만 적용된다. 주기억장치에 대한 쓰기는 교체가 필요할 때까지 미뤄진다. 모든 캐시 블록에는 더티 비트(dirty bit)가 할당되어 해당 블록이 캐시에 있는 동안에 적어도 한 번의 쓰기 동작이 일어났음을 나타낸다. 교체 시에 더티 비트를 검사해서 설정되어 있으면 그 블록을 메모리에 쓰고, 그렇지 않으면 들어오는 블록으로 겹쳐쓰기를 한다.

연속쓰기 방식에서는 주기억장치에 추가적인 쓰기 시간을 들여서 캐시 블록과 주기억장치 간의 일관성을 유지한다. 이와 달리 모아쓰기 방식은 평균 접근 시간을 증가시키지만 일관성이 교체 시에만 보장된다.

• 캐시 실패 시의 캐시 쓰기 전략 •

여기에는 두 가지 전략이 있다. 쓰기할당(write-allocate) 전략에서는 주기억장치 블록을 캐시에 가져와서 갱신을 수행한다. 쓰기 비할당(write-no-allocate) 전략에서는 캐시 실패된 주기억장치 블록이 주기억장치 내에서 갱신되고 캐시로 가져오지는 않는다.

일반적으로 연속쓰기 캐시는 쓰기 비할당 전략을 사용하고 모아쓰기 캐시는 쓰기할당 전략을 사용한다.

• 캐시 실패 시의 캐시 읽기 전략 •

두 가지 전략이 가능하다. 첫 번째는 실패한 블록을 주기억장치에서 캐시로 가져오는 동시에 원하는 워드가 사용 가능해지면 즉시 CPU에 전달한다. 두 번째 전략은 실패한 주기억장치 블록을 전체 캐시에 저장하고 나서 원하는 워드를 CPU에 전달한다.

캐시 메모리의 설계와 분석에 관해서 앞에서 배웠으므로 여러 가지 캐시 쓰기 전략에 따라서 메모리 계층 구조의 평균 접근 시간이 어떻게 달라지는지 살펴본다.

사례 1: 캐시 연속쓰기 전략

(A) 쓰기할당

이 경우 메모리 시스템의 평균 접근 시간은 다음과 같다.

$$t_a = t_c + (1 - h)t_b + w(t_m - t_c)$$

여기서 t_b는 하나의 블록을 캐시에 전달하는 데 필요한 시간이고, $(t_m - t_c)$는 쓰기 동작에 필요한 추가적인 시간이며, w는 쓰기 동작의 비율이다. 만일 데이터 경로와 구조를 잘 만들면 $t_b = t_m$이 될 수 있고, 그렇지 않으면 $t_b = Bt_m$이다. 여기서 B는 워드로 표시한 블록의 크기다.

(B) 쓰기 비할당

이 경우 평균 접근 시간은 다음과 같다.

$$t_a = t_c + (1 - w)(1 - h)t_b + w(t_m - t_c)$$

사례 2: 캐시 모아쓰기 전략

모아쓰기 전략을 사용하는 시스템의 평균 접근 시간은 $t_a = t_c + (1 - h)t_b + w_b(1 - h)t_b$로 주어진다. 여기서 w_b는 블록이 캐시에 있는 동안에 변경될 확률이다.

(8) 실세계의 캐시 구조 분석

● 인텔 펜티엄 4 프로세서 캐시 ●

인텔의 펜티엄 4 프로세서는 그림 7-11에서처럼 2수준의 캐시 구조를 갖는다. 여기서

L1은 8 KB 데이터 캐시며, 4갈래 집합연관 캐시다. 블록의 크기는 64바이트다.

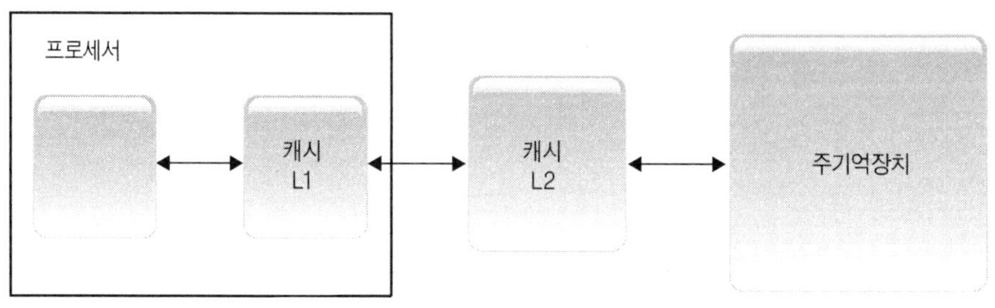

◀ 그림 7-11 ▶ 펜티엄 4의 캐시

예제 6)

캐시 구조	집합연관
주기억장치 크기	16 MB
캐시 L1의 크기	8 KB
집합당 블록의 개수	4
CPU 어드레싱	바이트 어드레싱

주기억장치 주소는 3개의 필드 워드, 집합, 태그로 나뉘어야 한다. 각 필드의 크기는 다음과 같이 계산된다.

주기억장치 블록의 개수 $M = 2^{24}/2^{6} = 2^{18}$블록
캐시 블록의 개수 $N = 2^{13}/2^{6} = 128$블록
$S = 128/4 = 32$집합
집합 필드 = $\log_2 32 = 5$비트
워드 필드 = $\log_2 B = \log_2 64 = \log_2 2^{6} = 6$비트
태그 필드 = $\log_2(2^{18}/2^{5}) = 13$비트
주기억장치 주소 = $\log_2(B \times M) = \log_2(2^{6} \times 2^{18}) = 24$비트

그림 7-11의 2번째 캐시 수준은 L2이다. 8갈래 집합연관 캐시며, 전체 크기가 256 KB 이고 블록의 크기는 128바이트다. 앞의 L1에서 했던 분석을 다시 하면 다음과 같다.

주기억장치 블록의 개수 $M = 2^{24}/2^{7} = 2^{17}$블록
캐시 블록의 개수 $N = 2^{18}/2^{7} = 2^{11}$블록
$S = 2^{11}/2^{3} = 2^{8}$집합
집합 필드 = $\log_2 2^8 = 8$비트
워드 필드 = $\log_2 B = \log_2 128 = \log_2 2^7 = 7$비트
태그 필드 = $\log_2(2^{17}/2^{8}) = 9$비트

다음 표는 펜티엄 4의 L1과 L2 캐시 성능을 보여준다.

CPU	L1 적중률	L2 적중률	L1 지연 시간	L2 지연 시간	평균 시간
펜티엄 4 1.5 GHz	90%	99%	1.33 ns	6.0 ns	1.8 ns

7.2 가상 메모리

가상 메모리(virtual memory)의 개념은 앞 절에서 다룬 캐시 메모리의 개념과 유사하다. 가상 메모리는 보조기억장치인 하드디스크를 이용해서 주기억장치의 사용을 최적화한다. 가상 메모리는 주기억장치의 물리적 용량이 충분한지의 여부와 관계없이 사용자가 필요로 하는 충분한 메모리 용량을 사용할 수 있게 하기 위해, 메모리를 주기억장치의 용량으로 제한하지 않고 하드디스크 용량까지 확대 사용할 수 있게 한다. 사용자가 하드디스크의 총량에 해당하는 큰 메모리 장소를 갖고 있는 것처럼 가상하고 프로그램을 작성할 수 있게 하는 개념이다. 다시 말해, 가상 메모리는 물리적 메모리의 크기를 확장하려고 용량이 큰 하드디스크의 일부분을 주기억장치처럼 쓰는 것으로, 실제로 메모리가 아닌데 메모리처럼 이용하는 것이다. 사용자가 실행하고자 하는 프로그램이 주기억장치에 저장돼야 하는데, 만일 프로그램이 주기억장치 크기보다 큰 경우에는 프로

그램을 주기억장치에 저장하는 대신에 하드디스크나 보조기억장치에 저장하고, 프로세서가 사용될 부분만을 주기억장치에 저장하도록 한다.

가상 메모리에서 프로그램에 의해 생성된 주소를 가상 주소라 하며, 주기억장치의 주소를 물리 주소라 한다. 가상 메모리는 프로그램이 메모리에서 저장되고 실행되는 주기억장치와 프로그램이 저장만 되는 메모리 공간으로 구분된다. 프로그램이 저장만 되는 가상 메모리에서는 프로그램이 실행될 때 한 블록씩 주기억장치로 옮겨서 실행되도록 한다.

실제 주기억장치의 물리적 주소 공간으로 데이터를 가져와야 하는데, 이때 블록 단위로 일부분씩 가져온다. 그림 7-12는 가상 메모리를 물리적 메모리로 매핑하는 것을 보여주고 있다. 일반적으로 현재 진행 중인 프로세서가 참조하는 자신의 주소가 가상 주소다. 이를 실제 물리 주소로 변환해야 한다.

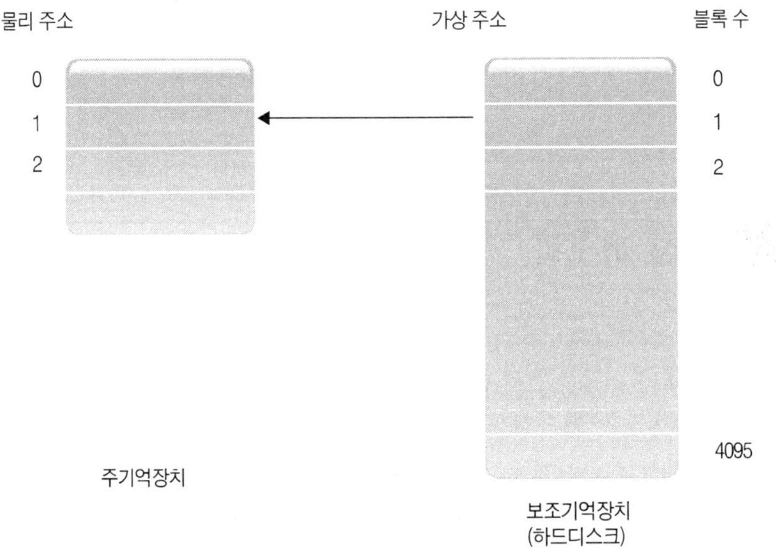

《 그림 7-12 》 주소 공간과 메모리 공간

프로세서에서 접근하는 각 주소인 가상 주소를 주기억장치의 실제 주소로 변환하는 주소 매핑을 해야 한다. 이와 같이 메모리 매핑에는 페이지(page)에 의한 매핑과 세그먼테이션(segmentation)에 의한 매핑으로 구분된다. 페이징에 의한 매핑인 페이징 기법은 가상 메모리에 대한 분할 단위로 블록의 크기가 일정하며, 세그먼테이션 기법은 각 블록의 크기가 다르다.

페이징 매핑에서는 하드디스크와 주기억장치 간의 데이터 이동이 페이지 단위로 이뤄진다. 페이지는 메모리 워드의 집합이며 2 K에서 16 K바이트 등의 일정한 크기를 갖는다. 프로세서가 요구하는 워드가 포함된 페이지가 주기억장치에 없을 경우에는 다시 하드디스크에서 포함된 페이지를 주기억장치로 가져오는데, 이것을 페이지 부재(page fault)라고 한다. 프로세서가 원하는 워드가 포함된 페이지에 접근할 때 해당 페이지를 하드디스크에서 주기억장치로 옮기는 것을 요구 페이징(demand paging)이라고 한다. 요구 페이징을 사용하면 필요할 때만 페이지를 주기억장치로 가져온다.

캐시 시스템에서는 캐시 실패 시에는 주기억장치에서 블록 단위로 캐시에 복사한다. 가상 메모리 시스템에서는 페이지 부재 시에 보조기억장치의 디스크로부터 해당 페이지를 주기억장치로 복사한다. 각 시스템마다 페이지 부재 시에 주기억장치와 디스크에 접근하는 시간의 차가 매우 크다. 따라서 가능한 한 페이지 부재를 줄이는 것이 성능을 위해 최우선이다.

메모리 관리장치(MMU: Memory Management Unit)는 가상 주소를 물리 주소로 변환한다. 캐시 매핑에서도 소개했지만 이 주소 변환에도 직접 매핑, 연관 매핑, 집합연관 매핑의 세 가지 방법이 있다. 주기억장치의 물리 주소를 가상 페이지와 대응시키기 위한 정보들은 페이지 테이블(page table)에 들어 있다. 이 테이블은 주기억장치에 저장되어 있으며 페이지의 유효성, 페이지 변경, 페이지 접근 권한 등을 나타낸다. 유효 비트(valid bit)는 대응하는 페이지가 주기억장치에 있는지 여부를 나타내고 있다. 유효 비트가 '1'이면 해당 페이지가 현재 주기억장치에 있다는 것을 의미한다. 더티 비트(dirty bit)는 페이지가 주기억장치에 있는 동안 페이지 내용이 변경됐는지 여부를 나타낸다.

(1) 직접 매핑

그림 7-13은 직접 매핑으로 주소를 변환하는 것을 설명하고 있다. 프로세서에 접근하는 가상 주소는 가상 페이지 번호와 워드 오프셋 필드로 구분된다. 가상 페이지 번호(N)는 페이지 테이블에서 엔트리 수가 2^N개로 구성된다. 가상 페이지 번호 필드는 페이지 테이블의 엔트리 주소에 직접 매핑이 된다. 페이지 테이블 엔트리에서는 가상 페이지

번호에 해당하는 물리 페이지 번호를 저장하고 있다. 페이지 테이블을 이용해 가상 페이지 번호를 물리 페이지 번호로 변환한 후, 물리 페이지 번호에 오프셋 값을 덧붙여 물리 주소로 변환한다. 오프셋은 페이지 내의 해당 워드의 위치를 나타낸다. 페이지 테이블에 물리 페이지 번호가 포함되어 있지 않은 경우는 페이지 부재다. 이 경우에는 MMU가 대응하는 페이지를 하드디스크에서 주기억장치로 페이지 단위로 적재해야 한다.

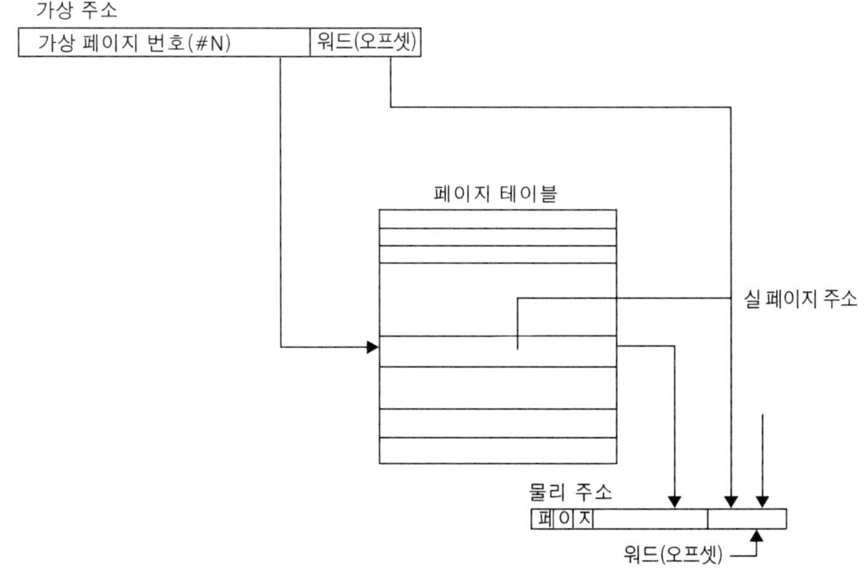

《 그림 7-13 》 직접 매핑 가상 주소 변환

이 직접 매핑 방식은 페이지 테이블로 직접 주소를 지정하므로 간단하지만 페이지 테이블의 크기가 커지는 단점이 있다. 페이지 테이블 크기를 작게 하기 위해서 연관 매핑 방식이 사용된다.

(2) 연관 매핑

그림 7-14에 연관 매핑에서의 주소 변환을 나타내었다. 이 방법은 가상 주소가 가상 페이지 번호와 오프셋 필드로 나뉜 점에서는 직접 매핑과 유사하다. 그러나 연관 매핑에서 페이지 테이블은 직접 매핑보다 작다. 페이지 테이블에 있는 각 주소는 가상 페이지

주소와 실 페이지 주소로 구성되어 있다. 가상 주소에서의 가상 페이지 번호와 페이지 테이블에 저장되어 있는 가상 페이지 번호를 비교해서 서로 같으면, 페이지 테이블에 저장되어 있는 물리 페이지 번호와 오프셋을 합쳐서 물리 주소를 생성한다. 만일 페이지 테이블에서 일치를 발견할 수 없으면 페이지 부재다.

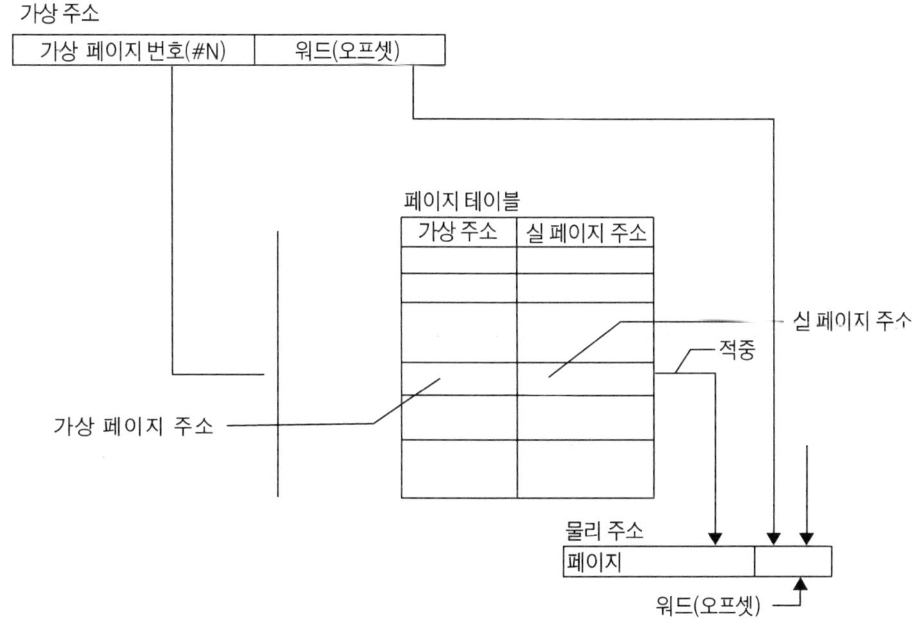

【그림 7-14】 연관 매핑 주소 변환

이 방법을 쓰면 주소 변환용 페이지 테이블의 크기가 작아진다. 그러나 페이지 테이블에 저장된 모든 가상 페이지 번호와 가상 페이지 번호 필드가 일치하는지를 찾아야 하기 때문에 하드웨어가 추가적으로 필요하다. 이제 비교적 간단한 직접 매핑과 어느 정도 복잡성을 가진 연관 매핑을 결합한 집합연관 매핑 방법을 살펴보자.

(3) 집합연관 매핑

이 방법으로 주소를 변환하는 것을 그림 7-15에서 보여주고 있다. 프로세서에서 내보내는 가상 주소는 태그, 인덱스, 워드의 세 필드로 구분된다. 페이지 테이블은 집합으로 나뉘며, 각각 주소를 포함하고 있다. 인덱스 필드는 검색할 집합을 직접적으로 결정하는 데 사용된다. 인덱스 필드의 비트 수가 *S*비트라면 페이지 테이블에 있는 집합의 개수는 2^S이다. 일단 집합이 결정되면 페이지 테이블의 해당 집합 전체를 검색해 태그 필드가 같은 것을 찾는데, 이는 연관 매핑과 유사하다. 일치하는 것이 있으면 대응하는 물리 페이지 주소와 오프셋 필드의 주소로 물리 주소를 생성한다. 이 방법은 직접 매핑의 간단함과 연관 매핑의 효율성을 결합한 방식이다.

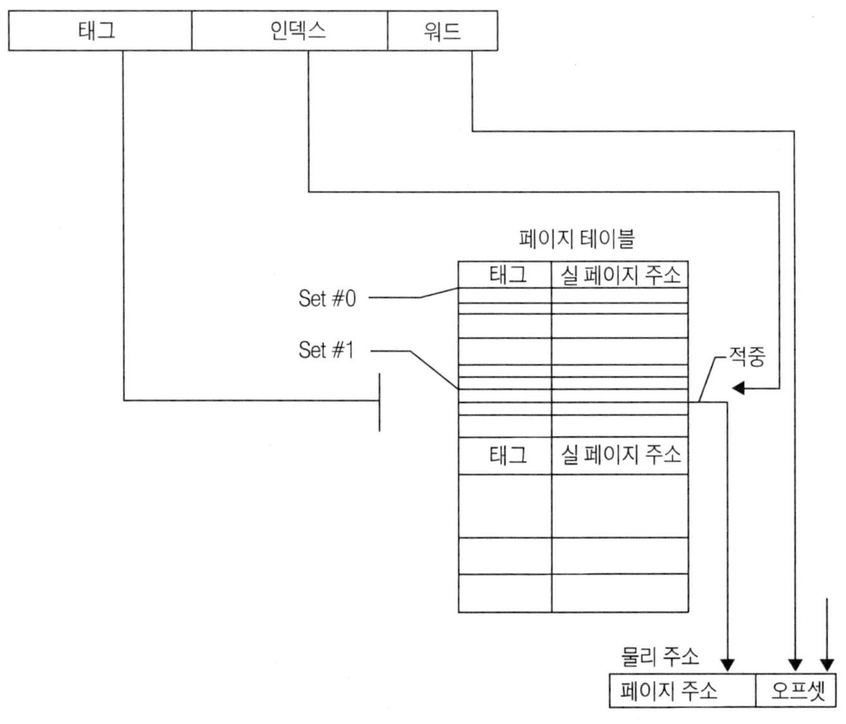

◀ 그림 7-15 ▶ 집합연관 매핑 주소 변환

지금까지 살펴본 세 가지 방식은 모두 페이지 테이블에 접근하기 위해 추가적으로 메모리 접근이 필요하다. 만일 페이지 테이블을 부분적으로 MMU에 갖고 있다면 추가로 메모리에 접근하는 수고를 덜 수 있다. 이 기능을 수행하는 것이 TLB(Translation Look-Aside Buffer)다.

(4) TLB

가상 주소 변환에서 페이지 테이블 엔트리를 검색하고 해당 메모리 위치에 접근하는 것은 메모리 참조를 위해 메모리에 두 번 접근해야 한다는 점에서 문제가 있다. 주소 변환 과정을 빠르게 하기 위한 다양한 방법이 사용됐다. 이 방법 중의 하나가 TLB다. 이는 페이지 테이블의 작은 일부분을 복사해서 프로세서 내부에 저장하는 것으로, 페이지 테이블 엔트리 중 MMU에 의해 가장 최근에 참조된 것들을 저장하고 있다. TLB는 가상 주소를 물리 주소로 매핑해서 적중이 일어난 물리 주소를 출력한다. 가상 페이지 필드에서의 번호와 TLB에 있는 가상 페이지 번호가 일치하는지를 알아내기 위해서 TLB는 연관 검색을 이용한다. 일치하는 TLB 엔트리가 발견되면 TLB 적중이다. 만일 일치하는 것이 없으면 TLB 실패가 발생되며 페이지 테이블을 검색한다. 그림 7-16에서 TLB의 구조와 동작을 보여주고 있다. 일반적으로 TLB의 크기는 16~64개의 항목 수를 가지며, 이렇게 작은 크기에도 불구하고 90% 이상의 적중률을 보인다. 제한된 크기 때문에 TLB에서의 검색은 검색 시간을 줄이기 위해서 연관 검색을 사용한다.

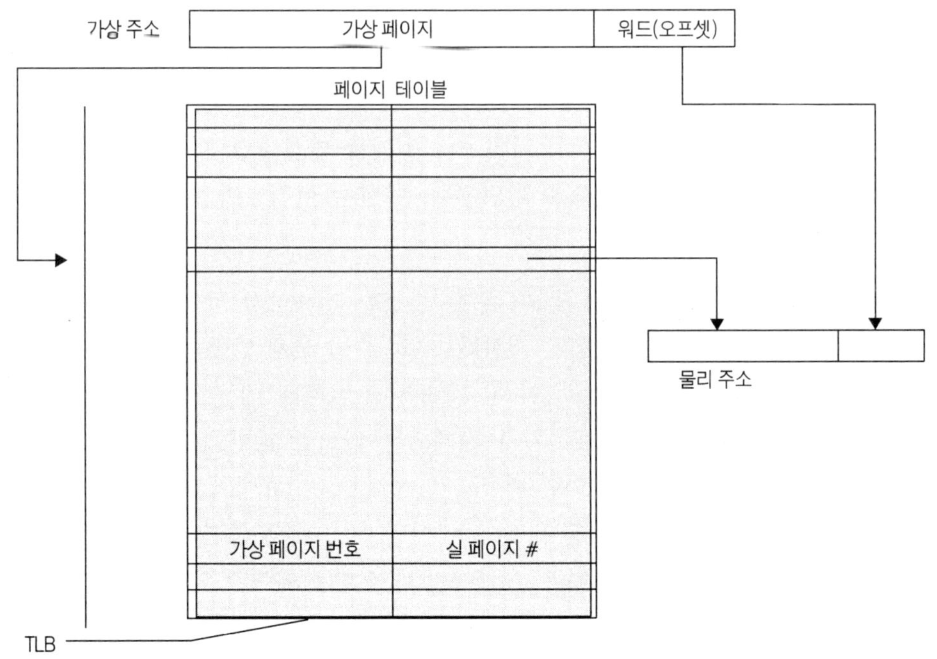

【그림 7-16】 TLB 구조와 동작

(5) 교체 알고리즘

페이지 부재가 발생해 새로운 페이지를 디스크로부터 읽어 왔을 때, 그 페이지가 적재될 수 있는 공간이 이미 다른 페이지로 채워져 있다면 그 페이지 중의 하나가 교체돼야 한다. 페이지를 교체하는 알고리즘이 개발되어 있는데, 일반적으로 사용하는 것은 다음과 같다.

- Random 교체: 임의로 선택된 페이지를 교체하는 알고리즘이다. 가장 간단한 교체 방법이며, 가능한 모든 페이지 프레임에 대응하는 페이지 번호를 발생하는 발생기를 사용한다.
- FIFO(First-in First-out) 교체: 메모리 내에 가장 오랫동안 있었던 페이지를 교체하는 알고리즘이다. 이 방법은 가장 오래전에 적재된 페이지가 다시 사용될 확률이 적다는 논리를 이용해서, 메모리에 가장 오래 있었던 페이지를 교체하는 것이다. 각 페이지가 주기억장치에 적재될 때마다 그때의 시간을 기억시켜 둬야 한다.
- LRU(Least Recently Used) 교체: 메모리 내에 적재된 페이지 중에서 사용되지 않은 채 가장 오래 있었던 페이지를 교체하는 알고리즘이다. 각 페이지가 참조될 때마다 그때의 시간을 테이블에 기억시켜 두고, 페이지가 교체될 때마다 가장 오랫동안 있었던 페이지를 교체한다. 지역성의 원리를 따른다면, 이 페이지는 향후 참조될 가능성이 가장 적을 것으로 판단된다. 구현이 어려우며, 참조될 때마다 시간을 기억하는 것은 오버헤드가 많다.
- Clock 교체: 이 방법은 FIFO 알고리즘을 수정한 것으로서, 주기억장치 내에 적재된 페이지의 시간과 사용빈도를 고려한다. 그래서 이 교체 방법을 FINUFO(First-In-Not-Used-First-Out)라고도 한다. 이 방법을 구현하는 데는 페이지 사용을 나타내는 사용 비트(used bit)와 페이지가 적재되는 위치를 나타내는 포인터가 사용된다. 페이지 부재로 인해 처음으로 페이지가 적재된 후, 페이지가 참조될 때마다 사용 비트는 '1'로 설정된다. 사용 비트가 '1'이면, 포인터를 증가시키고 사용 비트를 '0'으로 설정한다. 만일 사용 비트가 '0'이면 대응하는 페이지를 교체하고 포인터가 증가된다. 사용 비트가 '1'인 경우에는 포인트가 증가한다는 점을 제외하면 FIFO와 유사하다. 포인트가 증가한다는 것은 페이지를 교체하지 않고 건너뛴다는 것이다. 그림 7-17에서 이 교체 알고리즘을 설명한다. 주기억장치에 3페이지 프레임을 갖고

2, 3, 2, 4, 6, 2, 5, 6, 1, 4, 6페이지에 대한 요구를 했을 때, 적중률은 4/11이다.

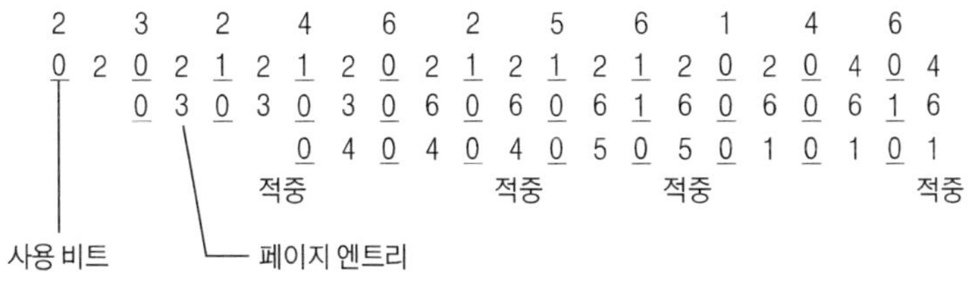

【 그림 7-17 】 FINUFO 교체

(6) 캐시 메모리를 갖는 가상 메모리 시스템

일반적인 컴퓨터 시스템에는 캐시 메모리, 가상 메모리, TLB가 있다. 캐시와 가상 메모리는 프로세서를 위한 데이터를 저장하고 있고 하나의 주소를 다른 주소로 매핑한다. 캐시 메모리 시스템은 메모리의 속도 향상을 위해 사용되고, 가상 메모리는 큰 프로그램이 작은 주기억장치에서 실행되게 하여 메모리 크기를 좀 더 크게 사용할 수 있게 한다. 그림 7-18은 프로세서에서 내보내는 가상 주소는 캐시 메모리, 가상 메모리, TLB에 따라서 다르게 대응된다는 것을 보여준다.

첫 번째 주소 변환 과정은 TLB에서 일어난다. TLB에 저장되어 있는 가상 주소와 받은 가상 주소가 일치하는지 검색한다. 만일 TLB 일치가 발견되면 대응되는 물리 주소를 얻는다. 물리 주소는 캐시에 접근하는 데 사용된다. 만일 캐시 적중이면 프로세서가 원하는 정보가 캐시에서 프로세서로 보내진다. 캐시 실패가 발생된다면 프로세서가 원하는 정보가 포함된 블록이 주기억장치에서 캐시 메모리로 복사되며, 원하는 정보가 프로세서로 보내진다. 위의 동작은 TLB가 적중이라고 가정한 것이며, 만일 TLB 실패가 발생한다면 페이지 테이블에 원하는 정보가 포함된 페이지가 있는지를 검색한다. 페이지 테이블에서 적중이 일어나면 대응하는 물리 주소가 생성되고 원하는 정보가 포함된 블록을 위해 탐색이 수행된다. 이것은 TLB 갱신을 요구한다. 만일 페이지 테이블 실패가 일어난다면 원하는 정보가 포함된 페이지는 디스크에서 주기억장치로 복사된다. 이 블록은 캐시로도 복사되며 차례로 정보가 프로세서로 전달된다. 이것은 페이지 테이블, 주기억장치, 캐시의 갱신을 요구한다. 그림 7-18은 메모리 계층 구조에 접근하는 순서도를 나타내고 있다.

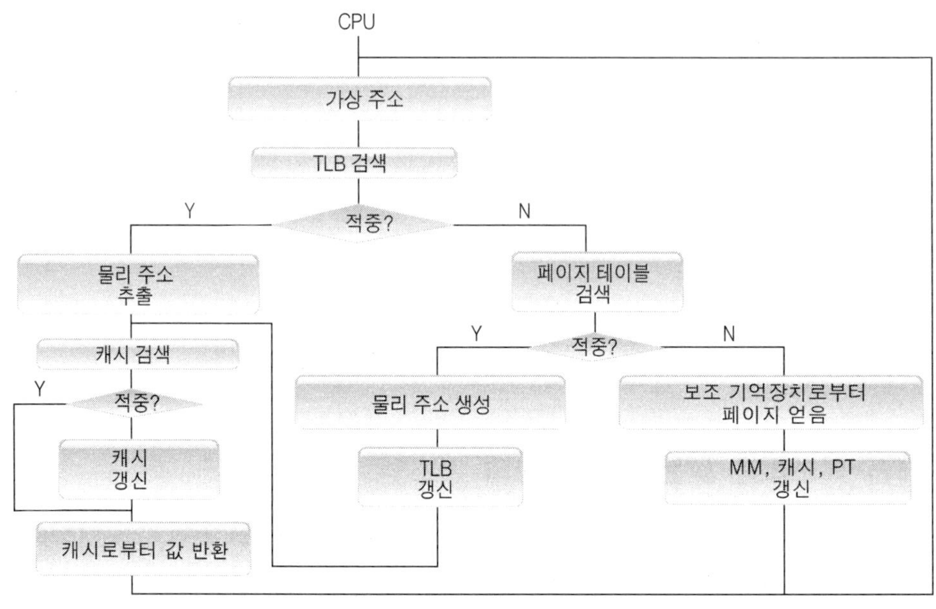

《 그림 7-18 》 메모리 계층 접근

(7) 세그먼테이션

페이징 가상 메모리와 유사한 개념으로 세그먼테이션이 있다. 세그먼테이션은 고정 크기의 페이지로 논리적 주소를 나누는 대신에, 임의 크기의 세그먼트로 논리적 주소로 나눈다. 따라서 세그먼테이션에서 메모리의 논리 주조 공간은 세그먼트의 모임이며, 각 세그먼트는 블록의 크기가 다를 수 있다. 페이징에서와 유사하게 운영체제는 세그먼트 테이블을 일반적으로 메모리에 유지한다. 세그먼트는 디스크와 주기억장치에 프로그램을 완전히 할당하기 위해 운영체제에서 사용한다. 프로그램 수행에 있어서나 권한이 없는 접근으로부터 보호된다. 특별한 허가 없이는 한 세그먼트에서 다른 세그먼트로 접근해 들어가는 것은 불가능하다. 세그먼트는 데이터와 코드 세그먼트로 분리된다. 명령어를 인출하는 동안 코드 세그먼트의 정보를 변경할 수 없다.

(8) 세그먼트 주소 변환

세그먼트 테이블의 논리 주소는 세그먼트 번호와 세그먼트 내에서의 오프셋(offset, 변위)으로 구성된다. 주소 변환은 세그먼트 테이블에 의해 직접적으로 수행된다. 목표 세그먼트의 시작 주소는 세그먼트 주소와 세그먼트 테이블 포인터의 내용을 더해서 얻는다. 세그먼트 테이블에는 세그먼트의 기준(base) 주소와 세그먼트의 한계값이 들어 있다. 그림 7-19는 세그먼트 주소 변환 과정을 보여주고 있다.

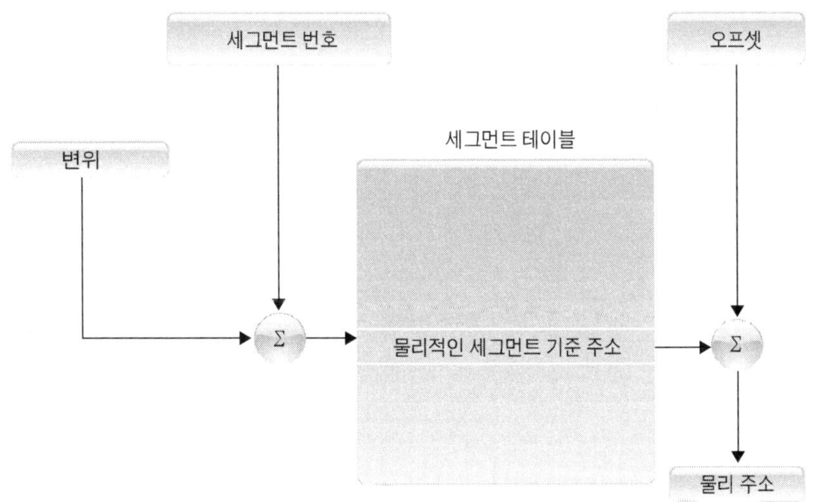

◀ 그림 7-19 ▶ 세그먼트 주소 변환

세그먼트 테이블에는 추가적으로 세그먼트 길이, 메모리 보호, 교체 알고리즘, 배치 알고리즘을 위한 정보를 포함시킬 수도 있다.

(9) 페이징 세그먼테이션

최근의 컴퓨터 시스템에서는 세그먼테이션과 페이징이 결합되어 사용되고 있다. 각 세그먼트는 동일한 크기의 페이지로 나뉜다. 디스크와 메모리 사이의 데이터 전송 단위는 페이지며, 주기억장치는 다양한 세그먼트로 페이지를 구성한다. 이 경우에는 가상 주소가 세그먼트 번호, 페이지 번호, 페이지 오프셋으로 구성된다. 주소 변환은 페이지 테이블에 적절한 엔트리를 얻기 위해 세그먼트로부터 얻어지는 세그먼트 기준 주소와 가상 페이지 번호가 더해지는 것을 제외하고는 세그먼트 주소 변환과 동일하다. 페이지 테이블의 출력은 페이지 물리 주소다. 그림 7-20은 페이징 세그먼테이션의 주소 변환을 보여주고 있다.

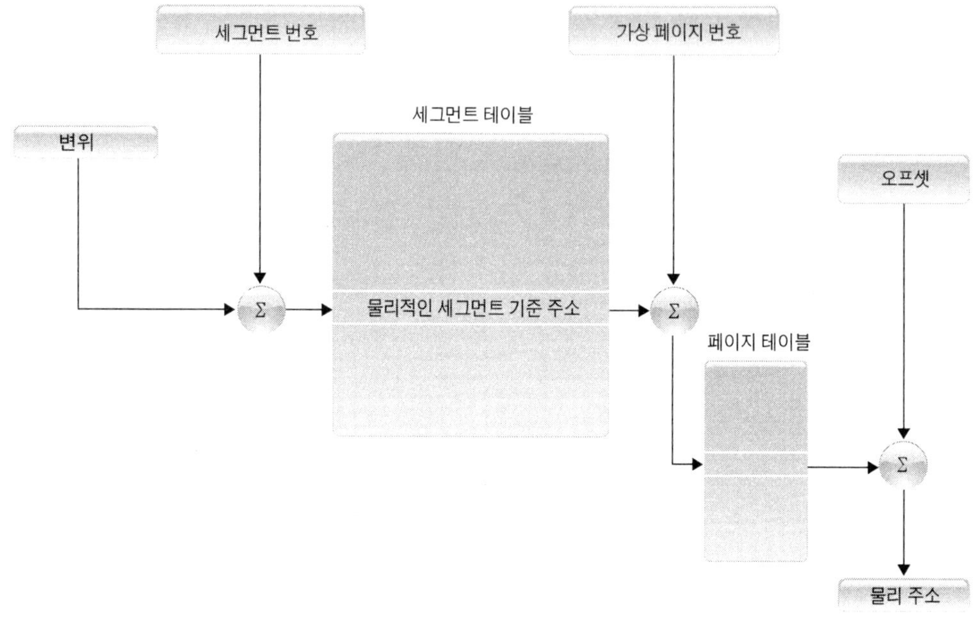

《 그림 7-20 》 페이징 세그먼테이션 주소 변환

연습문제 exercise

1. 프로세서가 주기억장치를 1000번 접근하는 동안에 원하는 데이터가 캐시에 있었던 횟수가 990이었다면 캐시 적중률은 얼마인가?

2. 캐시 교체 알고리즘 중에서 캐시에 가장 오랫동안 남아 있었던 블록을 교체하는 방식은 무엇인가?

3. 어떤 메모리 시스템에서 캐시로의 접근 시간이 10 ns, 주기억장치 접근 시간이 50 ns이며 캐시 적중률이 90%일 경우 평균 메모리 접근 시간은 얼마인가?

4. 주기억장치가 32 MB이고 캐시 메모리가 64 KB인 시스템이 있다. 블록 크기가 16바이트일 때 다음과 같이 캐시를 구성할 경우 각 주소의 구성을 나타내라.
   (a) 직접 매핑
   (b) 연관 매핑
   (c) 4갈래 집합연관 매핑

5. 어떤 128 MB 주기억장치가 라인당 16바이트인 64 KB 직접 매핑 캐시를 갖는다. 캐시에는 얼마나 많은 라인이 존재하는가?

6. 5번 문제에서 주기억장치 주소는 어떻게 나뉘는가?

7. 어떤 메모리 시스템이 128 MB의 주기억장치와 2 MB의 캐시를 갖는다. 블록의 크기는 32바이트다. 캐시가 다음과 같은 방식으로 사용될 때, 메모리 주소의 각 필드의 모습을 보여라.
   1) 연관 매핑
   2) 직접 매핑
   3) 8갈래 집합연관

8. 16 MB의 주기억장치에 라인당 8바이트의 32 KB 직접 매핑 캐시가 있다. 캐시의 라인 수는 얼마인가?

9. 8번 문제에서 주기억장치의 주소가 어떻게 나뉘는가?

10. 어떤 메모리 시스템이 32 MB의 주기억장치와 128 KB의 캐시를 갖고 있다. 블록의 크기는 32바이트다. 캐시의 구성이 다음과 같을 때 메모리 주소의 필드 모습을 보여라.
    1) 연관 매핑
    2) 직접 매핑
    3) 8갈래 집합연관

11. 16 M × 1-비트의 SRAM 칩을 이용해서 64 M × 8-비트 메모리를 설계하라. 각 칩에는 칩선택($\overline{\mathrm{CS}}$) 선과 읽기/쓰기($\mathrm{R}/\overline{\mathrm{W}}$) 선이 있다.

12. 캐시의 쓰기 전략 중에서 연속쓰기와 모아쓰기의 차이점과 장단점을 설명하라.

13. 직접 매핑 방식과 완전연관 매핑 방식의 차이점과 장단점을 설명하라.

14. 가상 메모리의 사용 목적은 무엇인가?

15. 가상 메모리의 구현 방법은 무엇인가?

16. TLB(Translation Look-Aside Buffer)의 역할을 설명하라.

17. 지역성의 원리가 캐시 메모리와 가상 메모리 사용에서 중요한 이유는 무엇인가?

18. 가상 메모리에서 논리 주소, 물리 주소의 차이점은 무엇인가?

19. 스래싱(thrashing)이 무엇인지 설명하고, 이것에 취약한 캐시 매핑 방식은 무엇인지 답하라.

20. 캐시 교체 알고리즘 세 가지를 들고 이를 설명하라.

21. 가상 메모리 시스템에서의 직접 매핑 방식을 설명하라.

22. 캐시와 주기억장치 간의 매핑 함수 세 가지의 차이점과 장단점을 설명하라.

23. 캐시의 쓰기 전략 중에서 쓰기할당과 쓰기 비할당의 차이점과 장단점을 설명하라.

24. 가상 메모리 구현 방법 중에서 페이징과 세그먼테이션의 차이점을 설명하라.

25. 주기억장치에 4개의 페이지 프레임이 있고 1, 2, 3, 4, 5, 1, 2, 3, 4, 5, 1, 2, 3, 4, 5의 순서로 페이지가 요청됐다. 다음과 같은 페이지 교체 정책에서 페이지 적중률은 얼마인가?
    1) FIFO
    2) LRU
    3) FINUFO

8장 _ 입출력장치

8.1 기본 개념

8.2 입출력 방법

8.3 버스

8.4 입출력 인터페이스

지금까지 컴퓨터 시스템을 구성하고 있는 프로세서와 메모리의 구조 및 동작 등을 설명했다. 이 장에서는 입출력장치와 관련된 데이터 전송 및 구조 등을 설명한다. 최근 컴퓨터 시스템에서 입출력장치가 중요한 역할을 하고 있으며, 입출력장치의 기본적인 동작과 인터페이스의 이해가 더욱 중요해졌다. 입출력장치는 각기 다양한 특징이 있는데, 특히 데이터 전송 속도가 매우 다양하다. 예를 들어 키보드는 10바이트/초, 스캐너는 1초에 약 20만 문자를 읽어들인다. 즉, 데이터 처리 속도가 약 200,000 C/S이다. 레이저 프린터는 100,000 C/S, 그래픽 디스플레이는 30,000,000 C/S의 속도로 데이터를 출력한다.

컴퓨터 키보드의 한 문자를 누르면 한 문자(ASCII 코드)가 컴퓨터로 전송된다. 사용자가 다음 키보드를 누르는 데는 시간이 걸리며, 때로는 한참 동안 누르지 않는 경우도 있다. 키보드로부터의 입력이 느리므로 컴퓨터가 느린 입력장치로부터 데이터 입력을 기다리는 것은 큰 시간낭비다. 그러므로 입력장치가 보낼 데이터가 준비됐을 때 프로세서에게 요청하는 인터럽트를 사용한다. 이를 프로세서와 입출력장치 간의 인터럽트 구동 통신이라 한다.

하드디스크 경우에도 대부분 초당 수백만 바이트의 데이터를 전송할 성능을 갖고 있다. 데이터 전송을 바이트 단위 또는 워드 단위로 전송하는 것은 시간낭비다. 그래서 데이터 전송은 어떤 프로그램이 전부 포함된 블록 단위로 전송한다. 거대한 데이터양을 프로세서와 무관하게 전송하는 메커니즘 역시 필요해졌다. 하드디스크와 주기억장치 간 많은 양의 데이터 전송은 프로세서와 무관하게 전송할 수 있는데, 이것을 DMA(Direct Memory Access)라 한다. 입출력장치와 데이터를 전송하는 방식에는 프로그램된 I/O와 인터럽트 구동 I/O, DMA 방식이 있다.

8.1 기본 개념

컴퓨터 시스템에는 프로세서, 메모리, 키보드와 같은 입력장치, 디스플레이의 출력장치 등이 버스 형태로 연결되어 있다. 이 장에서는 프로세서와 입출력장치 간의 데이터 전송을 설명하고자 한다.

(1) 입출력 연결

입출력장치는 프로세서와 메모리에 연결되어 시스템을 구성하고 있다. 이들을 연결하는 구조는 여러 가지가 있다. 그림 8-1은 하나의 시스템 버스에 모든 장치가 연결된 것을 보여주고 있다. 시스템 버스라는 단일버스는 데이터, 주소, 제어선 버스를 구성하고 시스템 내의 장치들을 연결하고 있다. 프로세서가 데이터를 처리하는 속도와 입출력장치가 데이터를 처리하는 속도는 매우 큰 차이가 있다. 따라서 고속의 데이터를 처리하는 시스템 버스와 입출력장치 간에 직접 데이터를 교환하는 것은 어렵다. 프로세서가 모든 입출력장치를 직접 관리하는 대신에 입출력장치의 속도 및 동작 특성에 따라서 입출력장치를 관리하는 별도의 입출력 제어기를 사용한다. 예를 들면 키보드는 입출력장치의 속도차를 간단하게 해결하는 방법으로, 프로세서에게 문자가 이용 가능하다는 것을 나타내도록 사용자가 입력한 키 문자를 레지스터에 저장시킨다. 프로세서가 입력한 문자를 받았을 때 레지스터는 다음 문자 입력과 처리가 가능하다는 것을 입력장치에 나타낼 수 있다. 이와 같은 동작을 반복한다. 출력장치도 입력장치와 유사하게 동작한다.

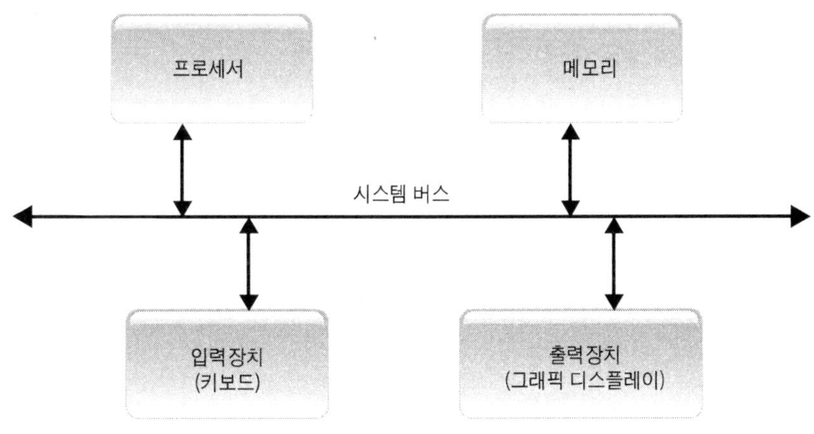

《 그림 8-1 》 단일버스 시스템

프로세서와 입출력장치 간의 간단한 통신 방법을 I/O 프로토콜이라 한다. 일반적인 컴퓨터 시스템에서 특정 입력장치에 대해서 다수의 입력 레지스터가 있으며, 출력장치에도 마찬가지로 다수의 출력 레지스터가 있다.

일반적으로 입출력 제어기에는 입출력장치의 상태를 감시해 저장하는 상태 레지스터,

프로세서로부터의 명령을 수신하기 위한 명령 레지스터, 전송할 데이터를 저장할 데이터 레지스터 등이 있다. 프로세서로부터 입출력장치를 지정하고 데이터를 전송하기 위해서는 입출력장치의 주소를 이용한다.

(2) 입출력장치 주소지정

컴퓨터 시스템에서 프로세서와 여러 개의 입출력장치가 연결되어 있으므로 각 입출력장치를 구별하기 위해 입출력장치마다 고유한 주소가 지정된다. 특정 입출력 레지스터를 지정하기 위해서는 주소를 지정할 수 있다. 이는 메모리의 각 저장장소에 고유한 메모리 주소를 지정하는 것과 같다. 각 입출력장치는 여러 개의 고유 주소를 가질 수 있으며, 또한 프로세서가 보내는 입출력 명령에는 원하는 장치의 주소가 포함된다. 각 입출력장치는 그 주소를 해석해 그 명령이 자신에게 해당하는지를 판단하게 된다. 입출력장치의 주소를 지정하는 방법으로는 주기억장치에 부여된 주소 공간의 일부분을 입출력장치의 주소 공간으로 사용하는 메모리 매핑 방식과, 메모리 주소 공간과 입출력 주소 공간을 각각 가지며 주소값이 메모리 주소인지 입출력 주소인지를 구별하는 분리형 I/O 방식이 있다.

● 메모리 매핑 방식 ●

입출력장치가 주기억장치와 하나의 주소 공간을 공유하는 것으로, 주기억장치 주소 영역의 일부분을 입출력장치 레지스터들의 주소로 할당하는 방식이다. 그림 8-2에서 메모리 매핑 방식을 보여주고 있다. 이 방식에서 메모리와 입출력장치의 레지스터에 접근할 때 동일한 프로세서의 명령어를 같이 사용할 수 있다. 또한 메모리의 읽기, 쓰기 신호를 입출력장치의 읽기, 쓰기 신호로 사용한다.

이 방식에서는 입출력장치로 접근하기 위해서 특별한 명령어를 사용할 필요 없이 프로세서 명령어를 사용한다는 것이 장점이다. 단점은 입출력장치 레지스터의 주소로 주기억장치 주소 공간의 일부를 사용하므로 메모리의 주소 공간이 그만큼 감소하게 된다는 것이다.

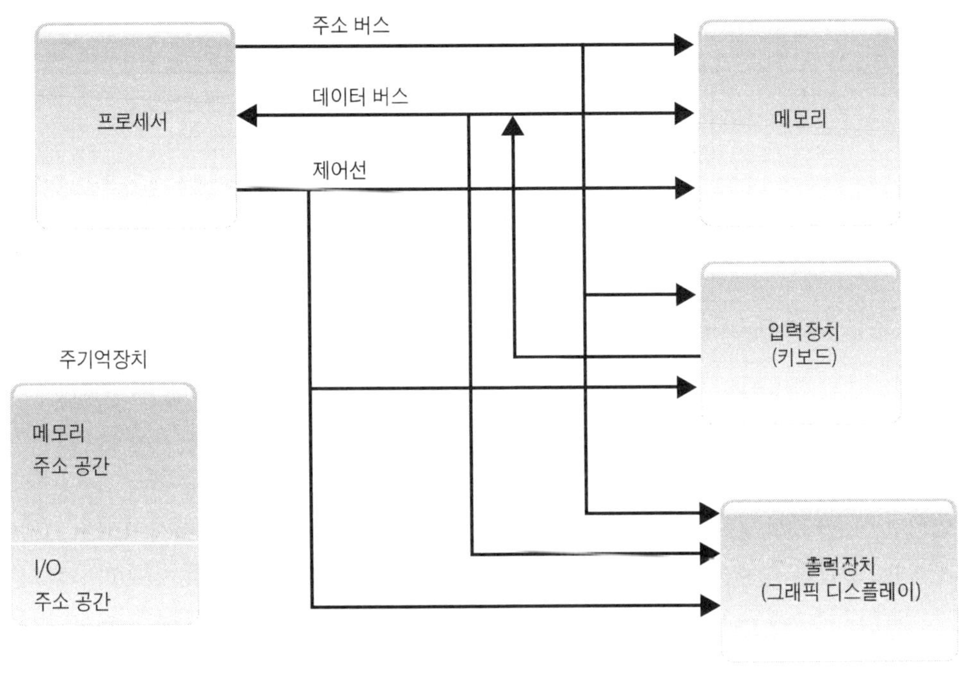

《 그림 8-2 》 메모리 매핑 I/O

● 분리형 I/O 방식 ●

입출력장치에는 특정한 주소가 할당되는데, 이 주소 공간을 주기억장치 공간과 별도로 할당하는 방식이다. 이 방식으로 입출력장치의 레지스터에 접근할 경우에는 반드시 별도의 명령어를 사용해야 한다. 입력장치의 주소에서 INPUT 명령어 실행은 입력장치의 입력 레지스터에 저장된 데이터를 프로세서 내의 정의된 레지스터로 전송한다. 컴퓨터 시스템에서 프로세서와 입출력장치의 데이터 전송 또는 메모리 데이터 전송 간의 분리 정도는 서로 다르다. 메모리와 입출력장치 간의 주소, 데이터, 제어 버스가 메모리와 입출력장치 사이에 완전히 분리된 것을 분리형 I/O 방식이라 한다. 즉, 메모리와 입출력장치는 주소, 데이터, 제어 버스를 공유하지 않고 서로 분리되어 있으며 각 프로세서와 직접 인터페이스되어 있다.

일부 시스템에서는 입출력장치의 버스와 메모리 버스를 공유하는 방법으로 데이터 버스와 주소 버스를 공유하고 제어 버스만 별도로 연결하는 것을 공유형 I/O라 한다. 그림 8-3에서 공유형과 분리형 I/O를 보여주고 있다.

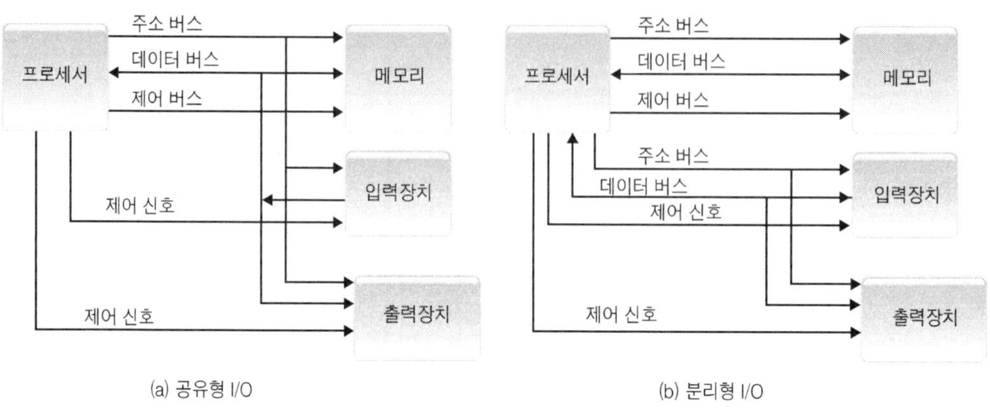

《 그림 8-3 》 공유형 및 분리형 I/O

일반적인 컴퓨터 시스템에는 여러 개의 입출력장치가 있다. 입출력장치에는 고유한 주소가 할당되어 있으므로 주소를 디코딩하는 회로가 필요하다. 또한 입출력장치의 상태를 나타내 주는 상태 레지스터도 필요하다. 입력장치에서의 상태 레지스터는 프로세서로 데이터를 보낼 준비가 되었는지 여부를 나타내고 있으며, 출력장치에서의 상태 레지스터는 프로세서로부터 데이터를 받을 준비가 되었는지 여부를 나타낸다. 따라서 컴퓨터 시스템 내에 여러 개의 입출력장치가 접속되어 있을 때, 각 장치는 실제로는 장치의 레지스터 주소와 상태 레지스터 주소다.

이 두 방식을 사용하는 경우에는 주기억장치 주소 공간과 입출력장치 주소 공간이 별도로 분리되어 지정될 수 있다는 장점이 있다. 단점은 입출력장치에 접근하기 위해 INPUT과 OUTPUT이라는 프로세서 명령어가 추가로 필요하다는 점이다. 인텔 계열의 프로세서는 공유형 I/O를 채택하고 있으며, 모토로라 계열의 프로세서는 메모리 매핑 I/O 방식을 채택하고 있다.

8.2 입출력 방법

프로세서와 입출력장치 간에 통신을 수행할 때는, 입출력장치의 처리 속도가 매우 느리고 다양하므로 입출력장치가 입출력을 수행할 준비가 되었는지를 조사하고 나서야 입출력장치와 데이터 전송을 수행한다. 프로세서가 주체가 되어 입출력장치와 데이터 전송하는 방식은 프로그램된 I/O, 인터럽트 구동 I/O 등으로 구분되며, 입출력장치가 주체가 되어 프로세서와 독립적으로 데이터를 전송하는 방법에는 DMA와 입출력 제어기에 의한 전송이 있다.

(1) 프로그램된 I/O

어떤 컴퓨터에서는 간단한 입출력 명령을 사용해 입출력장치를 직접 제어했다. 이런 명령어는 1바이트 또는 1워드 단위로 전송되므로 전송되는 양이 적으며 느리다. 컴퓨터는 한 번에 1개의 프로그램을 실행하고 각 프로그램은 입출력을 표현한 명령어를 실행한다. 그림 8-4에서 입출력장치는 공유형 I/O로 주소를 지정하고 8개의 장치가 그림과 같이 구성되어 있으며, 프로세서 내부에 있는 입출력 데이터와 주소를 입출력장치와 연결하는 형태로 프로세서와 직접 전송할 수 있다.

다음은 데이터 전송을 위한 프로토콜을 설명하고 있다.

1. 프로세서는 I/O 장치 6으로부터 INPUT 명령어를 실행한다. 예를 들면 INPUT 6이다. 이 명령어 수행으로 데이터를 읽고자 하는 특정 장치를 지정하기 위해 장치 번호를 각 장치 주소 디코더로 보내 확인을 한다. 주소 디코더에서 출력은 장치 6만 활성화하고 나머지 장치는 비활성화한다.
2. 버퍼들은 장치 6의 데이터를 갖고 있으며, 이 버퍼들은 주소 디코더 회로의 출력에 의해 활성화된다.
3. 활성화된 버퍼는 데이터 버스로 데이터를 출력한다.
4. 데이터 버스에 실린 데이터는 프로세서 내부에 있는 특정 레지스터로 들어간다.

이와 같이 입출력 동작이 수행되는 것을 프로그램된 I/O라 한다. 프로그램된 I/O는 데이터를 전송하기 위해 프로세서가 입출력 프로그램을 실행하는 방식이다. 프로세서의 제어하에 동작이 수행되며 명령어 인출, 해독, 실행의 완전한 사이클이 모든 데이터 입출력이 완료된 후에 실행되기 때문에 속도가 느리다. 프로그램된 I/O는 키보드 또는 문자 모드의 프린터 등에서 한 문자씩 보내는 데 유용하다. 이 방식은 간단하며 느리다.

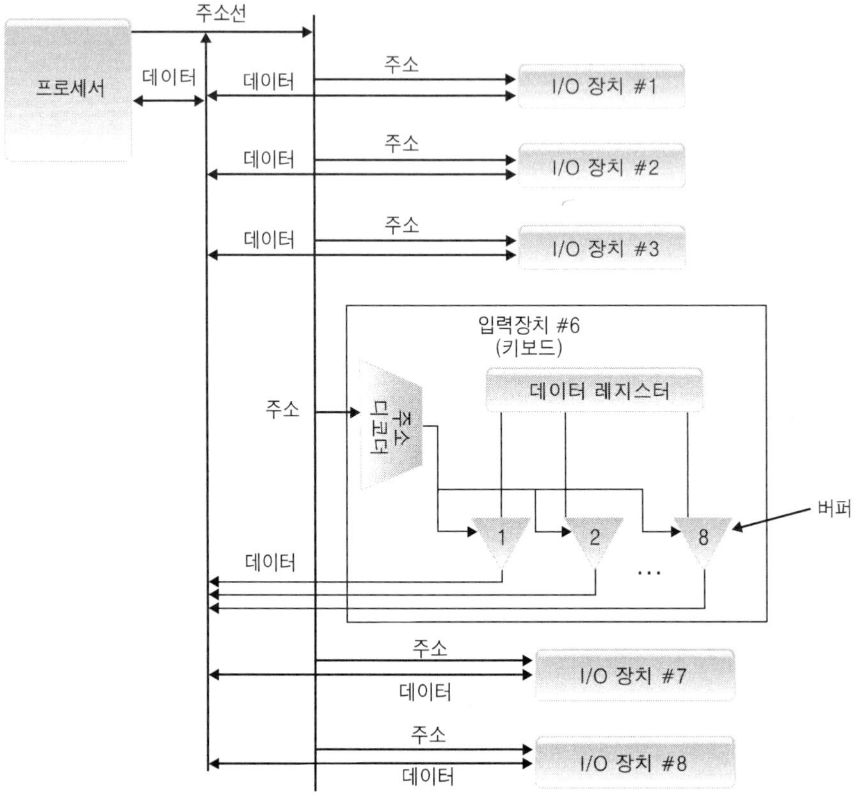

◀ 그림 8-4 ▶ 프로세서와 8개 장치 연결

프로그램된 I/O는 프로세서의 낭비를 초래하고 대부분 입출력장치는 동기식 장치이므로 고속 데이터 전송에는 부적합하다. 입출력장치에서 입출력을 위한 준비가 됐는지 조사하는 상태 비트(status bit)를 도입해 상태 비트를 조사하면서 데이터를 전송하는 방법이 있다. 예를 들어 키보드에서 입력 레지스터에 이용할 문자가 있다면 상태 비트가 '1'로 설정되며, 프로세서가 읽은 후에는 상태 비트가 '0'으로 설정된다. 프로세서가 입출력장치의 상태를 체크하면서 입출력하는 방법이 폴링(polling)이다. 입출력장치의 데이터 전송 준비가 될 때까지 프로세서는 상태 조사를 반복으로 수행하면서 대기한다. 그림 8-5에서는 하드웨어 폴링을 나타내었다. 입출력장치가 N개 있으며 폴링선의 수는 $\log_2 N$이다. 또한 요청한 장치를 식별하기 위해서 각 장치는 인터럽트선($\overline{\text{INR}}$)에 연결되어 있어 어느 장치가 요청했는지를 알 수 있다. 한 개 이상의 장치가 요청했을 경우에는 우선순위에 따라서 결정된다.

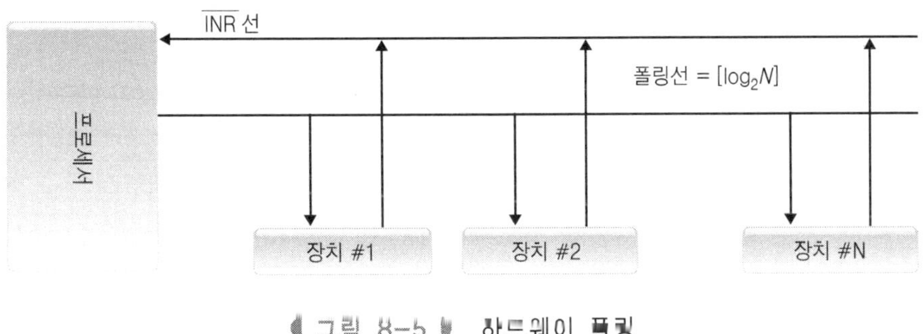

◀ 그림 8-5 ▶ 하드웨어 폴링

(2) 인터럽트 구동 I/O

인터럽트는 프로세서에게 보내는 하드웨어 신호로 프로세서가 현재 실행 중인 프로그램을 멈추고 다른 프로그램을 수행하게 하는 것이다. 입출력장치의 데이터 전송과 같이 프로세서가 프로그램을 수행하는 도중에 그 프로그램의 수행을 중단하고 다른 긴급한 작업을 수행해야 할 필요가 있다면 인터럽트를 사용한다. 예를 들면 입출력장치가 요청한 데이터 전송에 인터럽트를 사용한다. 인터럽트가 요청되면 프로세서는 현재 수행하는 일을 멈추고 인터럽트 서비스 루틴으로 가서 수행을 한 후, 멈췄던 곳으로 와서 다시 실행을 계속한다. 프로세서가 현재 일을 멈춘다는 것은 수행 중인 명령어를 완료하며, 프로세서의 상태를 저장하고, 인터럽트 서비스 루틴(ISR: Interrupt Service Routine)으로 점프한다는 것을 말한다. 인터럽트 서비스 루틴에 있는 인터럽트 서비스는 인터럽트 소스에 따른다. I/O 인터럽트인 경우에는 데이터 전송의 서비스를 수행한다. 인터럽트 완료 시에는 프로세서가 스택에 저장한 상태를 복귀시켜 정상적인 상태로 돌아오고 인터럽트를 모니터링한다.

앞에서 프로그램된 I/O의 폴링 방법에서는 데이터 전송을 위해서 각 장치의 상태 비트를 검사했다. 프로그램은 입출력장치의 상태를 계속적으로 검사하는 반복 루프로 진행하므로 프로세서는 다른 연산을 수행할 수가 없다. 따라서 수행시간의 낭비를 초래하게 되기 때문에 인터럽트를 사용해 입출력장치가 준비 상태가 될 때까지는 프로세서가 다른 작업을 할 수 있게 하는 것이 필요하다. 입출력장치가 데이터 전송 준비가 됐을 때 프로세서에게 인터럽트 신호를 보낸다. 예를 들면 키보드에서 인터럽트를 사용하면 키보드에서 입력이 발생했을 때만 프로세서에게 인터럽트로 전달되어 처리되므로 프로세서가 일일이 상태 비트를 검사하지 않아도 되며 프로세서의 효율을 높일 수 있다.

• 인터럽트 하드웨어 •

프로세서는 외부로부터 인터럽트를 요청하는 인터럽트 요청선(INTR: Interrupt Request)이 있어야 하고 이에 대한 승낙을 전송하는 인터럽트 승인(INTA: Interrupt Acknowledge) 또는 GL(Grant line)이 필요하다. 두 개 이상의 장치로부터 동시에 인터럽트가 요청된 경우에 프로세서는 그중 하나만 받아들이고 나머지는 무시한다. 어떤 인터럽트를 먼저 처리해야 하는지는 미리 우선순위를 정의해 결정한다. 즉, 프로세서는 동시에 요청된 다수의 인터럽트 중에서 가장 높은 인터럽트만을 인식해 처리한다.

프로세서가 인터럽트를 처리하려면 어떤 입출력장치가 인터럽트를 발생했는지를 알아야 한다. 이를 위해 프로세서는 벡터 인터럽트(vectored interrupt) 방식을 사용한다. 이 벡터 인터럽트는 인터럽트를 요청한 장치를 식별하고, 인터럽트를 처리할 인터럽트 처리루틴의 주소에 대한 정보를 얻는 데 사용한다. 예를 들어 6비트의 벡터 인터럽트를 갖는다면 최대 64개의 인터럽트를 식별할 수 있다. 각 인터럽트를 처리할 처리 루틴의 주소는 메모리에 상주하는 인터럽트 벡터 테이블에 저장된다. 프로세서는 고유한 벡터 번호를 인식한 후, 요청된 인터럽트를 처리할 인터럽트 처리 루틴의 저장 주소를 인터럽트 벡터 테이블로부터 얻어 그 주소로 점프해 인터럽트를 수행한다.

인터럽트를 요청한 장치를 식별하기 위해서는 차례대로 확인하는 폴링 방법과 데이지체인 방법 등이 있다. 그림 8-6은 인터럽트 정렬체계를 보여주고 있다. 인터럽트 라인은 장치들이 프로세서로 인터럽트 신호를 보내는 선이다. 그림 8-6(a)는 데이지체인으로 인터럽트를 요청한 장치를 식별하는 것인데 $\overline{\text{INR}}$ 신호가 인터럽트 요청 신호며, 승인선(grant line)은 데이지체인 방식으로 연결되어 있어서 승인 신호가 장치들 사이로 순차적으로 전파된다. 한 장치가 인터럽트를 요청하면 승인선이 활성화 상태가 되어 프로세서는 인터럽트 요청을 감지하게 된다. 만일 장치 2가 요청하면 Grant 신호가 프로세서로부터 나와서 장치 1, 장치 2로 전파되고, 장치 2는 더 이상 전파를 막고 Grant 신호를 잡고 있다. 여러 장치가 인터럽트를 동시에 요청했을 경우에는 우선순위가 가장 높은 인터럽트를 선택한다. 그림 8-6(b)에서는 각 장치가 인터럽트 요청 신호($\overline{\text{INR}}$)와 승인 신호(GL#)를 개별적으로 갖고 있다. 입출력장치 수만큼의 요청과 승인 신호를 가지므로 인터럽트 처리 루틴의 시작 주소와 우선순위 문제는 쉽게 해결된다. 단점은 프로세서와 연결하는 핀의 수가 늘어난다는 점이다. 일반적으로 프로세서의 핀은 아주 제한적이며 최적화되어 있다.

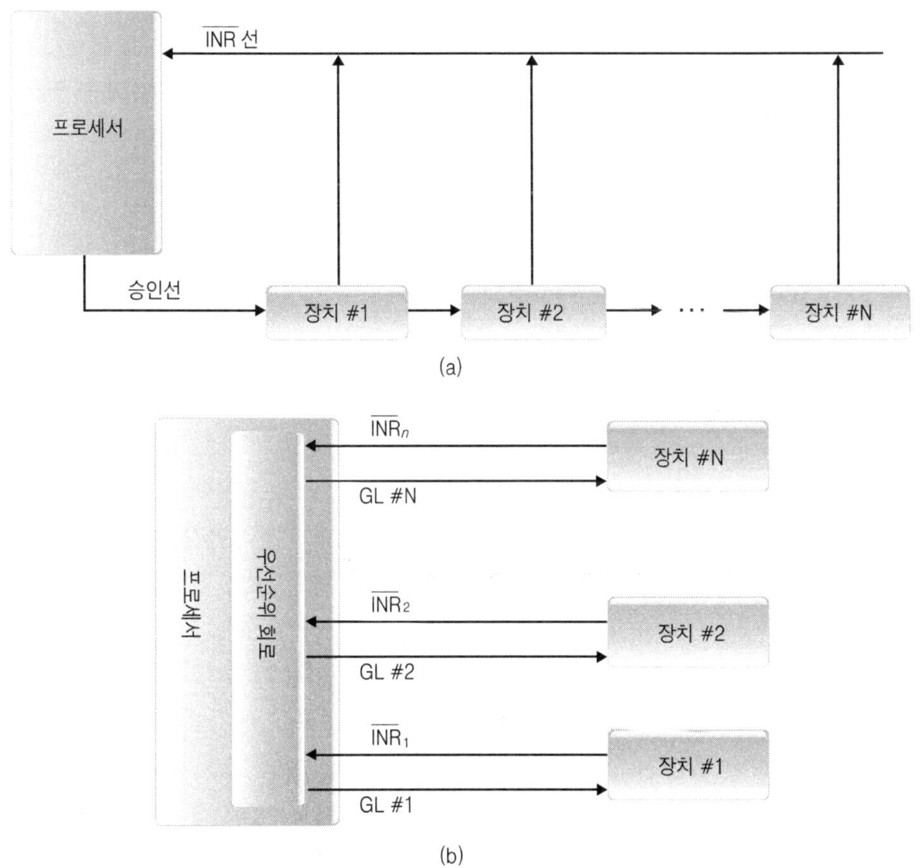

◀ 그림 8-6 ▶ 인터럽트 하드웨어 (a) 데이지체인 인터럽트, (b) 독립 인터럽트

• 운영체제 인터럽트 •

인터럽트가 발생하면 운영체제는 제어를 갖는다. 운영체제는 인터럽트가 요청한 상태를 저장하고 인터럽트를 분석하고 인터럽트를 다루기 위해 서비스 루틴으로 제어가 이동한다. 인터럽트에는 I/O 인터럽트, 내부 인터럽트 등 처리 유형에 따라서 몇 개의 형태가 있다. I/O 인터럽트인 경우에는 입출력장치가 장치의 동작을 완료 또는 연기했다는 것을 운영체제로 알리며 프로세서로부터 어떤 서비스를 필요로 한다. 인터럽트가 수행되면 인터럽트 서비스 루틴으로 들어가기 전에 프로세서의 상태를 저장해야 한다. 프로세서의 상태로는 프로그램 카운터(PC), 프로그램 상태 레지스터(PSR) 및 기타 레지스터 등이 있다. 이와 더불어 메모리의 상태는 프로그램과 데이터가 포함된 프로그램 메모리의 상태

다. 운영체제는 이 상태들을 위한 저장 공간을 갖는 프로그램을 제공해야 한다.

• x86 인터럽트 아키텍처 •

x86 프로세서의 인터럽트는 2개의 하드웨어인 INTR(Interrupt Request), NMI(Non-maskable Interrupt) 신호를 갖는다. NMI는 요청되는 인터럽트를 막을 수 없고 프로세서가 반드시 받아야 한다. INTR은 인터럽트 컨트롤러가 프로세서에 인터럽트를 요청하는 신호선이다. INTR은 명령어 STI(set interrupt flag)와 CLI(clear interrupt flag)를 사용해 인터럽트를 사용할 수 있거나 사용을 금지할 수 있다. 인터럽트 핸들러는 인터럽트 서비스 루틴(ISR)이라 한다. 인터럽트 서비스 루틴의 주소는 인터럽트 벡터 테이블의 연속적인 메모리 위치 4개에 저장되어 있다. 인터럽트 벡터 테이블은 각 인터럽트의 형태에 대해 ISR로 지정하는 포인터를 저장하고 있다. 인터럽트가 발생하면 8비트의 수가 프로세서에 제공되며 인터럽트 벡터 테이블에 적절한 엔트리를 지정한다. 장치에 의해 발생된 인터럽트는 인터럽트 컨트롤러(8259A)로 들어간다. 여러 개의 인터럽트가 동시에 발생됐을 경우에도 모두 인터럽트 컨트롤러로 입력되며 컨트롤러는 입력된 여러 개의 인터럽트 중 한 개를 프로세서에게 보낸다. 컨트롤러는 인터럽트 요구(INTR)를 CPU로 보내고, 이에 대해서 CPU는 인터럽트 승인(INTA)을 보내준다. 한 개의 인터럽트 컨트롤러는 8개의 인터럽트 요구를 할 수 있다. 표 8-1은 일반적인 장치의 인터럽트 번호를 보여주고 있다. AT에서는 8259A 2개를 사용해 15개의 인터럽트 입력선을 사용하게 한다. 그림 8-7에서 2개의 컨트롤러를 직렬로 연결해 사용하고 있다.

표 8-1 IBM-PC 인터럽트

장치	IRQ 번호	인터럽트 번호
프로그램 가능한 내부 타이머	0	08H
키보드	1	09H
8259A의 연결	2	예약
직렬통신포트(COM2)	3	0BH
직렬통신포트(COM1)	4	0CH
하드디스크 컨트롤러	5	0DH
플로피디스크 컨트롤러	6	0EH
병렬포트 컨트롤러	7	0FH

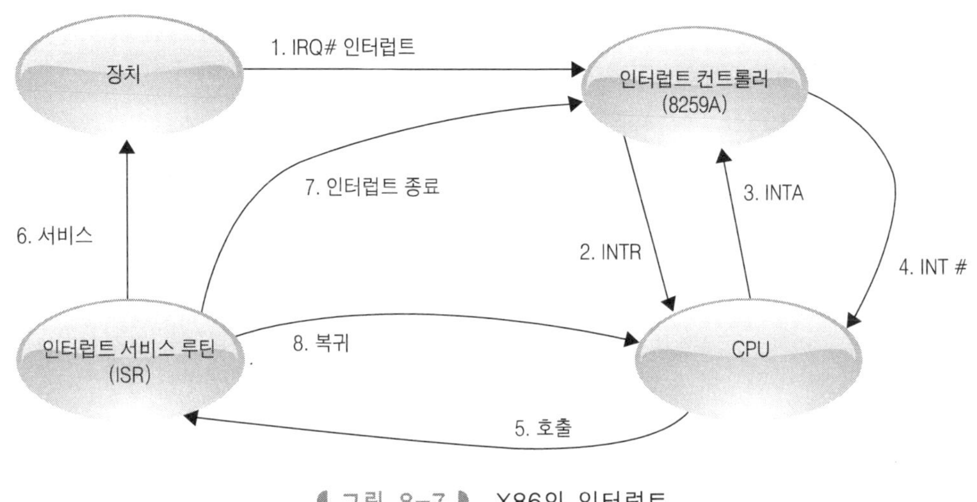

《 그림 8-7 》 X86의 인터럽트

• ARM 인터럽트 아키텍처 •

ARM은 RISC 프로세서며, 16/32비트 구조를 갖는다. ARM은 인터럽트 컨트롤러 ATIC를 이용한다. 인터럽트의 동작은 먼저 외부 장치에서 인터럽트를 요구하게 되면 인터럽트 컨트롤러로 요구가 전달되고, 최종적으로는 프로세서에 전달된다. 인터럽트 컨트롤러에 인터럽트 사용 여부를 설정할 수 있으며 우선순위 레벨도 설정할 수 있다.

일단 인터럽트 요구가 프로세서에 도달하면 프로세서는 동작을 멈추고 인터럽트를 요구한 서비스를 실행한다. ARM 프로세서에서 다루는 인터럽트는 IRQ와 FIQ(Fast Interrupt Request), 소프트웨어 인터럽트가 있다. 우선순위가 가장 높은 것은 FIQ다. IRQ는 일반 목적의 인터럽트를 취급하는 것이며 FIQ보다 우선순위가 낮다. FIQ가 요구되면 IRQ는 마스크된다. FIQ는 고속 데이터 전송에 사용된다. 인터럽트 벡터 테이블에 저장되어 있는 인터럽트 핸들러의 주소는 표 8-2와 같다. 이 표에서 IRQ가 검출됐을 때 인터럽트 벡터 테이블 0x18번지로 접근해서 그 주소에 적재되는 명령어를 수행한다. 유사하게 FIQ가 요청됐다면 벡터 테이블의 0×1C번지로 접근해 그 번지에 적재되어 있는 명령어를 실행한다. 각 인터럽트가 발생되며 각 모드로 들어간다. 인터럽트가 발생됐을 때, 프로세서 내부에서는 다음과 같은 동작이 일어난다.

1. CPSR(Current Program State Register)은 SPSP(Saved Program Status Register) 모드로 들어가기 위해 복사를 한다.

2. CPSR 비트는 인터럽트 모드로 들어가기 위해 적절한 값으로 설정된다. 프로세서는 ARM 상태를 설정하고 인터럽트 사용불가 플래그를 설정한다.
3. 뱅크된 레지스터를 적절하게 설정해 뱅크로 들어간다.
4. 복귀 주소는 링크 레지스터에 저장한다.
5. 프로그램 카운터(PC)는 벡터 주소를 설정한다.

예를 들면 IRQ 인터럽트가 발생됐을 때, ARM 프로세서는 CPSR 같이 SPSR_irq를 설정한다. CSPR의 모드 설정 비트에 10010을 설정함으로써 IRQ 모드로 들어가고 CPSR의 I비트의 설정으로 일반 인터럽트를 받지 않게 한다. 다음 명령어 주소 R14_irq의 주소를 저장하고 프로그램 카운터(PC)에 0x18 값을 로드한다. 주소 0x18에서 명령어는 인터럽트 핸들러의 주소를 프로그램 카운터(PC)에 로드한다. FIQ 인터럽트가 발생됐을 때도 유사하게 ARM 프로세서는 SPSR_irq를 설정하고 FIQ 모드는 CSPR의 모드 비트에 10001을 설정함으로써 들어간다. 일반 또는 Fast 인터럽트는 CSPR의 I와 F 비트를 설정해 인터럽트를 더 이상 허가하지 않는다. R14_fiq 주소를 저장하고 프로그램 카운터(PC)에 0x1C 값을 적재한다. 0x1C 주소에 명령어가 인터럽트 핸들러의 주소에서 프로그램 카운터(PC)로 적재된다. PSR(Program Status Register) 레지스터는 현재 프로그램이 실행되는 모드를 나타내는 레지스터며, 현재 상태를 나타내는 CPSR과 이전의 상태를 나타내는 SPSR 레지스터가 존재한다. SPSR의 경우는, 사용자 모드나 시스템 모드에서 실행 중인 프로그램이 특정 인터럽트 모드로 변경됐을 때 사용자와 시스템 모드의 CPSR을 저장하는 용도로 사용된다.

| 표 8-2 | 인터럽트 벡터 테이블

주소	인터럽트	모드	우선순위
0x00000000	리셋	슈퍼바이저	1
0x00000004	미정의 명령어	미정의	6
0x00000008	소프트웨어 인터럽트	슈퍼바이저	6
0x0000000C	중단(선인출)	Abort	5
0x00000010	중단(데이터)	Abort	2
0x00000014	예약	예약	예약
0x00000018	IRQ	IRQ	4
0x0000001C	FIQ	FIQ	3

(3) DMA

DMA(Direct Memory Access)는 프로세서의 개입 없이 입출력장치와 메모리 사이에 직접 데이터 전송을 수행한다. 입출력장치는 직접적으로 메모리에 접근하며 프로세서가 다른 동작을 수행하게 한다. DMA는 특히 큰 데이터 블록을 전송하는 경우에 성능을 향상시킬 수 있다. 이를 위해서는 DMA 제어기가 필요하며, 프로세서의 도움 없이 외부의 입출력장치에서 메모리로 데이터를 전송할 수 있다. DMA 제어기는 데이터를 전송하기 위해 시스템 버스를 사용한다. 즉, 프로세서와 DMA 제어기가 메모리를 사용하기 위해 동일한 버스를 이용하지만 프로세서와 DMA 제어기가 동시에 사용할 수는 없으며, 둘 중 한 개만이 버스를 사용할 수 있다. DMA 제어기는 버스를 사용하기 위해서 프로세서에게 사용권을 요구하고 프로세서는 버스 사용의 승인을 DMA 제어기로 보낸다. DMA 제어기는 메모리로 데이터를 전송할 동안 버스 제어권을 갖는다. DMA 제어기가 전송을 완료한 후에 버스 제어권을 프로세서에게 넘겨준다.

DMA 제어기에 대한 내부 구조는 그림 8-8과 같다. DMA 내부에는 데이터를 저장하는 데이터 레지스터와 주소를 일시적으로 저장하는 주소 레지스터가 있으며, 전송할 데이터 수를 지정하는 데이터 카운터(data count) 레지스터가 있다. 제어부에서는 프로세서에서 버스 사용을 요구하는 DMA 요구(request) 신호와 프로세서가 DMA 제어기에게 버스 사용을 허가하는 신호인 DMA 승인(acknowledge) 신호가 있다. 또한 DMA 동작이 완료되면 DMA 제어기는 프로세서로 인터럽트 요구(interrupt request) 신호를 보내어, DMA 동작이 끝났음을 알린다.

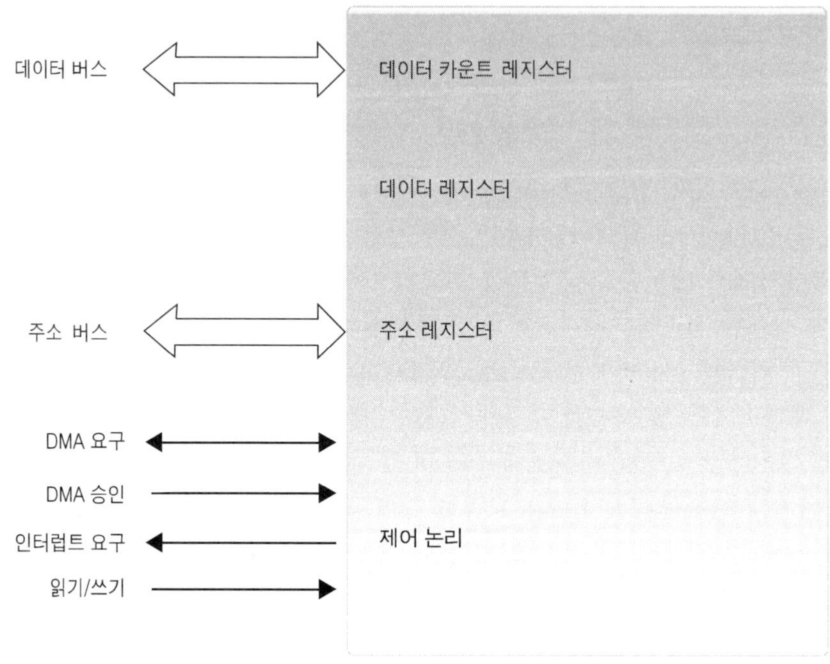

《 그림 8-8 》 DMA 제어기 내부 구조

그림 8-9는 DMA 제어기와 프로세서가 시스템 버스를 공유하고 있는 것을 보여주고 있다. DMA 제어기는 데이터를 전송하기 위해서 시스템 버스를 통해 메모리로 접근하게 된다. DMA 제어기는 가급적 프로세서의 정상적인 동작을 방해하지 않으면서 시스템 버스를 사용하려고 한다. 입출력장치에서 직접 데이터를 메모리로 전송하기 위해서 DMA 제어기는 프로세서에 의한 초기화가 필요하다. 일반적으로 초기화의 내용으로는 데이터 블록의 메모리 주소, 전송하고자 하는 블록의 크기 등의 변수를 포함하고 있다.

DMA 데이터 전송은 버스트(burst) 모드와 단일 사이클 모드로 수행할 수 있다. 버스트 모드에서 DMA 제어기는 완전한 블록 전송이 끝날 때까지 버스 제어권을 갖고 있다. 이 모드에서는 데이터 전송이 완료될 때까지 멈춰지지 않는 빠른 장치가 요구된다. 단일 사이클 모드에서 DMA 제어기는 한 데이터 워드를 전송한 후, 버스 제어권을 프로세서에게 넘긴다. 그래서 DMA 제어기가 버스 제어권을 갖는 시간을 최소로 하는 반면, 한 데이터 워드를 전송할 때마다 버스 요구와 버스 승인의 일련의 수행이 요구된다. 이러한 동작을 모든 데이터를 전송할 때까지 반복한다. 이 방식은 데이터 한 개를 전송할 때마다 버스 사용에 대한 요구와 승인을 하는 오버헤드로 인해 DMA 성능은 감소된다.

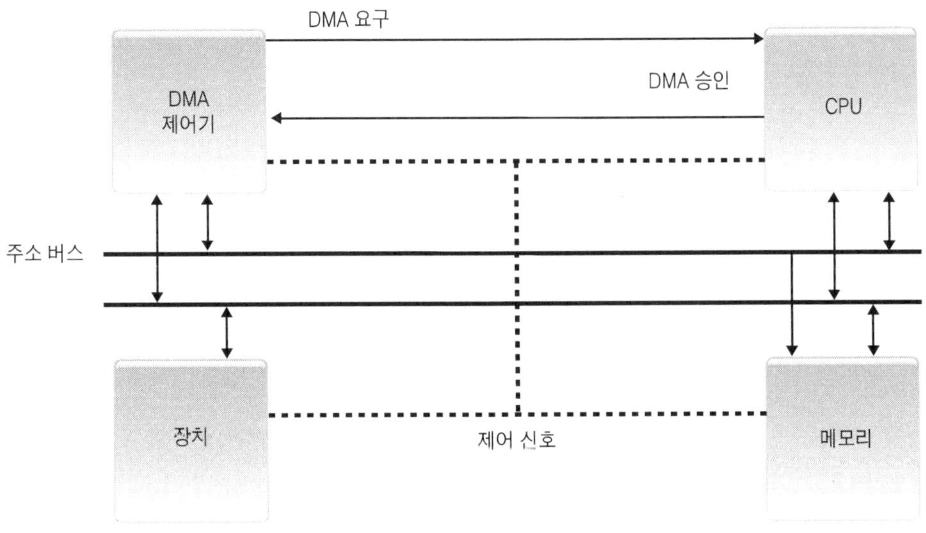

《 그림 8-9 》 DMA 제어기의 시스템 버스 공유

DMA 동작의 한 예로, 입출력장치에서 메모리로 데이터를 전송하기 위한 DMA 동작은 다음과 같다.

1. DMA 제어기는 데이터 전송을 초기화한다.
2. DMA 제어기는 프로세서에게 시스템 버스 사용 요구 신호를 보낸다.
3. 프로세서는 DMA 제어기에게 시스템 버스 사용을 승인하는 신호를 보낸다.
4. DMA 제어기는 데이터를 전송하는데, 메모리의 주소는 증가되고 워드의 카운터는 감소하면서 데이터가 이동된다.
5. 워드 카운터가 0이 되면, DMA는 인터럽트를 사용해 데이터 전송이 완료됐음을 프로세서에게 알린다.
6. 프로세서는 시스템 버스를 사용한다.

입출력장치는 종류와 속도가 다양하고 제어 방법도 복잡하기 때문에 DMA 제어기도 다르게 설계돼야 된다. 프로세서를 좀 더 효율적으로 사용하고 다수의 입출력장치가 공유할 수 있도록 전용 처리기가 필요해졌다. 이런 입출력 전용 처리기를 입출력 채널

(I/O channel)이라 한다. 즉, DMA 제어기와 I/O 프로세서를 결합한 것이다. DMA 제어기는 여러 개의 채널을 가질 수도 있다. 각 채널에는 주소 레지스터, 카운터 레지스터가 있다. DMA 채널은 입출력장치 사이에 공유할 수 없으며, DMA 채널을 사용하기 위해서는 하나의 장치가 결정돼야 한다.

8.3 버스

버스는 한 지점에서 다른 지점으로 신호를 전송하는 데 사용하는 물리적인 연결을 나타낸다. 이 버스에 의해 전송되는 것은 주소, 데이터, 제어 신호, 전원 등이다. 일반적으로 버스는 같이 동작하는 여러 개의 연결로 구성된다. 각 연결을 버스선이라 한다. 버스선은 일반적으로 번호가 부여되어 있으며 같은 그룹의 버스선에는 동일한 이름이 부여된다. 예를 들어 컴퓨터 시스템에서 주어진 16개의 버스선이 메모리 위치의 주소를 전송하는 데 사용된다면 이들을 주소 버스선이라고 한다. 데이터 버스는 데이터를 운반하고, 제어 버스는 제어 신호를 운반한다. 컴퓨터 시스템에서의 버스를 구성하는 선의 수는 한 번에 전송하는 데이터 비트의 수와 메모리 주소 비트의 수 및 제어 신호의 수에 따라서 결정된다.

데이터 버스는 시스템 장치들 간에 데이터를 전송하는 데 사용되는 물리적인 선들로 구성된다. 데이터 버스는 프로세서와 메모리, 입출력장치 사이에 양방향으로 전송된다. 프로세서가 메모리로부터 한 번에 32비트씩 읽어 온다면 필요한 데이터 버스선의 수는 32개가 된다. 주소 버스는 프로세서가 메모리로 데이터를 읽고 쓰기 동작을 수행할 때 해당 메모리 장소를 지정하기 위한 주소를 운반하는 선들의 집합이다. 프로세서가 입출력장치를 사용할 때도 주소가 필요하므로 입출력장치와도 주소 버스가 연결되어 있다. 주소 버스선의 수는 프로세서가 주소를 지정할 수 있는 전체 메모리 용량을 결정해 준다. 주소 버스는 항상 프로세서에 의해서만 발생되므로 단방향 전송만 한다. 예를 들면 시스템에서 메모리 용량이 512 M워드고 워드의 크기가 32비트면, 이 시스템의 주소 버스의 크기는 $\log_2(512 \times 2^{20}) = 29$선이다. 이는 29개의 주소 버스로 주소를 지정할 수 있는 메모리 장소의 최대 수는 $2^{29} = 512$ M개가 된다.

제어 버스에서 제어 신호선은 각기 고유의 기능을 갖고 있다. 제어 신호는 버스에서 데이터를 전송하기 위한 정확한 타이밍을 결정하는 데 사용되며, 버스를 통해 한 장치에서 다른 장치로 데이터를 전송하는 데 필요한 제어 신호들이 있다.

버스에서 데이터를 전송할 때 모든 버스 동작이 공통의 버스 클록을 기준으로 일어나는 버스를 동기식이라 하며, 클록 신호가 아닌 전송할 데이터 여부에 따라 버스 동작이 일어나는 것을 비동기식이라 한다. 데이터의 비동기식 전송은 핸드셰이킹(handshaking)이라는 기술을 사용한다.

버스에 연결되어 있는 장치 중에서 버스 사용의 주체가 되는 장치를 버스 마스터(bus master)라 한다. 버스 마스터를 갖는 장치에서 다른 장치, 즉 슬래브(slave)로 데이터가 보내진다. 하나의 버스에서는 어느 한 순간에는 한 개의 버스 마스터만 버스를 사용할 수 있다. 두 개 이상의 마스터가 동시에 버스를 사용할 수 없으며, 이 경우에는 순서대로 사용하도록 버스 중재(arbitration)를 해 줘야 한다. 그래서 어떤 마스터가 버스 사용을 원할 경우 버스 요구(bus request) 신호를 보내고, 버스 사용을 요구한 마스터에게 사용을 허가한다는 버스 승인(bus grant) 등의 신호가 사용한다. 프로세서 또는 DMA 같은 마스터에서 슬래브 장치로 데이터를 전송하기 위한 일련의 동작은 다음과 같다.

1. 마스터: 버스 사용을 위해 버스 요구 신호를 보낸다.
2. 마스터: 요구에 대해 승인이 되면 버스는 마스터로 사용권을 넘긴다.
3. 마스터: 주소와 데이터를 버스에 싣는다.
4. 슬래브: 슬래브가 선택된다.
5. 마스터: 제어 신호가 전송된다.
6. 슬래브: 데이터 전송이 일어난다.
7. 마스터: 버스 사용을 넘긴다.

(1) 동기식 버스

동기식 버스(synchronous bus)에서는 클록 사이클에 의해 데이터 전송이 일어난다. 마스터와 슬래브 장치는 버스 클록에 의해 동기화되고, 모두 클록 신호를 이용하게 된다. 버스 클록은 동기 버스에서 버스 동작들의 시간을 일치시키는 데 사용되는 사각파 신호다. 한 사이클은 클록의 상승에지에서 시작해서 다음 상승에지에서 끝난다. 동기식 데이터의 전송을 그림 8-10에 나타내었다. 첫 번째 클록에서 마스터는 주소 버스에 주소를 보내고, 제어 신호를 보낸다. 다음에 슬래브는 주소 버스에서 주소를 인지하고 그 주소에 해당하는 데이터를 데이터 버스로 보낸다. 동기 버스는 간단하고 수행이 쉬우나, 이 버스에 속도가 다양한 장치들이 연결될 때 가장 느린 장치가 버스 속도를 결정한다.

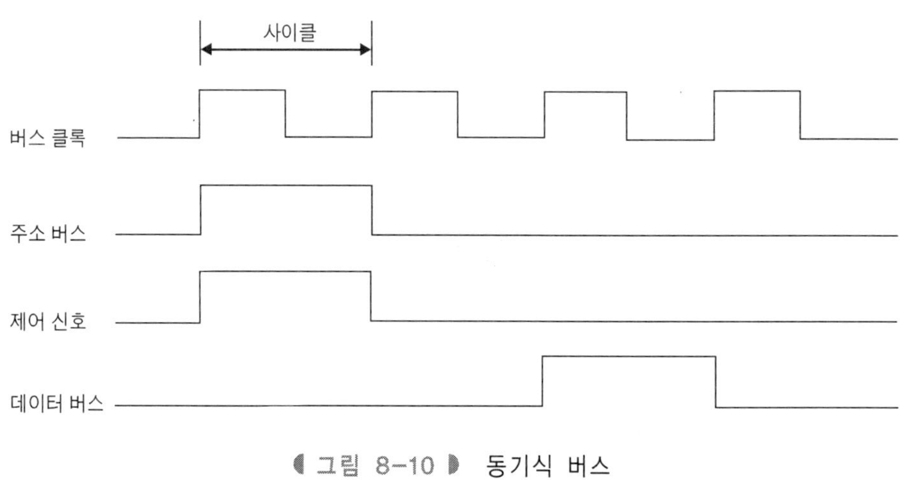

◖ 그림 8-10 ◗ 동기식 버스

(2) 비동기식 버스

비동기식 버스(asynchronous bus)는 동작의 기준이 되는 클록이 없으며 핸드셰이킹이라는 프로토콜을 사용해 데이터를 전송한다. 그림 8-11은 핸드셰이킹 동작을 보여주고 있다. 입출력장치로 먼저 데이터를 전송하기 위해서는 지정된 장치의 주소를 주소 버스에 실은 후에 제어 신호를 주고받는다. 입출력장치로부터 마스터는 Data_Ready 선에 신호를 보낸다(그림에서 1). 지정된 장치, 즉 슬래브는 Data_Ready 신호를 받은 후에 그에 대한 응답으로 Data_Accept 선에 신호를 보낸다(그림에서 2). 요청된 데이터를 데이터 버스를 통해 전송한다. 데이터를 받은 후에 Data_Accept 선의 에지를 상승으로 만들고, Data_Ready 선의 하강을 트리거(비활성화)하고, 버스에서 데이터를 제거한다. Data_Ready 선의 하강(그림에서 3)은 Data_Accept 선의 하강(그림에서 4)을 트리거한다. 데이터 전송이 완료될 때까지 핸드셰이킹을 반복한다. 이 방법은 속도차가 많은 장치에서 데이터를 전송할 때 적합하다.

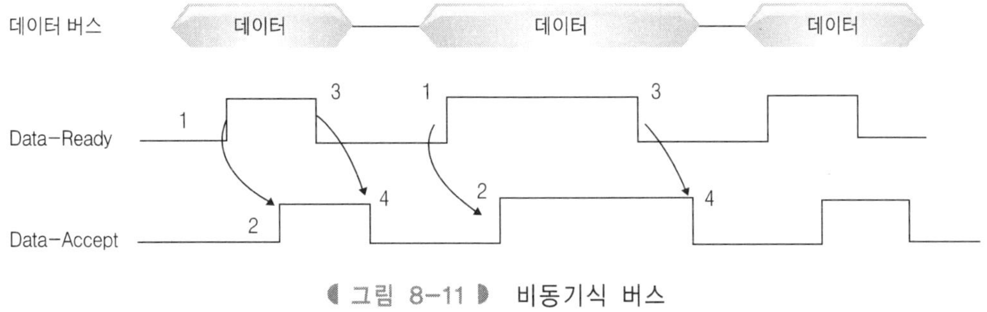

《 그림 8-11 》 비동기식 버스

(3) 버스 중재

버스 중재는 동시에 한 개 이상의 장치가 버스 마스터가 되고자 할 때 필요한 것으로, 여러 개의 버스 마스터 중에서 버스 마스터를 선택하는 과정이다. 동시에 버스 사용을 요구하는 경우에 경쟁이 발생하는 것을 버스 경합이라고 하며, 버스 경합이 발생한 경우에 어떤 기준에 따라 버스 마스터 중에서 한 개씩 선택해 순서대로 버스를 사용할 수 있게 해 줘야 한다. 버스 경합은 중앙집중 또는 분산식의 우선순위를 바탕으로 공정하게 해결한다.

버스 중재 방식은 제어 신호의 연결 구조에 따라서 직렬중재와 병렬중재 방식으로 구분된다. 직렬중재는 버스 요구와 승인선이 한 개씩만 있으며 각 신호선이 버스 마스터들 간에 직렬로 연결된다. 병렬중재는 각 버스 마스터가 독립적인 버스 요구 신호선을 갖는다. 또한 버스 중재 방식은 버스 중재기의 위치에 따라서 중앙집중식 중재 방식과 분산형 중재 방식이 있다. 중앙집중식 중재 방식은 버스 마스터에서 발생하는 버스 요구 신호들을 하나의 중재기로 보내서 우선순위에 따라 버스 마스터를 선택한다. 분산형 중재 방식은 모든 버스 마스터가 중재기를 한 개씩 갖고 있으며 우선순위에 따라서 마스터를 결정하게 된다.

● 중앙집중식 중재 ●

중앙집중식 중재 방식은 다음 마스터를 선택하기 위해 한 개의 중재기를 사용한다. 그림 8-12는 중앙집중식 데이지체인 방식의 중재기를 보여주고 있다. 중재를 위해 버스 요구와 버스 승인 신호가 한 개씩 사용되며 각 마스터 및 중재기와 연결되어 있다. 각 마스터에서 동시에 버스 요구 신호를 중재기로 보낼 수 있다. 우선순위는 마스터의 왼쪽에서 오른쪽으로 정해졌다. 버스 중재기가 버스 요구를 받았다면 중재기는 버스 승인선으로 버스 승인을 보낸다. 중재기는 가장 가까운 마스터부터 버스 승인 신호를 보낸다. 만일 마스터 1이 버스 요구를 했다면 버스 승인 신호는 다음 마스터로 전송하지 않도록 한다. 마스터 1이 버스 요구를 하지 않았다면 버스 승인 신호는 오른쪽으로 다음 마스터로 보낸다. 버스 busy 신호는 어떤 버스 마스터가 버스를 사용하고 있는 중임을 나타내고 있다. 마스터는 버스 사용을 시작하는 순간부터 버스 busy 신호를 보내고 다른 마스터가 버스를 사용하지 못하게 한다.

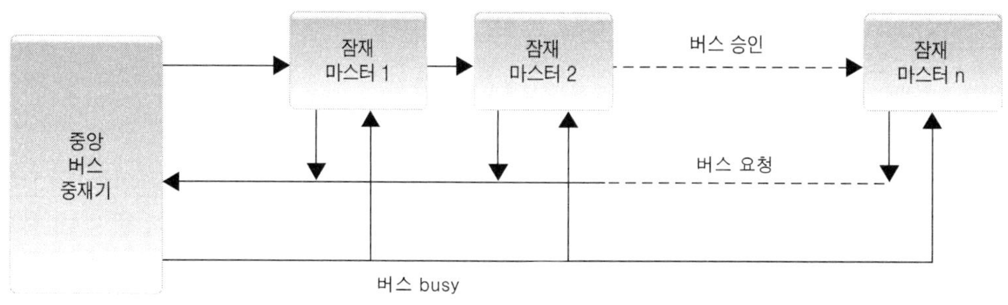

《 그림 8-12 》 데이지체인 방식의 중앙집중형 중재기

버스 요구선과 버스 승인선을 공유하지 않고 여러 개의 버스 요구선과 버스 승인선을 사용할 수도 있다. 이 방법에서 각 마스터는 그림 8-13과 같이 각기 독립적인 버스 요구선과 버스 승인선을 갖는다. 중재기는 우선순위를 바탕으로 마스터를 선택하게 된다.

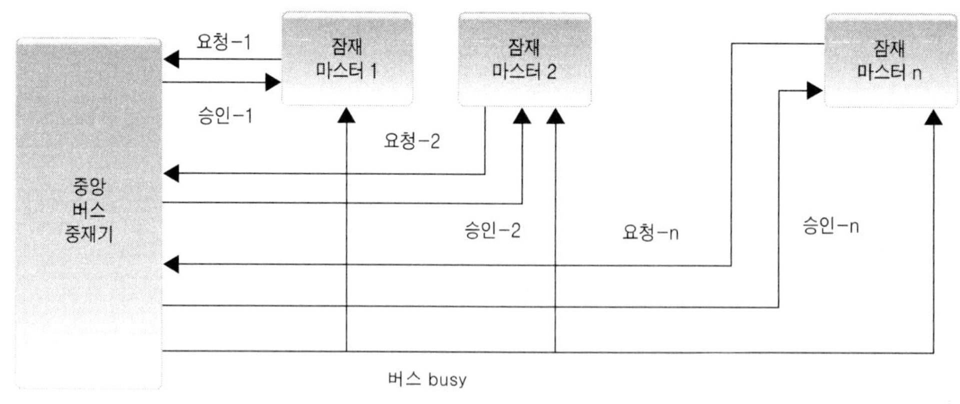

《 그림 8-13 》 독립적인 버스 요구와 승인선을 갖는 중앙집중형 중재기

마스터가 여러 개의 우선순위 레벨을 가지고 우선순위를 선택하는 방법이 있다. 각 우선순위 레벨에 대해서 버스 요구와 버스 승인선이 있고, 각 우선순위 레벨 내에서 데이지체인을 사용한다. 각 장치는 한 우선순위 레벨의 데이지체인으로 연결되어 있다. 중재기가 다른 레벨에서의 버스 요구를 여러 개 받았을 경우 우선순위가 가장 높은 레벨로 버스 승인을 한다. 그 레벨의 장치들 중에서 데이지체인을 사용한다. 그림 8-14는 우선순위 2레벨을 갖고 4개의 장치가 있으며, 마스터 1과 마스터 3은 같은 우선순위 레벨이고 마스터 2와 마스터 4가 같은 우선순위 레벨이다.

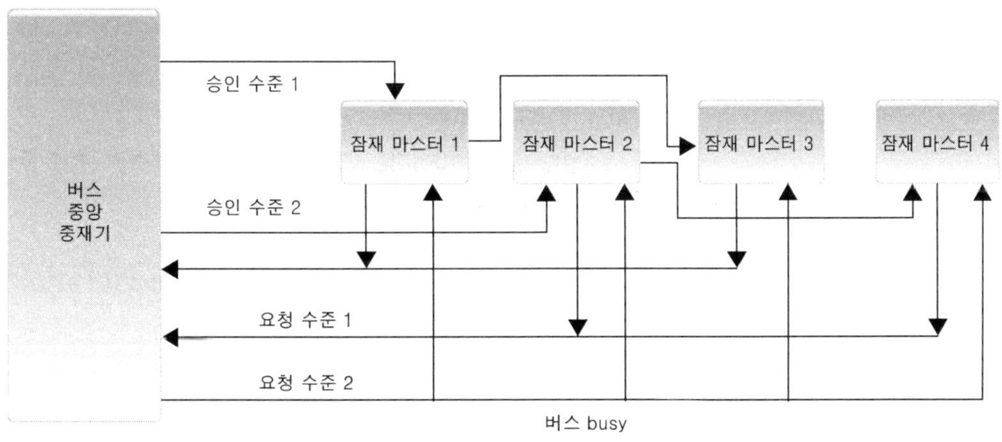

◀ 그림 8-14 ▶ 우선순위 2레벨을 갖는 중앙집중형 중재기

● 분산형 중재 ●

각 마스터는 고유의 중재기를 갖고, 여러 개의 버스 요구를 해결하는 데 사용된다. 예를 들면 버스 충돌은 우선순위가 가장 높은 장치가 선택되어 해결된다. 각 버스 마스터의 중재기는 자신보다 우선순위가 더 높은 모든 버스 마스터의 버스 요구 신호를 검사하고 이들이 사용되지 않을 경우 자신의 버스 마스터로 버스 승인 신호를 보내준다. 우선순위가 더 높은 마스터가 버스 요구를 할 경우 하위 마스터는 버스 사용 승인을 받을 수 없게 된다.

8.4 입출력 인터페이스

컴퓨터 시스템에서 분리된 장치들 간의 인터페이스는 데이터 경로다. 버스 인터페이스는 기본적으로 동시에 전송되는 비트 수를 기반으로 한다. 시스템 버스는 일반적으로 동기적으로 동작하고 입출력 버스는 대부분 비동기적이다. 또한 입출력장치의 수와 속도가 다양하므로 컴퓨터 시스템과 입출력장치에 독립적인 입출력 버스가 바람직하다. 표 8-3에는 컴퓨터에 사용되는 다양한 버스가 나타나 있다. 컴퓨터에 사용하고 있는 대표적인 버스는 표준 버스다.

표 8-3 컴퓨터 시스템에서의 버스와 인터페이스

버스/인터페이스	설명
PS/2	컴퓨터의 버스에 직접 접속해서 사용하는 마우스 또는 키보드를 연결해 사용한다. PS/2 포트를 마우스 포트라고도 한다.
ISA (Industry Standard Architecture)	IBM PC와 호환기의 표준 확장 슬롯에 삽입하는 방법으로 프로세서와 주변장치를 연결해 데이터를 전송할 수 있게 하는 버스 설계 규격이다. ISA 버스, PC/AT 버스 또는 AT 버스라고도 한다. 원래는 PC/XT의 8비트 버스였으며, 1984년 16비트 폭으로 확장했다. 업계에서는 IBM PC가 개인용 컴퓨터의 하나의 표준처럼 인식되어 있었다는 의미에서 업계표준구조라 불리게 됐다. 1993년도에는 Plug & Play ISA 버스를 발표했다.
EISA (Extended Industry Standard Architecture)	ISA 버스를 32비트로 확장하고 개선한 PC/AT 호환기의 버스 규격이다. EISA는 1988년에 미국의 컴팩 컴퓨터사와 인텔사를 중심으로 한 9개 회사의 컨소시엄에 의해 개발됐다. EISA 버스는 ISA 버스와 호환성을 가지며 ISA보다 훨씬 높은 주파수로 동작할 수 있어 데이터 전송 속도가 훨씬 빨랐으나, 가격이 비교적 비싸서 크게 보급되지 않았다.
MCA (Micro Channel Architecture)	IBM사가 1987년에 발매한 PS/2라는 개인용 컴퓨터(PC)에 채용한 새로운 버스 규격으로 마이크로 채널이라고도 한다. MCA 버스는 32비트 버스로 ISA 버스와는 호환성이 없는 새로운 구조의 버스로, 데이터 전송 속도가 매우 빠르다. MCA 버스는 EISA보다 성능이 우수했으나 MCA 버스를 채택한 보드가 많이 등장하지 않았으며 가격이 비싸 널리 사용되지는 않았다.
VESA (Video Electronics Standard Association)	VESA는 VGA, SVGA 등의 비디오 카드, 로컬 버스의 일종인 VLB(VESA Local Bus) 버스 등의 규격을 표준화를 만들었다. 32비트 데이터 버스로 CPU의 속도(33/40 MHz)에서 메모리에 직접 접근했다. VLB 2.0이 1994년에 발표됐으며 이는 64비트며 버스 속도가 50 MHz였다.
PCI (Peripheral Component Interconnect)	주변장치를 연결하는 ISA, EISA, VESA의 후속으로 개발된 로컬 버스 규격으로 1992년 인텔에 의해 제안되어 1993년 버전 2.0, 1995년에 PCI 버전 2.1이 발표됐다. PCI 버스는 32비트 또는 64비트 버스로서 접속 가능한 장치의 수는 10개가 권장되고 있다. 현재 대부분의 확장보드는 PCI 슬롯에 연결해 사용되고 있다.

(계속)

버스/인터페이스	설명
AGP (Advanced Graphic Port)	1997년 인텔사가 3D 그래픽스와 디지털 비디오를 위해 제안한 인터페이스 규격으로 32비트, 60~133 MHz로 동작하고 있다. CPU와 그래픽 카드 간 데이터 전송 속도를 획기적으로 개선한 그래픽 데이터 버스 규격이다. AGP는 시스템 메모리를 직접 관리하는 기능이 있으며, 대량의 메모리가 필요한 3D에서 유용하다. AGP의 최초 주파수 속도는 266 MB/s이고, 이것을 AGP 1배속이라 하며, 8배속까지 있다.
USB (Universal Serial Bus)	1996년 인텔과 컴팩, IBM, MS, DEC, NEC 등 7개 기업이 함께 만든 범용 직렬버스의 규격이다. USB 1.1은 low speed 모드로 1.5 Mbps, full speed 모드로 12 Mbps를 지원한다. USB 2.0은 low speed 모드와 full speed 모드를 지원하면서, 최대 480 Mbps를 지원하는 high speed 모드가 제공된다. USB는 Plug & Play 기능, 드라이버 자동 설치, 전원 관리 기능을 갖고 있다.
IEEE 1394 (FireWire)	미국의 전기전자공학자협회(IEEE)에서 마련한 고속 직렬버스 인터페이스의 규격으로, 최대 전송 속도가 400 Mbps이다. 이는 외부 버스 형태며 가전기기, VCR 등의 연결이 적합하다.
SCSI (Small Computer System Interface)	SCSI는 스토리지 장치와의 병렬 인터페이스로 사용하는 규격이다. 초기의 SCSI에서 점차 진화해 오면서 케이블의 길이, 속도 면에서 많이 향상됐다. 초기에는 8비트의 4 MB/s, 최근의 Ultra SCSI는 40 MB/s의 속도다.
IDE (Integrated Drive Electronics)	IDE는 하드디스크와 CD-ROM과 40핀으로 병렬로 인터페이스하는 규격이다. SCSI보다는 가격이 싸고 성능은 조금 낮다. 1988년에 ATA라는 명칭으로 표준화했고, 그 후 Fast-ATA, ATAPI, EIDE(Enhanced IDE) 방식 등이 생겨났다.
EIDE (Enhanced Integrated Drive Electronics	IDE를 확장한 것으로 528 MB 이상 디스크 접근이 가능하고 28비트 LBA를 사용해 실제 실린더, 헤드 및 데이터 섹터로 데이터의 실제 위치를 나타낼 수 있다. 속도는 4에서 16.6 MB/s의 속도다.
PCI-X	PCI-X는 속도를 66 MHz에서 133 MHz로 향상시켰으며, 프로세서와 주변장치 사이에 교환되는 데이터의 속도와 양을 배가시켰다. 1999년 9월에 1.0 버전의 규격이 완성됐고, PCI-X 2.0 규격이 등장했다. 이는 266 MHz, 533 MHz라는 높은 동작 클록을 통해 2 GB/s, 4 GB/s라는 방대한 데이터 전송 대역폭을 구현한다.

연습문제 exercise

1. 분리형 I/O와 메모리 매핑 I/O의 장단점을 기술하라.
2. 버스의 대역폭이란 무엇인가?
3. 동기식 데이터 전송과 비동기식 데이터 전송을 설명하라.
4. 프로그램된 I/O란 무엇인가?
5. 인트럽트 구동 I/O란 무엇인가?
6. 인터럽트 메커니즘을 구현하는 세 가지 방법을 설명하라.
7. DMA이란 무엇인가?
8. DMA 동작 수행을 위한 절차를 설명하라.
9. DMA에서의 세 가지 전송방식을 설명하라.
10. I/O 장치로의 입출력 방식인 프로그램된 I/O, 인터럽트 구동, DMA 방식의 차이점을 설명하라.
11. 입출력장치의 주소지정 방식에서 메모리 매핑 I/O와 분리형 I/O의 차이점을 설명하라.
12. 동기식 버스와 비동기식 버스의 특징과 장단점을 설명하라.
13. 중앙집중식 중재와 분산형 중재의 차이점을 설명하라.
14. 폴링과 인터럽트 방식의 장단점을 설명하라.
15. 데이지체인 방식 중재기의 동작원리를 설명하라.
16. x86 아키텍처의 인터럽트 방식의 특징을 간단히 설명하라.
17. ARM 계열 아키텍처의 인터럽트 방식의 특징을 간단히 설명하라.
18. 어떤 종류의 동작에 DMA를 사용하는 것이 유리한가?

19. 어떤 경우에 동기식 버스가 더 유리하고, 어떤 경우에 비동기식 버스가 더 유리한가?

20. I/O 장치와 입출력하기 위한 방법 세 가지를 설명하라.

9장 _ 파이프라인

9.1 파이프라이닝

9.2 명령어 파이프라인

9.3 명령어 수준 병렬성

9.4 산술 파이프라인

프로세서에서 명령어 실행 능력을 증가시키는 방법은 일반적으로 클록을 증가시켜서 명령어 실행 시간을 감소시키는 방법과 동시에 실행되는 명령어 수를 증가시키는 방법이 있다. 동시에 명령어 수를 증가시키는 방법으로는 파이프라이닝(pipelining)과 명령어 수준의 병렬처리 기법을 들 수 있다.

파이프라인은 자동차 조립 라인과 같이 여러 개의 조립 라인에서 일을 분할해 동시에 자동차를 생산하는 것과 같은 개념으로서, 프로세서가 동시에 한 개 이상의 명령어를 처리하는 것이다. 프로세서가 수행할 일들을 세분화해 파이프라인의 여러 단계에서 명령어를 수행하게 한다. 명령어 수행을 위해서 명령어 인출(IF), 명령어 해독(D), 오퍼랜드 인출(OF), 명령어 실행(E), 결과 저장(S)으로 나눌 수 있다. 이 경우 파이프라인에서는 명령어 5개까지 동시에 실행할 수 있다. 이 장에서는 명령어 파이프라인의 기본적인 개념을 설명하고 파이프라이닝에서의 성능 분석을 기술한다. 명령어 파이프라인에서의 파이프라인 해저드(hazard) 현상과 해결 방법도 설명한다.

9.1 파이프라이닝

파이프라이닝은 프로세서의 프로그램 처리 속도를 높이기 위해서 명령어를 여러 단계로 나누어 동시에 여러 개의 명령어가 처리되게 하는 기법이다. 이를 위해서는 먼저 순차적으로 실행되도록 처리해야 할 일을 세분화한다. 세분화된 일들은 기능별 장치에 의해서 독립적으로 수행이 되며, 서로 직렬 형태로 연결되어 동시에 수행된다. 그림 9-1은 파이프라인 동작과 파이프라인이 아닌 순차적으로 실행되는 것에 대해서 설명하고 있다. 그림 9-1(a)는 순차적으로 실행되는 처리 과정을 보여주고 있다. 그림 9-1(b)는 3개의 연속적인 명령어가 중첩되어 실행되는 파이프라인 실행을 보여준다. 파이프라인 동작을 위해서 주어진 명령어를 명령어 인출(F), 해독(D), 실행(E), 결과 값 저장(W)의 4단계로 분리했으며, 4단계 파이프라인으로 동작하고 있다.

그림 9-1처럼 3개의 명령어(I_1, I_2, I_3)가 실행되는 전체 시간은 순차적으로 실행했을 때는 사이클 수 12이며, 파이프라이닝으로 동작했을 때는 사이클 수 6이다. 3개의 명령어의 수행에서 파이프라이닝을 사용하면 50% 빠르게 실행할 수 있다.

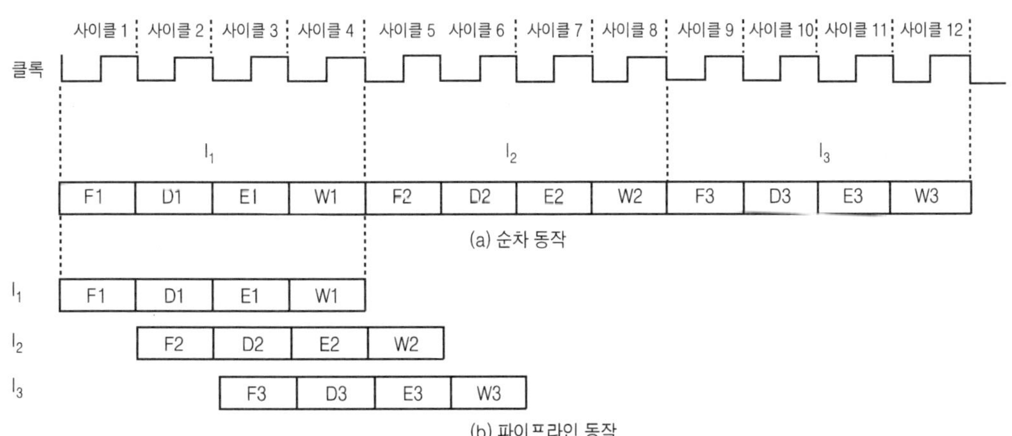

《 그림 9-1 》 순차 동작과 파이프라이닝

파이프라이닝의 동작 성능을 측정하기 위해서 그림 9-2와 같이 시간에 대한 간트(Gantt) 차트를 나타내었다. 이 차트에서 수직은 서브유닛(subunit)이며 수평은 시간이다. 그림에서 10개의 명령어를 실행시키는 데 13이라는 시간 단위가 소요된다. 이 명령어들을 순차적으로 실행한다면 40이라는 시간 단위가 필요하다.

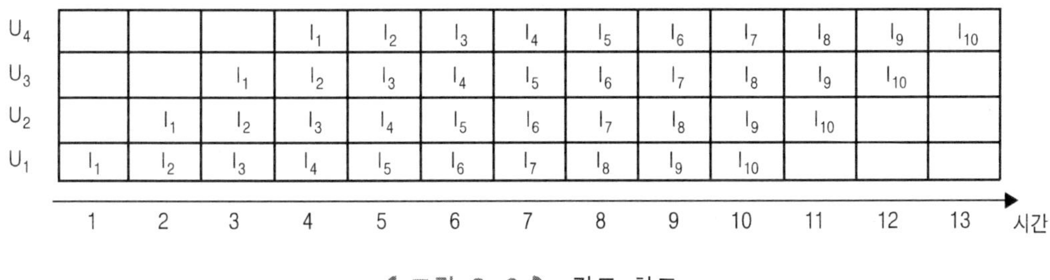

《 그림 9-2 》 간트 차트

파이프라인 성능을 측정하는 기준으로 속도향상, 처리량, 효율이라는 세 가지 매개변수에 대해서 기술한다. 여기서 시간은 $T = t$라는 단위를 사용한다.

(1) 속도향상

m개의 명령어를 실행시키는 데 n개의 파이프라인 단계를 사용한다면 전체 명령어 실행시간(T)은 다음과 같다. 단, 각 파이프라인 단계는 한 클록 주기씩 걸린다고 가정한다.

$$T = n + (m - 1)$$

첫 번째 명령어를 실행하는 데 n주기가 걸리며, 나머지 $(m - 1)$개의 명령어는 각각 한 주기씩만 필요하다. 파이프라인을 사용하지 않고 순차적으로 실행하는 경우에는 m개의 명령어를 실행하는 데 $m \times n$이다. 따라서 파이프라이닝의 속도향상은 다음과 같다.

$$\text{속도향상} = \frac{m \times n \times t}{(n + m - 1) \times t} = \frac{m \times n}{(n + m - 1)}$$

(2) 처리량

처리량은 단위 시간당 수행되는 명령어 수를 나타낸다.

$$\text{처리량} = \frac{m}{(n + m - 1) \times t}$$

(3) 효율

효율은 실제 속도향상과 최대 속도향상의 비율이다.

$$\text{효율} = \frac{\text{속도향상}}{n} = \frac{m}{n + m - 1}$$

9.2 명령어 파이프라인

앞에서는 파이프라인 성능에 중요한 영향을 미치는 파이프라인 스톨(stall)을 무시했다. 한 단계의 기능을 실행하기 위해 한 단계의 시간보다 더 많은 시간이 요구된다면, 다른 단계는 수행되지 않고 대기 상태가 돼야 하는 것을 파이프라인 동작이 스톨됐다고 한다.

예를 들어 캐시 실패가 발생되어 메모리에서 명령어를 인출해야 할 경우에 추가로 $3T$(사이클)가 필요하다면, 그림 9-3에서 10개의 명령어를 실행할 때 I_1에서의 캐시 실패 후 I_2를 실행하는 데 $3T$가 더 필요하다. 즉, I_2 명령어를 인출하는 데 추가로 시간이 걸리는 것을 나타내고 있다. I_3 명령어 인출과 각 단계에서 지연이 됐다. 이것이 파이프라인 스톨이다. 이런 상태를 만드는 것을 파이프라인 해서드라고 한다.

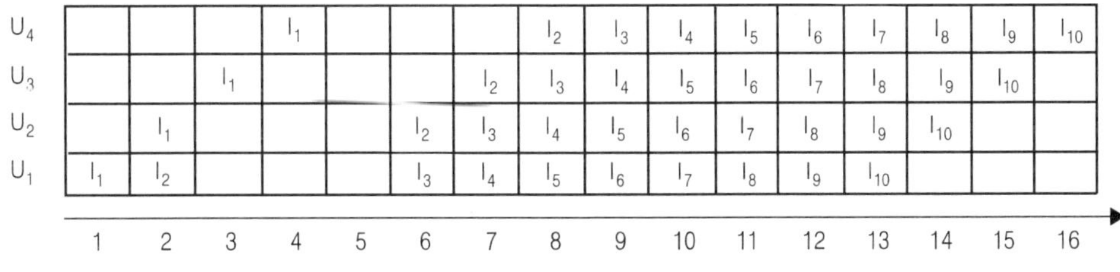

◀ 그림 9-3 ▶ 파이프라인에서 캐시 실패

파이프라인 해저드는 실행 시간을 낭비하게 되며 주어진 명령어를 실행하는 데 더 많은 시간이 걸리게 된다. 그림 9-3에서도 캐시 실패로 인해 실행을 완료하는 데 16이 걸렸다. 파이프라인 해저드는 여러 가지 발생 원인이 있지만 일반적으로 명령어 종속성과 데이터 종속성에 의해서 일어난다.

(1) 명령어 종속성

명령어 실행 사이클에서 여러 개의 명령어가 파이프라인으로 수행될 경우에는 순차적으로 실행되는 경우와 다르다. 파이프라인에서는 명령어 수행한 후 결과 값을 저장하지 않으면 다음 명령어가 그 값을 읽을 수 없다. 이렇게 한 명령어가 수행한 결과 값을 다음 명령어가 사용할 수 없는 관계를 종속성이라고 한다.

명령어 종속은 명령어 인출에 있어서 이전의 명령어가 수행한 결과 값과 의존관계가 있는 것을 말한다. 명령어 종속의 경우는 조건 분기 명령을 수행할 때 발생한다. 조건 분기 명령어는 프로그램이 순차적으로 명령어를 실행하는 것이 아니라 순서와 다르게 명령어를 수행하게 하는 명령으로, 갑자기 수행할 명령어의 순서가 변경되므로 파이프라인에 의해 순차적으로 수행됐던 명령어 단계들은 무효하게 된다. 조건 분기 명령어가 있을 경우, 다음 명령어는 조건 분기 명령어 수행이 완료되고 분기의 목표를 알 때까지 인출하지 않는다.

(2) 데이터 종속성

데이터 종속은 명령어 소스 오퍼랜드가 이전의 명령어 수행 결과 값과 의존관계가 있을 때를 말한다. 현재의 명령어가 인출되어 수행하는 데 필요한 오퍼랜드는 이전의 명령어 수행 결과 값이 저장될 때까지 유효하지 않은 상태다. 예를 들면 다음과 같은 경우에 데이터 종속성을 갖는다.

```
ADD R1, R2, R3  ; R3 = R1 + R2
SL R3           ; R3 = SL(R3), 한 비트 왼쪽으로 이동
SUB R5, R6, R4  ; R4 = R5 - R6
```

이 코드에서 첫 번째 명령어 ADD를 인출하고 이는 두 레지스터 R1, R2의 내용을 더해서 결과 값을 R3에 저장한다. 두 번째 명령어는 R3 레지스터 내용을 한 비트 왼쪽으로 이동한 후 R3 레지스터에 저장하라는 것이다. 마지막 명령어는 레지스터 R5 내용에서 R6 내용을 뺄셈을 한 후, 결과 값을 R4에 저장하라는 것이다.

이 프로그램을 5단계 파이프라인에서 실행한다고 가정하며, 5단계 파이프라인은 IF(Instruction Fetch), ID(Instruction Decode), OF(Operand Fetch), IE(Instruction Execute), IS(Instruction store)이다. 첫 번째 명령어는 결과 값을 R3에 저장하라는 것이다. 두 번째 명령에서 R3을 읽어 와서 한 비트 왼쪽으로 이동하는데, 파이프라인 동작에서는 첫

번째에서 R3을 저장하기 전에 두 번째 명령에서 이전 R3을 읽어 오는 경우다.

그림 9-4는 간트 차트로 설명하고 있다. 첫 번째 명령어가 I_i이며, 두 번째 및 세 번째 명령어가 I_{i+1}, I_{i+2}이다. 두 번째 명령어(I_{i+1})는 시간 k+2까지 성공적으로 실행했으나, k+3에서 OF가 진행되지 않았다. 이 이유는 k+3 동안 두 번째 명령어(I_{i+1})에 의해 인출되는 오퍼랜드는 첫 번째 명령(I_i) 수행에서 변경됐을 R3 레지스터 내용이기 때문이다. 그러나 R3의 변경된 값은 시간 k+4가 완료될 때까지 유효하지 않다. 두 번째 명령어(I_{i+1})는 k+5까지 기다려야 한다. 세 번째 명령어(I_{i+2})도 역시 두 번째 명령어 ID를 수행할 때까지 기다린다. 첫 번째 명령어(I_i)와 두 번째 명령어(I_{i+1}) 사이에 데이터 종속성이 존재하므로 파이프라인 스톨이 발생한다.

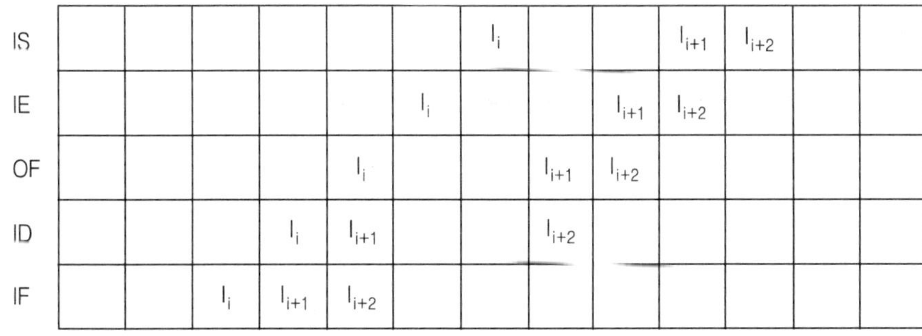

◀ 그림 9-4 ▶ Write-After-Write 데이터 종속

데이터 종속성은 첫 번째와 두 번째 명령어 사이에서 나타나며, 레지스터 R3이 목적지다. 이를 Write-After-Write 데이터 종속성이라 한다. 이 외에 Read-After-Write, Write-After-Read, Read-After-Read 모두 네 가지 경우가 있다. 이 중에서 Read-After-Read는 레지스터에서 읽는 경우에 레지스터 내용이 변경되지 않기 때문에 파이프라인 스톨이 생기지 않으며, 이 외 세 가지 경우에는 파이프라인 스톨이 생긴다.

● Read-After-Write ●

이 경우의 예는 다음과 같다.

```
ADD R1, R2, R3   ; R3 = R1 + R2
SUB R3, 1, R4    ; R4 = R3 - 1
```

첫 번째 명령어에서 R1과 R2의 내용을 더한 결과 값을 R3으로 저장하는 것으로 R3 내용이 변경됐으며, 두 번째 명령에서 변경된 R3 내용에서 1을 뺀 후 R4에 저장한다. 파이프라인에서 수행할 경우 두 번째의 명령에서 R3을 읽는 값은 이전 명령 수행의 결과 값이 돼야 한다. 그림 9-5의 간트 차트에서 첫 번째 명령(I_i)과 두 번째 명령(I_{i+1}) 사이의 데이터 종속성을 설명하고자 한다.

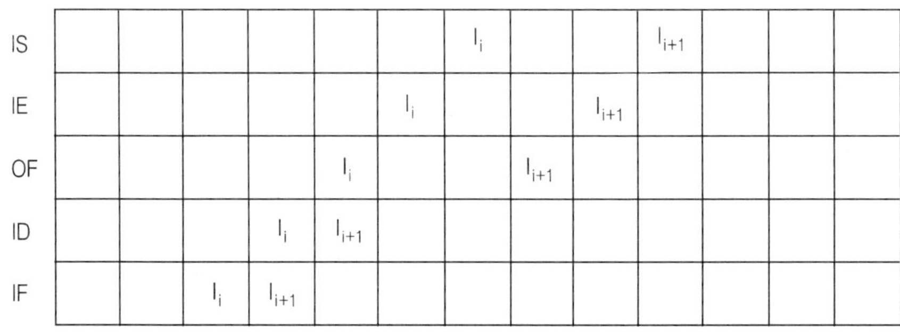

《 그림 9-5 》 Read-After-Write 데이터 종속

그림의 k+3에서 두 번째 명령어 오퍼랜드를 인출하지 않고 k+5에서 인출했다. 그 이유는 R3 레지스터 내용은 k+4에서 변경된 후, k+5에서 두 번째 명령(I_{i+1})이 R3의 내용을 인출하기 때문이다. 따라서 데이터 종속성에 의해 파이프라인에서 지연이 발생한다. 명령어와 데이터 종속성에 의해 다음 세 가지 문제가 발생한다.

1. 명령어와 데이터 종속성은 파이프라인에서 지연을 추가한다.
2. 명령어 종속성은 잘못된 명령어 인출을 할 수 있다.
3. 데이터 종속성은 잘못된 오퍼랜드 인출을 할 수 있다.

명령어와 데이터의 종속성은 파이프라인 수행을 지연하는 결과를 가져오며 성능을 감소시키는 결과를 초래할 수 있다. 따라서 이런 종속성을 해결하는 많은 방법을 설명하고자 한다.

(3) NOP 사용

이 방법은 명령어와 데이터 종속성에 의해 잘못 인출되는 것을 막기 위해 NOP(No Operation) 명령어를 사용하는 것이다. 그림 9-3에서 4개의 파이프라인 단계를 사용했으며, 각 단계에서 10개의 순차적인 명령어를 실행하는 것이다. 만일 분기 명령어가 인출됐으면, 분기 명령어 수행의 결과 값이 저장될 때까지 파이프라인 스톨이 필요하다. 이는 분기 명령어 인출 후, 잘못된 명령어 인출을 막기 위한 것이다. 파이프라인 스톨이 생기면 NOP 명령어를 삽입한다.

그림 9-6에서 4개 파이프라인 단계를 갖고 각 단계에서 10개의 순차적인 명령어를 수행한다. I_4 명령어가 조건 분기 명령어라 가정한다면, 잘못된 명령어 인출을 방지하기 위해 NOP 명령어를 I_4 이후에 삽입한다. 정확한 명령어 인출을 위해 I_4 이후 3개의 NOP 명령이 삽입됐으며, I_5 인출은 I_4를 실행한 결과 값이 저장된 시점 8에서 했다. 이 시점은 분기를 위한 조건이 수행된 때다. 일반적으로 삽입되는 NOP의 수는 파이프라인 단계(N)에서 1을 뺀 값이다.

$$\text{NOP 수} = (n-1)$$

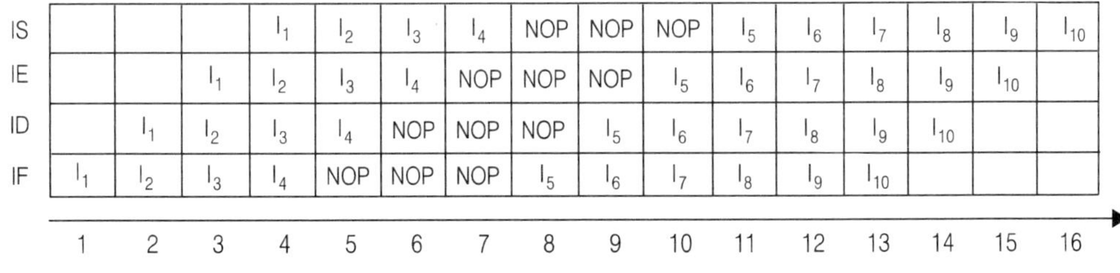

	1	2	3	4	5	6	7	8	9	10	11	12	13	14	15	16
IS				I_1	I_2	I_3	I_4	NOP	NOP	NOP	I_5	I_6	I_7	I_8	I_9	I_{10}
IE			I_1	I_2	I_3	I_4	NOP	NOP	NOP	I_5	I_6	I_7	I_8	I_9	I_{10}	
ID		I_1	I_2	I_3	I_4	NOP	NOP	NOP	I_5	I_6	I_7	I_8	I_9	I_{10}		
IF	I_1	I_2	I_3	I_4	NOP	NOP	NOP	I_5	I_6	I_7	I_8	I_9	I_{10}			

《 그림 9-6 》 NOP 명령어 사용

NOP 명령어는 명령어 종속인 경우에 잘못된 명령어의 인출을 막아 준다. 유사한 접근으로 데이터 종속인 경우에는 잘못된 오퍼랜드의 인출을 막아 준다. 다음 5단계 파이프라인(IF, ID, OF, IE, IS)에서 코드를 보여준다.

```
ADD R1, R2, R3   ; R3 ← R1 + R2
SUB R3, 1, R4    ; R4 ← R3 - 1
MOV R5, R6       ; R6 ← R5
```

첫 번째와 두 번째 명령에서 RAW(Read-After-Write) 형태의 데이터 종속성이 있다. 두 번째 명령어에서 R3 내용의 인출이 첫 번째의 명령에서 결과 값이 저장되기 전까지 진행되지 않는다. 이를 위해 NOP 명령어를 다음과 같이 삽입함으로써 올바른 구현이 가능해진다.

```
ADD R1, R2, R3   ; R3 ← R1 + R2
NOP
NOP
SUB R3, 1, R4    ; R4 ← R3 - 1
MOV R5, R6       ; R6 ← R5
```

수정한 명령어를 그림 9-7에 나타내었다. NOP 명령어 사용으로 시간 6에서의 명령어 I_2는 R3의 정확한 값을 인출하도록 보장한다.

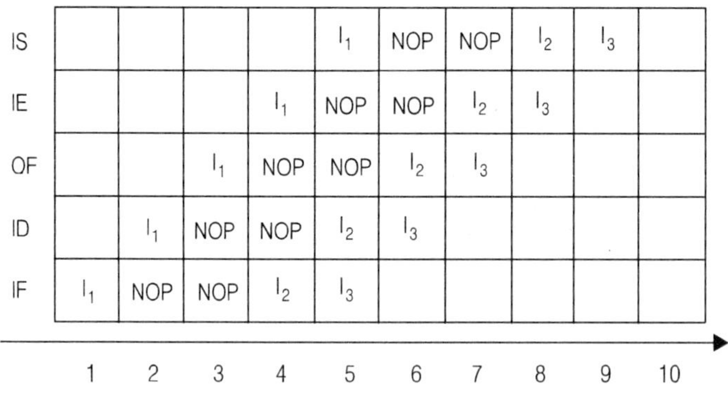

《 그림 9-7 》 데이터 종속에서 NOP 사용

(4) 무조건 분기 명령어

무조건 분기는 무조건 분기 명령어의 실행 이후 반드시 지정된 주소로 분기하는 것을 말하며, 조건 분기는 조건 분기 명령어에서 지시하는 분기 조건을 만족하는 경우에만 지정된 주소로 분기를 한다. 따라서 조건 분기와 무조건 분기에 대해 처리는 각기 다르다. 무조건 분기에 의한 파이프라인 스톨을 감소시키기 위해서는 명령어를 잘못 인출하기 전에 가능한 한 일찍 무조건 분기를 알아내야 한다. 무조건 분기의 경우는 명령어 유형을 판별해 분기 목적 주소의 명령어를 미리 인출할 수 있으며, 일련의 명령어 순서 재배치에 의해 스톨을 감소시킬 수 있다.

● 명령어 재배치 ●

이 경우는 명령어의 순서를 재배치하는 것이다. 예를 들어 수행할 명령어가 I_1, I_2, I_3, I_4, ..., I_j, I_{j+1}이며 3단계 파이프라인(IF, IE, IS)에서 수행한다고 하자. 명령어 코드에서 I_4가 무조건 분기 명령이고, 목적지가 명령어 I_j이다. 이 명령어 코드를 순차적으로 실행하면 I_4 명령어 인출 후, I_5 명령어를 인출할 것이다. 이것은 잘못된 것이다. 그러나 순차적으로 실행하는 명령어 순서를 재배치하면 이를 막을 수 있다. 즉, 명령어를 I_1, I_4, I_2, I_3, ... I_j, I_{j+1}로 재배치한다. 이를 그림 9-8에 나타내었다. 이 그림의 명령어 재배치에서 명령어 I_j는 명령어 I_4가 실행된 후, 시간 5에서 인출됐다. 명령어 재배치는 컴파일러로 구현할 수도 있다.

《 그림 9-8 》 명령어 재배치

● 명령어 재배치와 분기 선계산 ●

이 방법은 명령어 재배치와 인출장치에 전용 하드웨어를 사용하는 것을 결합한 것이다. 하드웨어는 분기 주소를 계산하고 분기 명령어를 인식하는 동시에 다른 명령어를 수행한다. 예를 들면 위의 명령어에서 전용 하드웨어는 수행을 위해 한 단계의 시간을 요구하고 있다. 이 경우 명령어 재배치는 다음과 같은 순으로 된다.

$I_1, I_2, I_4, I_3, I_5, ..., I_j, I_{j+1}, ...$

어떤 추가적인 시간을 요구하지 않고 정확한 결과가 계산된다. 그림 9-9의 4단계에서 I_3 명령어 인출과 동시에 분기 주소를 계산하기 위해 전용 하드웨어가 사용됐다.

《 그림 9-9 》 분기 폴딩

이 방법의 성공은 분기할 주소 계산과 동시에 수행될 명령어에 달려 있다. 동시 명령어 수행을 위해서 명령어 재배치를 했으나 재배치가 불가능하다면 명령어 인출과 함께 명령어큐를 사용하면 도움이 될 것이다.

● 명령어 선인출 ●

이 방법은 필요한 명령어를 미리 명령어큐에 인출해 저장해 놓는 것이다. 이 방법에서도 인출장치는 분기 명령어의 인식과 분기 주소를 계산하기 위해 하드웨어로 구성한다. 데이터 종속성으로 파이프라인 스톨이 발생된다면 별도의 인출 과정을 통해서 파이프라인으로 들어가는 명령어는 없다. 인출장치는 새로운 명령어의 인출을 계속하며 이들을 명령어큐에 추가한다. 명령어 종속성에 의해 명령어 인출에서 지연이 발생된다면, 명령어큐에 있는 미리 인출한 명령어들을 다음 명령어와 함께 파이프라인에 제공할 수 있다. 그래서 명령어 종속성에 의한 다른 지연을 제거할 수 있다. 명령어큐에서 파이프라인으로 적절한 명령어의 제공은 일반적으로 디스패치(dispatch)장치를 사용해 수행한다. 명령어 종속성에 의한 파이프라인 스톨 동안의 명령어 선인출 기술과 실행하는 기술을 분기 폴딩(branch folding)이라고도 한다.

● 하드웨어 추가 ●

인출장치를 전용 하드웨어로 구현하는 것으로, 이 하드웨어는 무조건 분기 명령어를 인식하고 빠르게 분기 목표 주소를 계산하며, 이를 위해 추가적인 시간을 요구하지 않는다. 실제로는 인출장치의 하드웨어는 추가적인 시간을 요구하고 있다. 하드웨어 장치가 필요로 하는 추가적인 시간 동안 다른 명령어가 실행된다면, 추가한 시간은 감소될 것이다. 그림 9-10은 추가적인 시간 없이 명령어를 수행하는 것을 보여주고 있다.

IS			I_1	I_2	I_3	I_4	I_j	I_{j+1}
IE		I_1	I_2	I_3	I_4	I_j	I_{j+1}	
IF	I_1	I_2	I_3	I_4	I_j	I_{j+1}		

◀ 그림 9-10 ▶ 하드웨어 인출장치의 사용

(5) 조건 분기 명령어

조건 분기 명령어는 무조건 분기 명령어와 달리 분기 명령어의 실행이 완료될 때까지 목적 분기 주소를 모른다. 그러므로 명령어는 조건 분기에 의해 명령어 종속성을 나타내므로 지연을 최소화하기 위한 많은 기법이 사용되고 있다.

● 지연 분기 ●

만일 조건 분기 명령어 앞에 위치한 명령어들의 실행 결과가 다른 명령어나 분기 조건에 영향을 주지 않는다면, 분기 명령어와 그 명령어의 순서를 바꾸어 실행하는 방법이다. 분기 지연슬롯(branch delay slot)이라는 것은 일반적으로 조건 분기 명령어 다음에 위치하는 것으로서, 목적 분기 주소를 알 수 있을 때까지 수행할 수 있는 명령어의 자리다. 예를 들어 다음 프로그램은 명령어에서 2단계 파이프라인, F(fetch), E(execute)로 구성한다.

```
I1   Again   LOAD 5, R1        ; R1 ← 5
I2           SUB R2            ; R2 ← R2 - 1
I3           BNN Again         ; 결과가 음이 아니면 Again으로 분기
I4           ADD R4, R5, R3    ; R3 ← R4 + R5
```

첫 번째의 루프의 끝(I_3)에서 결과 값에 따라서 I_4 또는 I_1로 분기할 것이다. 이런 경우 I_3 명령어 결과를 알 수 있을 때까지 다음 명령어 인출을 지연시키는 것이다. 이것은 파이프라인에서 추가적인 지연을 초래한다. 다음과 같이 명령어 순서를 재배치한다면 상기 지연은 피할 수 있다.

```
Again   SUB R2            ; R2 ← R2 - 1
        LOAD 5, R1        ; R1 ← 5
        BNN Again         ;
        ADD R4, R5, R3    ; R3 ← R4 + R5
```

그림 9-11에서 R2 값이 2라고 가정하고 실행되는 것을 나타내고 있다. 그림에서 원래 명령어 실행 과정에서 분기 명령어가 실제보다 한 명령어 늦게 분기가 일어난다. 이를 지연 분기(delay branch)라고 한다. 명령어 순서를 재배치함으로써 파이프라인에서의 추가적인 지연을 제거할 수 있음을 알 수 있다.

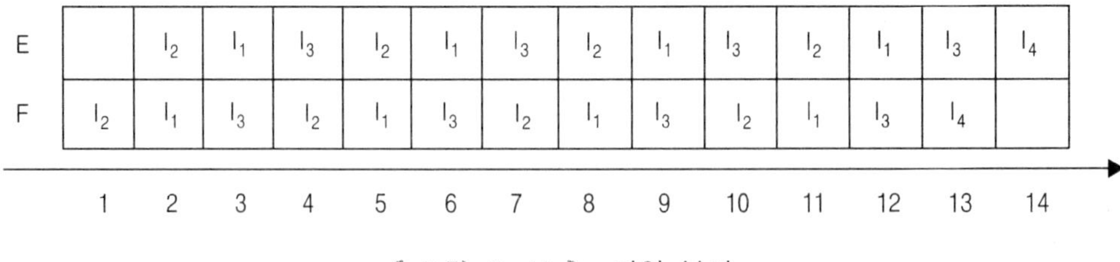

《 그림 9-11 》 지연 분기

● 분기 예측 ●

이 방법은 조건 분기 명령어를 인출한 후에, 다음 명령어 인출을 예측함으로써 명령어 종속성에 의한 잠재적인 시간 지연을 줄인다. 조건 분기를 만날 때마다 분기할 것인지 어부를 예측하는 것은 간단하다. 분기 명령어 수행이 완료한 후에는 그 결과를 알 수 있다. 그리고 분기 여부를 결정한다. 이 결정은 두 가지 중의 하나며, 만일 예측이 정확하다면 시간의 지연 없이 수행을 계속할 것이다.

정적분기 예측

조건부 분기 명령어에 대해 분기가 발생할지를 미리 예측해, 예측된 목적지 명령어를 미리 인출해 오는 것을 바탕으로 한다. 정적분기 예측(static branch prediction)은 분기가 발생할 것인지 아닌지를 미리 동일하게 예측하는 방법이다. 즉, 예측을 정하고 이를 변경하지 않는 것으로 분기 여부를 컴파일 시에 결정한다. 반복 구문의 경우에 반복 조건이 만족되는 동안 구문의 실행이 계속 반복되므로 분기가 발생하는 경우가 많다는 것을 이용해 항상 분기가 되도록 예측하는 방법이다.

동적분기 예측

동적분기 예측(dynamic branch prediction)은 컴파일할 때 예측하는 정적분기 예측과 달리 프로그램 실행 도중에 분기를 예측하는 방법이다. 분기가 일어났을 때, 분기 기록은 이전에 동일 분기가 일어났었는지를 체크하고 그때 분기 결정이 무엇이었는지도 확인한다. 분기 결정은 분기를 했는지 또는 분기를 하지 않았는지에 따라 두 가지다. 예를 들면 현재까지의 분기 실행 과정에서 분기가 매우 많이 발생했다면 다음에도 분기가 발생할 것으로 예측할 수 있다.

(6) 데이터 포워딩

데이터 종속성에 의한 파이프라인 스톨을 감소시키는 방법으로 데이터 포워딩(data forwarding)을 설명한다. 데이터 포워딩에는 하드웨어와 소프트웨어 포워딩이 있다. 데이터 종속성에 의해서 어떤 명령어가 이전에 명령어에서 수행한 결과 값을 사용한다면, 그때마다 정확한 값이 사용되는지 확인이 필요하다. 어떤 명령어는 이전 명령어의 농작이 완료될 때까지 진행을 할 수 없으며, 이러한 데이터 종속성은 파이프라인 성능의 감소를 초래한다. 이를 해결하는 방법으로 데이터 또는 오퍼랜드 포워딩을 한다.

● 하드웨어 데이터 포워딩 ●

하드웨어 오퍼랜드 포워딩을 데이터 포워딩이라 하며, 산술논리장치(ALU)에서 실행한 한 개의 결과를 다음 명령어 사이클에서 ALU 실행에 사용하게 하는 것이다. 예를 들어 데이터 종속성이 있는 2개의 명령어에서 데이터 포워딩을 설명한다.

```
ADD R1, R2, R3      ; R3 ← R2 + R1
SUB R3, 1, R4       ; R4 ← R3 - 1
```

상기 두 명령어에서 파이프라인 동작에서 RAW(Read-After-Write)라는 데이터 종속성이 존재한다. 첫 번째 명령어에서 덧셈의 결과 값이 R3에 저장될 때까지 두 번째 명령어는 지연을 해야 한다. 이때 두 번째 명령어의 오퍼랜드는 R3에 저장되는 새로운 값이며, 두 번째 명령어에서 인출돼야 하는 것이다. 그러나 첫 번째 명령어 실행 결과 값을 R3에 저장하는 동안 동시에 ALU로 포워딩이 가능하다. 이렇게 하면 파이프라인에서의 지연을 감소시킬 수 있다. 그림 9-12에서 포워딩하는 것을 표로 나타내고 있다.

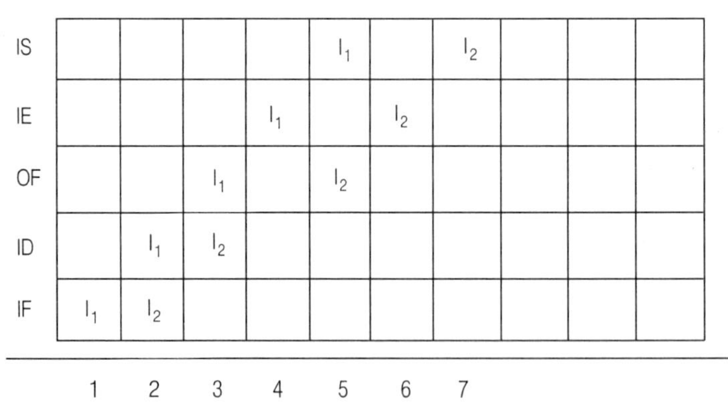

◀ 그림 9-12 ▶ 하드웨어 포워딩

데이터 포워딩을 위한 데이터 경로, 제어 신호 등은 하드웨어적으로 변경이 돼야 한다. 그림 9-13에서 하드웨어적으로 변경된 사항들을 나타내고 있다. 하드웨어 변경은 가격이 비싸며 좀 더 복잡한 제어가 필요하다. 명령어 해독과 오퍼랜드 인출이 같은 시간에 수행이 가능하다면 지연이 감소됨을 알 수 있다.

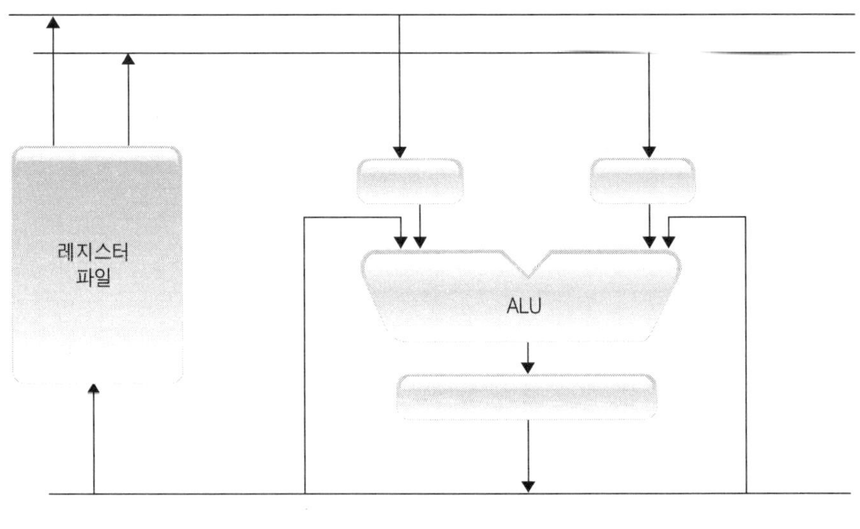

《 그림 9-13 》 하드웨어 포워딩

● 소프트웨어 데이터 포워딩 ●

소프트웨어 데이터 포워딩은 컴파일러에 의해 소프트웨어적으로 수행된다. 컴파일러는 어떤 명령어 수행 결과를 즉시 다음 명령어를 위한 오퍼랜드(데이터)로 이용할 수 있게 만들어야 한다. 컴파일러가 이와 같은 수행을 할 수 있도록 데이터 종속성 분석을 할 수 있으면 지연을 더 감소시킬 수 있을 것이다. 데이터 종속성 분석은 Store-Fetch, Fetch-Fetch, Store-Store의 기본적인 형식의 인식이 요구된다.

Store-Fetch

명령어 결과가 메모리에 저장되어 있고 다른 명령어에 의해 동일 결과를 인출함으로써 발생하는 데이터 종속성의 경우다. 예를 들면 다음과 같다.

```
STORE R2, (R3)    ; M[R3] ← R2
```

```
LOAD (R3), R4      ; R4 ← M[R3]
```

이 프로그램에서는 두 번째 명령어가 필요로 하는 오퍼랜드는 R2에 이미 존재하고 있다. 그래서 이것을 바로 R4로 이동시킬 수 있다. 이런 데이터 종속성이 확인될 때마다 컴파일러는 다음과 같이 변경을 한다.

```
STORE R2, (R3)    ; M[R3] ← R2
MOVE R2, R4       ; R4 ← R2
```

Fetch-Fetch

어떤 명령어 수행 결과에 의해 저장되는 데이터가 다음 명령어의 오퍼랜드와 동일한 경우다. 예를 들면 다음과 같다.

```
LOAD (R3), R2      ; R2 ← M[R3]
LOAD (R3), R4      ; R4 ← M[R3]
```

여기서도 첫 번째 명령어에서 필요로 하는 오퍼랜드는 두 번째 명령에서 오퍼랜드와 동일한 것이다. 그래서 두 번째 명령어에서 필요로 하는 오퍼랜드는 첫 번째의 명령어에서의 오퍼랜드를 즉시 다음 명령어의 오퍼랜드로 보내는 것이다. 이런 종속성이 확인될 때마다 다음과 같이 바꾼다.

```
STORE (R3), R2    ; R2 ← M[R3]
MOVE R2, R4       ; R4 ← R2
```

Store-Store

이 경우에는 어떤 명령어가 실행의 결과를 저장했고, 두 번째 명령어도 동일한 위치에 저장하려고 할 때 발생한다. 예를 들면 다음과 같다.

```
STORE R2, (R3)    ; M[R3] ← R2
```

```
STORE R4, (R3)    ; M[R3] ← R4
```

첫 번째 명령은 R2의 내용을 R3에 저장된 주소의 위치에 저장하는 것으로 R2의 내용이 저장되는 동안 R4의 내용도 같은 메모리 위치에 저장된다. 메모리에 저장되는 값을 I/O 장치 등이 사용하는 것이 아니라면, 다음과 같이 변경할 수 있다.

```
STORE R4, (R3)    ; M[R3] ← R4
```

9.3 명령어 수준 병렬성

파이프라인은 명령어들을 중첩으로 실행시켜 전체 작업 시간을 줄임으로써 프로세서의 성능을 향상시키는 것이다. 그러나 파이프라인과 반대의 개념이 명령어 수준 병렬성(ILP: Instruction-Level Parallelism)이다. 이 경우에는 명령어를 인출하기 위해 파이프라인된 데이터 경로를 여러 개 갖는다. 각 파이프라인은 한 사이클에 명령어를 인출하고 실행할 수 있다.

그림 9-14에서 순차실행, 파이프라인, 다중처리의 세 가지 형태를 나타내었다. 그림에서 파이프라인에서는 한 사이클 동안 한 개의 명령어 수행을 하지만 (c)인 경우에는 CPI가 1보다 적다. 완전한 ILP를 만들기 위해서는 프로그램에서 데이터와 명령어 종속성을 분석해야 한다. 이 분석은 프로그램의 정확성을 유지하면서 동시에 들어오는 명령어 그룹을 적절하게 스케줄링해야 한다.

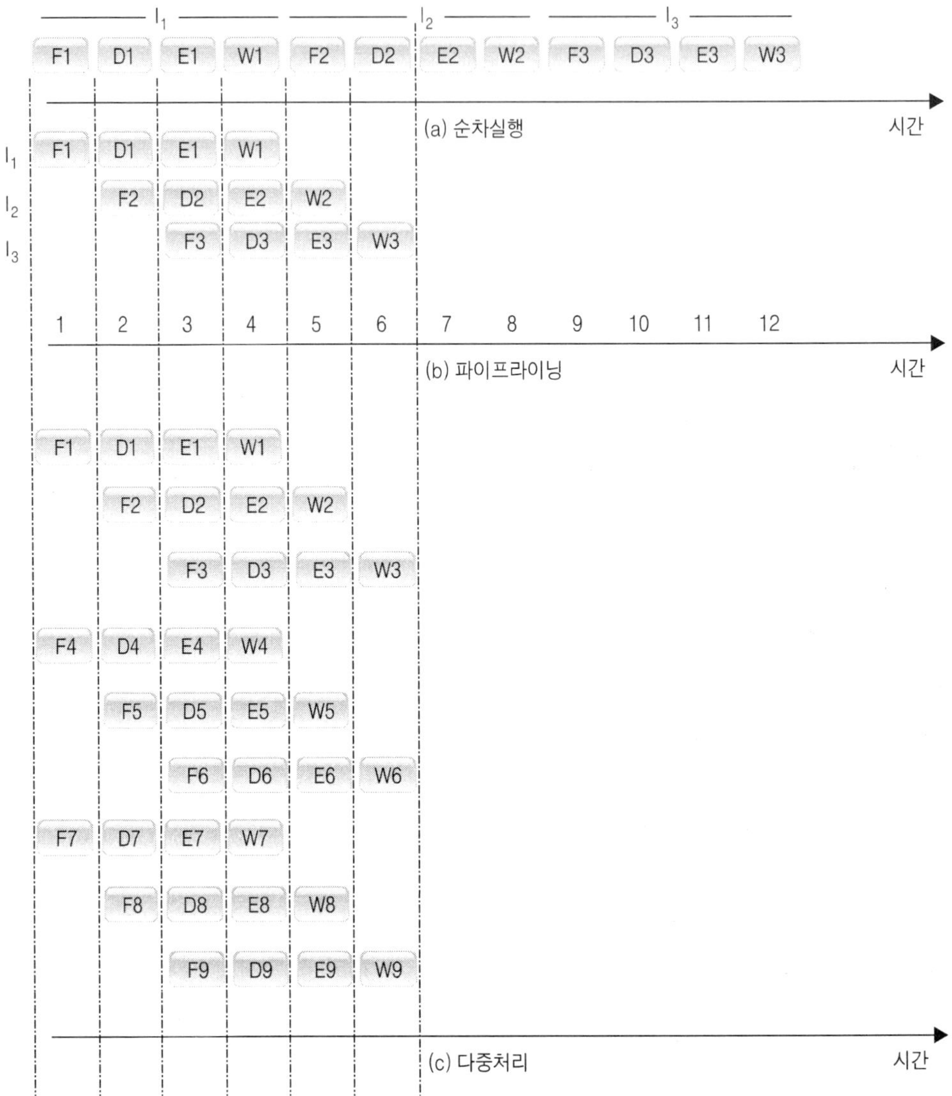

《 그림 9-14 》 순차실행, 파이프라인, 다중처리의 비교

(1) 슈퍼스칼라 구조

스칼라처리는 한 클록에 한 개의 명령어가 처리되는 것을 말하며, 슈퍼스칼라(superscalar) 구조는 한 클록에 하나 이상 명령어를 처리하려는 구조다. 즉, 이 구조는

동시에 여러 명령어를 인출, 해독, 실행, 저장할 수 있다. 이 구조에서는 프로세서 내에 파이프라인 실행장치를 여러 개 두고서 실행장치가 병렬적으로 명령어를 처리할 수 있게 한 것이다. 처리되는 명령어들은 서로 간에 종속성이 없어야 한다.

(2) VLIW(Very Long Instruction Word)

프로세서 내에 여러 개의 실행장치를 갖고 있으며, 한 개의 명령어 형식 내에 동시에 실행될 수 있는 명령어(연산 코드 및 오퍼랜드)를 여러 개 포함시킴으로써, 각 명령어 단어를 인출해 실행할 때마다 여러 연산이 동시에 실행되게 하는 방식이다. 이 방식에서는 컴파일러가 종속성을 분석하고 동작의 스케줄링과 그룹화를 적절하게 결정한다. 따라서 하나의 명령어 단어에 포함시킬 수 있는 명령을 얼마나 많이 찾을 수 있는가가 중요하다. 명령어 코드가 길지만 하나로 취급되기 때문에 인출과 해독은 하나의 회로에 의해 이뤄지고 각 연산의 실행 사이클만 여러 개의 장치로 나누어져 동시에 처리된다. VLIW 구조의 시스템으로는 IBM사의 DAISY, 필립스사의 TriMedia 등이 있다.

9.4 산술 파이프라인

파이프라인에서 사용했던 원리를 산술연산 수행에서 성능을 향상하기 위해 사용한다. 이 경우에는 파이프라인 원리를 ALU 내부에 파이프라인 구조로 구현해 처리하는 것이다. ALU의 파이프라인은 고정소수점과 부동소수점 연산으로 구분할 수 있다.

(1) 고정소수점 산술 파이프라인

부동소수점의 산술 동작은 ALU 내에서 일어나며, 가산기인 경우에는 두 개의 오퍼랜드가 있다. 오퍼랜드의 가산은 몇 가지 기법을 사용해 수행된다. 기본적인 요소는 복잡도와 속도다. 속도가 빠른 회로는 일반적으로 복잡하고, 속도가 느린 회로는 더 간단하다. 예를 들어 CRT(Carry Ripple Through) 가산기와 CLA(Carry Look-Ahead) 가산기를 비교해 보면, 전자는 간단하지만 속도가 느리다. 반면 후자는 복잡하지만 빠르다. CRTA는 오퍼랜드의 몇 개의 쌍으로 수행시키도록 해서 파이프라인으로 실행되게 한다. 그림 9-15는 수정된 CRTA 4비트 가산기를 나타내고 있다. 두 개의 오퍼랜드 A, B가 래치를 통해 CRTA로 들어간다. 이 래치는 가산기의 수행에서 동기를 하기 위해 사용된다. 특히 올림수가 발생되어 더 높은 자리에서의 덧셈을 위해 동기를 한다.

예를 들면 첫 번째에 가산기에서 발생한 올림수(C_0)와 a_1과 b_1이 두 번째 가산기의 입력에 래치를 사용해 동기를 시킨다.

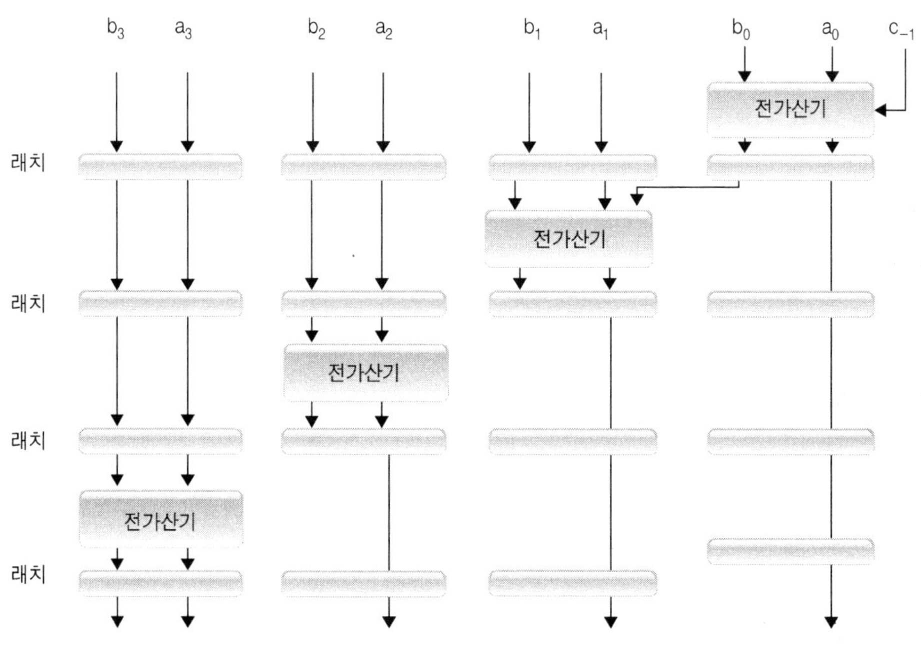

【그림 9-15】 수정된 4비트 CRTA

(2) 부동소수점 산술 파이프라인

부동소수점 수의 연산에서 덧셈과 뺄셈은 지수 조정 단계를 지수부와 가수부에 대해 별도로 처리하기 위해 모두 4단계로 처리된다. 부동소수점에서도 파이프라인이 가능하며 부동소수점의 가산기는 지수 비교(EC), 지수 조정(EA), 덧셈(AD), 정규화(NZ)가 구성되어 있다. 4단계 파이프라인을 갖는 구성이 가능하다. 각 수행은 그림 9-16처럼 부동소수점의 가산기며 EC, EA, AD, NZ로부터 수행한다. 가산기 내에 동시에 수행하는 오퍼랜드를 여러 개 가질 수 있고 래치의 동기가 필요하다.

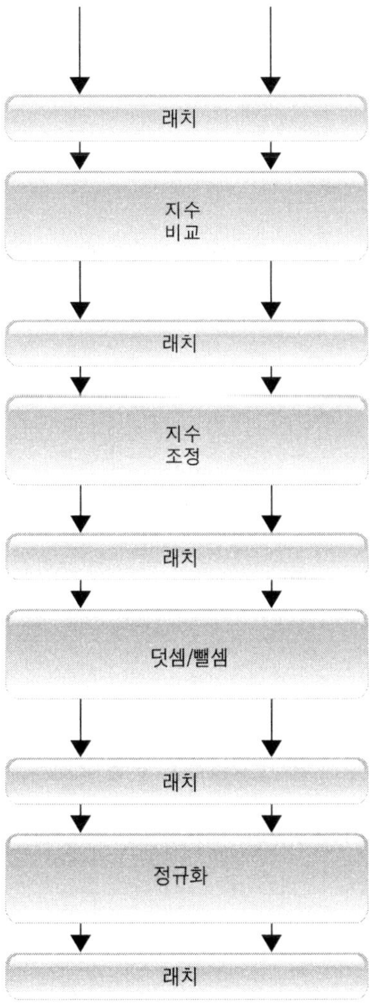

【 그림 9-16 】 파이프라인 FP 가산기

연습문제 exercise

1. 파이프라인에서 데이터 해저드를 해결할 수 있는 방법을 설명하라.
2. 슈퍼스칼라와 VLIW 방식의 차이점을 설명하라.
3. 데이터 종속성의 세 가지 형태를 설명하라.
4. 하드웨어 데이터 포워딩을 설명하라.
5. 순차적인 명령어 처리, 파이프라인 방식, 슈퍼스칼라 방식의 차이점을 비교 설명하라.
6. 명령어 종속성을 설명하라.
7. 분기 명령어에 대한 파이프라인 성능을 높이기 위해 취할 수 있는 방법을 설명하라.
8. 파이프라인 해저드가 발생하는 원인은 무엇인가?
9. 데이터 해저드를 해결할 수 있는 방법에는 어떤 것이 있는지 나열하라.
10. 데이터 해저드를 해결하기 위해 NOP 명령어를 삽입할 때의 단점은 무엇인가?
11. 조건 분기 명령어에서 정적분기 예측과 동적분기 예측을 비교하라.
12. 분기 슬롯이란 무엇인지 설명하라.
13. 소프트웨어 데이터 포워딩을 설명하라.

10장 _ RISC

이 장에서는 RISC(Reduced Instruction Set Computer)에 대해서 배운다. 복잡함보다는 단순함을 더 선호하는 이 개념은 컴퓨터 구조의 획기적인 변화를 가져왔다. 많은 연구를 통해서 할당문, 조건 분기, 프로시저 호출과 복귀가 90% 이상을 차지하고, 긴 나눗셈과 같은 복잡한 동작은 전형적인 벤치마크 프로그램에서 2% 정도라는 것이 알려졌다. 또한 다른 모든 동작 중에서 프로시저 호출과 복귀에 가장 시간이 많이 걸린다는 것도 알려졌다. 이런 결과를 바탕으로, RISC 접근법은 자주 그리고 시간이 많이 걸리는 동작을 가장 효율적으로 실행하는 구조를 만들려고 했다. 초기의 시도는 1970년대 중반에 시작됐다. 표면적으로 나타난 것은 1980년대 중반의 버클리 RISC-I과 스탠포드 MIPS였다. 오늘날 많은 기계가 RISC에 기반하고 있으며 이들은 간단하고 축소된 명령어 집합, 고정된 명령어 포맷, 기계 사이클당 하나의 명령어 실행, 파이프라인 명령어 인출/실행, 많은 범용 레지스터, 적재/저장 메모리 동작, 고정배선 제어장치 설계 등의 공통된 특징이 있다.

10.1 RISC와 CISC의 진화

RISC라는 용어는 축소된 명령어 집합 컴퓨터를 뜻한다. 처음에는 하나의 클록 사이클당 하나의 명령어를 실행할 수 있을 만큼 빠른 구조를 나타내는 용어로 사용됐다. RISC라는 용어는 1970년대 중반에 나오기 시작해서 최초의 RISC 기계인 IBM 801 미니컴퓨터가 나오기에 이르렀다. RISC라는 용어는 컴퓨터 구조 설계에 새로운 장을 열었다. 그 개념은 컴퓨터 구조 설계에서 단순함에 무게를 뒀다. 특히 고급 언어를 위한 부가적인 하드웨어 지원을 제공하기보다는 기본적인 기능을 중요시했다. 이러한 개념의 전환은 고급 언어에서 제공하는 동작과 컴퓨터 구조에서 제공하는 동작 간의 차이를 좁히는 방법과 관련이 있다.

이 차이가 클수록 문제가 된다. 실행이 비효율적이고, 프로그램의 크기가 비대해지고, 컴파일러의 복잡도가 커진다. 이런 문제점 때문에 컴퓨터 구조에서 전통적인 해결법은 새로운 구조에 복잡한 계층을 추가하는 것이었다. 명령어의 개수와 복잡도를 증가시키고 주소지정 방식을 늘리는 것이다. 이러한 '복잡함의 증가' 방식은 CISC(Complex Instruction Set Computer)라고 한다. 하지만 이런 CISC 방식은 단점이 많다는 것이 알려졌다. 명령어 해독 기법이 복잡하고, 제어장치의 크기가 증가하고, 논리 지연이 증가한다.

10.2 RISC 설계 원리

최소한의 명령어만 가진 컴퓨터는 간단한 기능을 수행하기 위해서 많은 명령어를 실행해야 한다는 단점이 있다. 이것은 속도 면에서 불리하다. 하지만 많은 명령어를 가진 컴퓨터도 복잡한 명령어 해독으로 인해서 속도가 떨어지는 불리한 점이 있다. 따라서 주의 깊게 선택된 축소 명령어 집합은 이 두 가지 설계 방식의 중간에서 균형을 잡을 수 있을 것이다. 그러면 주의 깊게 선택된 축소 명령어 집합은 어떤 것인가? 이 질문에 답하기 위해서는 계산의 여러 측면을 자세히 살펴봐야 한다. 전형적인 프로그램 실행에서 가장 자주 수행되는 동작은 무엇인지, 가장 시간이 걸리는 동작은 무엇인지, 가장 자주 사용되는 오퍼랜드의 타입은 무엇인지를 알아야 한다.

표 10-1 동작 분포

동작	%
할당문	35
루프	5
프로시저 호출	15
조건 분기	40
무조건 분기	3
기타	2

초기의 많은 연구에서 벤치마크 프로그램의 실행 성능을 분석했다. 추정된 성능 분포는 표 10-1과 같다. 실행된 동작의 비율을 보면 할당문, 조건 분기, 프로시저 호출이 전체 동작의 90%를 차지하고, 나머지가 10%를 차지하는 것으로 나타났다. 이 밖에도 다른 모든 동작보다도 프로시저 호출과 복귀가 가장 시간이 많이 걸리는 것으로 나타났다. 오퍼랜드 타입에 있어서는 단순 스칼라 변수에 대한 참조가 많고(60% 정도) 스칼라의 80%는 지역 변수였다. 이와 같은 전형적인 프로그램 행위에 대한 관찰을 통해서 다음과 같은 결론을 이끌어낼 수 있다.

1. 할당문과 같은 단순 데이터 이동이 복잡한 동작보다 중요하며 최적화의 대상이다.
2. 조건 분기가 아주 많으며, 따라서 명령어의 순서에 관심을 가져야 한다. 파이프라인을 사용할 경우에는 특히 더 중요하다.
3. 프로시저 호출과 복귀는 가장 시간이 많이 걸리는 동작이므로 프로시저 호출자와 피호출자 간의 매개변수 전송이 최소의 명령어 실행으로 가능하도록 장치를 고안해야 한다.
4. 최적화가 우선적으로 적용될 수 있는 곳은 지역 스칼라 변수의 저장과 접근하는 방식이다.

위의 결론은 명령어 집합이 고급 언어와 비슷해지도록 만드는 대신에 전형적인 고급 언어 프로그램에서 가장 시간이 걸리는 부분에 대한 최적화를 하도록 만든다. 이런 방식은 구조를 복잡하게 하기보다는 간단하게 하도록 유도한다. 긴 나눗셈과 같은 복잡한 동작은 전형적인 계산에서 아주 적은 부분(2% 이하)이라고 했다. 그러면 어떤 방법으로 이 목표를 달성할 수 있을까? 바로 자주 접근되는 오퍼랜드를 CPU 레지스터에 유지하는 방법과 레지스터와 메모리 간의 동작을 최소화하는 방법을 통해서다. 이 두 원칙은 다음 기법을 이용하면 실현 가능해진다.

1. 많은 수의 레지스터를 사용해서 오퍼랜드 참조를 최적화하고 프로세서와 메모리 간의 통행량을 줄인다.
2. 명령어 파이프라인의 설계를 최적화해서 컴파일된 코드가 최소가 되게 한다.
3. 명령어 집합을 간단히 만들고 복잡하고 불필요한 명령어는 제외한다.

위의 기법을 구현하는 두 가지 접근 방법이 있다.

1. 소프트웨어 접근법: 컴파일러가 많이 사용되는 변수들을 레지스터에 할당하도록 만들어서 레지스터 사용을 극대화한다(스탠포드 MIPS 기계).
2. 하드웨어 접근법: CPU 레지스터를 많이 두어서 더 많은 변수가 레지스터에 머물 수 있게 한다(버클리 RISC 기계). 이 하드웨어 접근법에는 '중첩된 레지스터 윈도우'라는 새로운 레지스터 구성법이 필요하다.

10.3 중첩된 레지스터 윈도우

레지스터 윈도우를 사용하려는 생각은 메모리 접근을 최소화하자는 것이다. 이를 위해서는 많은 수의 CPU 레지스터가 필요하다. 예를 들면, 최초의 SPARC CPU의 범용 레지스터 개수는 120이었다. 하지만 어떤 한 순간에는 이 레지스터들의 일부만 보이게 해서 한정된 레지스터 집합만 주소지정하게 하는 것이 바람직하다. 그래서 CPU 레지스터를 여러 개의 작은 집합으로 나누고 각각은 서로 다른 프로시저가 사용하게 했다. 프로시저 호출에 의해서 CPU가 다른 고정된 크기의 레지스터 윈도우를 사용하도록 자동으로 변환된다. 프로시저 호출 간에 매개변수 전달을 최소화하기 위해서 각 레지스터 집합은 매개변수 레지스터, 지역 레지스터, 임시 레지스터로 구분된다. 프로시저 호출이 일어나면 호출자의 임시 레지스터와 피호출자 프로시저의 매개변수 레지스터가 물리적으로는 동일하도록 새로운 중첩 윈도우가 만들어진다. 중첩으로 인해서 프로시저 간에 실제 데이터 이동 없이도 매개변수 전달이 가능해진다. 그림 10-1에 중첩 레지스터 윈도우의 개념이 표시됐다.

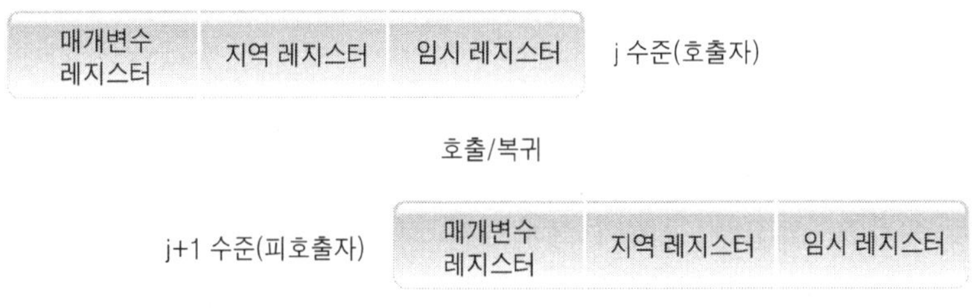

◀ 그림 10-1 ▶ 중첩 레지스터 윈도우

또한 많은 고정된 개수의 CPU 레지스터가 전역 레지스터로 구별돼서 모든 프로시저에서 접근 가능하다. 예를 들어 SPARC의 레지스터 0번에서 7번까지는 고유한 전역 레지스터에 대한 접근이고, 8번에서 31번은 현재 윈도우에 있는 레지스터에 대한 접근이다. 현재 윈도우는 CWP(현재 윈도우 포인터)가 가리킨다. 모든 윈도우가 차게 되면 레지스터 윈도우는 다시 처음으로 돌아가서 '원형 버퍼'처럼 동작한다. 표 10-2는 여러 구조의 윈도우 개수와 윈도우 크기를 보여준다.

▌표 10-2▐ 레지스터 윈도우의 특성

구조	윈도우 개수	윈도우당 레지스터 개수
버클리 RISC-I	8	16
Pyramid	16	32
SPARC	32	32

버클리 RISC의 레지스터 윈도우가 성능에 미치는 효과에 대한 연구가 수행됐다. 여기서 두 가지 버전의 기계가 고려됐는데, 첫 번째는 레지스터 윈도우를 가진 것이었고, 두 번째는 윈도우 없이 구현된 버클리 RISC 기계였다. 연구 결과는 레지스터 윈도우가 메모리 통행량을 2~4배 정도 줄이는 것으로 나타났다.

10.4 RISC와 CISC

RISC나 CISC를 선택하는 것은 전적으로 컴퓨터 설계자가 고려해야 할 요소들에 달려 있다. 이러한 요소에는 크기, 복잡도, 속도가 포함된다. RISC 구조에서는 CISC에서 수행되는 동일한 기능을 수행하기 위해서 더 많은 명령어를 실행해야 한다. 이런 단점을 극복하기 위해서, 복잡한 명령어 해독기를 사용하지 않아서 얻게 되는 칩 영역을 많은 CPU 레지스터와 추가적인 실행장치, 그리고 명령어 캐시로 이용한다. 이런 자원을 이용하면 프로세서와 메모리 간의 통행량이 줄어든다. 반대로, CISC 구조에서는 더 복잡하고 많은 명령어를 사용하기 때문에 RISC보다 더 적은 명령어를 사용한다. 하지만 CISC 구조는 복잡한 명령어 해독 기법이 필요하기 때문에 논리 지연이 더 길다. 따라서 RISC와 CISC는 여러 설계요소를 상호 절충하는 전략에 차이가 있다고 보는 것이 합리적이다.

RISC 구조에서 성능을 향상시키는 아이디어가 CISC 구조에서는 성공하지 못할 것이라는 생각은 합리적이지 않다. 반대의 경우도 마찬가지다. 예를 들어, RISC에서 핵심적인 사항 중의 하나는 최적화 컴파일러를 사용해서 하드웨어의 복잡도를 줄이고 CPU

레지스터의 사용을 최적화하는 것이다. CISC 컴파일러에도 이런 개념이 적용돼야 한다. CPU 레지스터의 수를 증가시키는 것은 CISC 기계의 성능을 크게 개선할 수 있다.

상업화된 순수한 RISC나 CISC 기계를 찾아보기는 힘들다. RISC 기계도 복잡한 부동 소수점 명령어를 갖고 있고, 레지스터 윈도우 개념을 사용하는 CISC 기계도 쉽게 발견할 수 있다. 레지스터 윈도우를 갖고 있는 모토로라 680xx와 같은 CISC 기계는 메모리 통행량을 2~4배 정도 낮춘다는 연구 결과가 있다. 이것은 버클리 RISC와 같은 RISC 기계에서 얻은 성능 향상과 같은 수치다.

하지만 많은 프로세서 설계자는 RISC 프로세서를 선호한다. 썬마이크로시스템과 같은 컴퓨터 시스템 제작사는 RISC 프로세서를 사용한다. PC에 기반한 시장에서는 호환성을 위해서 일부 회사들이 CISC에 기반한 제품을 생산한다.

표 10-3 RISC와 CISC 성능 비교

응용	MIPS CPI (RISC)	VAX CPI (CISC)	CPI 비율	명령어 비율
Spice 2G6	1.80	8.02	4.44	2.48
Matrix300	3.06	13.81	4.51	2.37
Nasa7	3.01	14.95	4.97	2.10
Espresso	1.06	5.40	5.09	1.70

표 10-4 RISC와 CISC 특징 비교

특징	VAX-11 (CISC)	버클리 RISC-I (RISC)
명령어 개수	303	31
명령어 크기	16~456	32
주소지정 방식	22	3
범용 레지스터의 개수	16	138

표 10-5 RISC와 CISC 특징 비교

	모토로라 88110	Alpha AXP 21264	펜티엄	PowerPC 601
회사	모토로라	컴팩(DEC)	인텔	IBM
구조	RISC	RISC	CISC	RISC
레지스터 수(I)	32	80	64	32
캐시 I/D	8/8 KB	64/64 KB	8/8 KB	32
레지스터 수(GP/FP)	32/32	31/31	8/8	32/32
명령어 사이클	2	1	2	3
파이프라인 수(I/FP)		4/2	5/8	4/6
멀티프로세서 지원	없음	있음	있음	있음

대표적인 RISC와 CISC 기계의 성능과 특징 분석이 표 10-3과 10-4에 있고, 다양한 상업적 RISC와 CISC 기계에 대한 좀 더 자세한 비교는 표 10-5에 있다. RISC의 공통적인 특징은 다음과 같다.

1. 고정된 길이의 명령어
2. 제한된 개수의 명령어(128 이하)
3. 제한되고 간단한 주소지정 방식(최소 2개, 인덱스와 PC 상대)
4. 모든 동작이 레지스터에서 수행된다. 메모리 동작이 아니다.
5. 메모리 동작은 적재와 저장의 두 가지다.
6. 파이프라인 명령어 실행
7. 많은 수의 범용 레지스터 혹은 레지스터 사용을 최적화하기 위한 고급 컴파일러 기술
8. 클록 사이클당 하나의 명령어 실행
9. 제어장치 설계에 마이크로프로그래밍보다는 고정배선 방식을 사용

10.5 초기 RISC 기계

이 절에서는 초기의 개척적인 RISC 기계 두 종류의 구조적인 주요 특징을 설명한다. 첫 번째는 버클리 RISC이고 두 번째는 스탠포드 MIPS이다. 이것을 통해서 초기의 RISC 기계가 어떤 모습이었는지와 그 이후의 발전에 대한 이해를 높일 수 있을 것이다.

(1) 버클리 RISC

버클리 RISC 기계는 RISC-1과 RISC-II의 두 가지다. 여기서는 RISC-I에 대해서 언급한다. RISC는 32비트 적재/저장 구조다. 138개의 32비트 레지스터 R_0~R_{137}이 있으며, 처음 10개의 레지스터 R_0~R_9는 전역 레지스터라서 모는 프로시저에서 보인다. 레지스터 R_0는 주소지정 방식을 만드는 데 사용된다. 레지스터 R_{10}~R_{137}은 중첩 레지스터 윈도우로 나뉘어서 한 순간에는 32개의 레지스터가 보인다. 5비트 크기의 변수인 CWP(현재 윈도우 포인터)는 현재 레지스터 집합을 가리키는 데 사용된다.

모든 RISC 명령어는 32비트 크기며, RISC 명령어 집합은 4그룹으로 구분된다. ALU 명령어 12개, 적재/저장 명령어 16개, 분기와 호출 명령어 7개, 특수 명령어 4개다. RISC 명령어의 예는 다음과 같다.

1. ALU: ADD R_s, S, R_d; $R_d \leftarrow R_s + S$
2. 적재/저장: LDXW (R_x)S, R_d; $R_d \leftarrow M[R_x + S]$
3. 분기와 호출: JMPX COND, (R_x)S; PC $\leftarrow R_x + S$, COND는 조건
4. 특수 명령어: GETPSW R_d; $R_d \leftarrow$ PSW

모든 산술논리 명령어는 3개의 오퍼랜드를 가지며, 형식은 '목적지 := 소스 1 연산 소스 2'다. 그림 10-2에 RISC의 명령어 포맷이 나타나 있다. LOAD와 STORE 명령어는 목적지가 적재나 저장을 위한 레지스터로 표시된 포맷이나 하위 19비트가 유효 주소로 표시된 포맷을 사용한다. 적재와 저장은 8, 16, 32, 64비트 크기의 데이터를 32비트 레지스터에 담을 수 있다. 프로시저 호출 방법은 두 가지다. CALL 명령어는 30비트 PC 상대 오프셋을 사용하고, JMP 명령어는 산술논리 연산 명령어 포맷에 사용된 것처럼 복귀 주소로

레지스터를 사용한다. 그림 10-3에 명령어 포맷이 나타나 있다.

◀ 그림 10-2 ▶ RISC 명령어 포맷

◀ 그림 10-3 ▶ RISC의 프로시저 호출 명령어

RISC는 3-주소 명령어 포맷을 사용하면 일부 2-주소나 1-주소 명령어도 가능하다. 주소지정 방식은 인덱스 주소지정 방식과 PC 상대 주소지정 방식의 두 가지다. 인덱스 방식으로 다른 세 가지 방식을 만들 수 있다. 베이스-절대(직접), 레지스터 간접, 선형 바이트 배열의 인덱스 주소지정 방식이다. RISC는 인출과 실행의 정적 2단계 파이프라인을 사용한다.

FPU(부동소수점 장치)는 32개의 32비트 레지스터로 32개의 단정밀도 부동소수점 오퍼랜드를 저장하거나, 16개의 배정밀도 오퍼랜드, 혹은 8개의 확장정밀도 오퍼랜드를 저장한다. FPU는 산술 연산에서 사용된 명령어 포맷을 이용해서 20개의 부동소수점 명령어를 실행할 수 있다. FPU 레지스터에 적재와 저장을 하기 위한 명령어 외에도 CPU는 FPU 레지스터를 검사하고 결과에 따라서 조건부로 분기를 할 수도 있다. RISC는 단일 페이지 32비트 주소 공간을 지원하는 전통적인 MMU를 포함한다. RISC의 4중버스 구조가 그림 10-4에 나타나 있다.

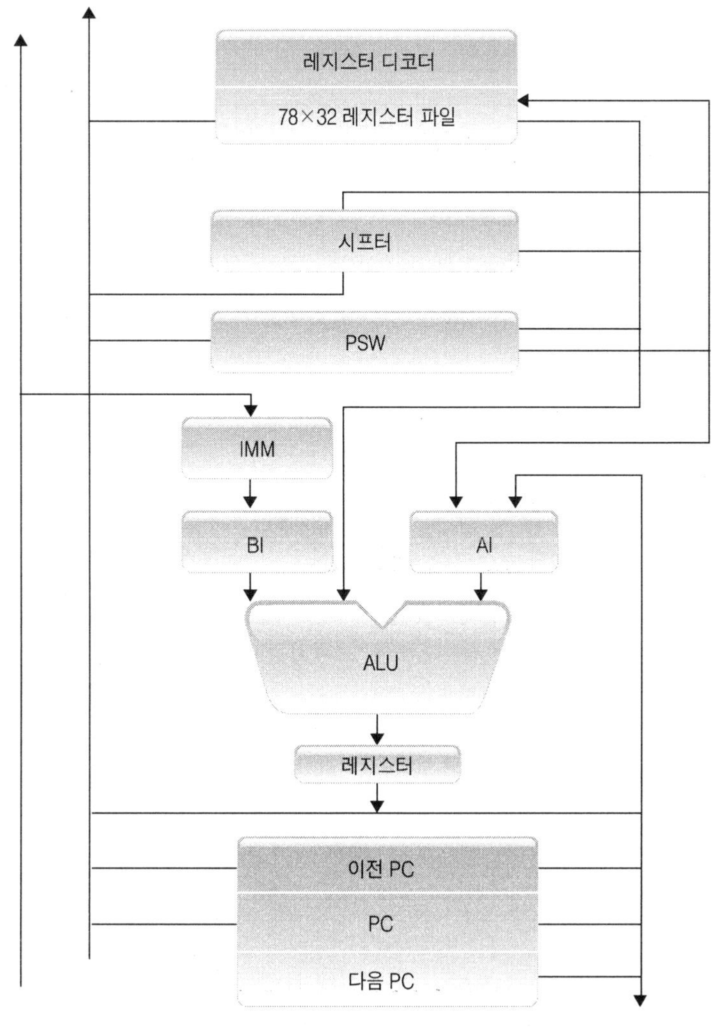

◀ 그림 10-4 ▶ RISC 4중버스 구조

(2) 스탠포드 MIPS

MIPS는 32비트 적재/저장 기계다. 명령어 인출(IF), 명령어 해독(ID), 오퍼랜드 해독(OD), 오퍼랜드 저장/실행(OS/EX), 오퍼랜드 인출(OF)의 5단계 파이프라인을 사용한다. 처음 3단계는 개별적으로 수행된다. OS/EX 단계는 저장 명령어인 경우에는 오퍼랜드를 메모리로 내보내고 실행 명령어인 경우에는 ALU를 사용한다. OF 단계는 적재 명령어인 경우에 오퍼랜드를 받는다. 필요한 오퍼랜드가 사용 가능할 때까지 명령어 실행을 멈추는 파이프라인 인터락 기법을 사용한다.

버클리 RISC와는 다르게 MIPS는 16개의 32비트 범용 레지스터 집합 1개만을 갖는다. MIPS 컴파일러는 레지스터의 사용을 최적화한다. 16개의 범용 레지스터 외에도 이전 PC 값을 유지하는 데 쓰이는 4개의 레지스터가 더 있다. 다섯 번째 레지스터는 분기 명령에서 미래의 PC 값을 담아 놓는 데 사용한다.

MIPS의 주소지정 방식은 즉치, 인덱스, 베이스와 오프셋, 베이스 시프트의 네 가지가 있다. 명령어들은 ALU, 적재/저장, 제어, 특수 명령어의 4개 그룹으로 구분된다. 13개의 ALU 명령어가 있고, 여기에는 모든 레지스터 사이의 전송인 2개 혹은 3개 오퍼랜드 포맷이 포함된다. 10개의 적재/저장 명령어가 있다. 인덱스 주소지정 방식에는 16비트 유부호 정수가 레지스터에 더해지며, 그림 10-5의 포맷을 사용한다. 6개의 제어 흐름 명령어가 있고, 여기에는 점프, 상대 점프, 비교 명령어가 포함된다. 특별한 흐름 제어 명령어 2개는 프로시저와 인터럽트 링크에 사용된다. MIPS 명령어의 예는 다음과 같다.

1. ALU: ADD src1, src2, dst; dst $\leftarrow$ $src_1 + src_2$
2. 적재/저장: LD [src1 + src2], dst; dst $\leftarrow$ M[$src_1 + src_2$]
3. 제어: Jmp dst; PC $\leftarrow$ dst
4. 특수 명령어: SavePC A; M[A] $\leftarrow$ PC

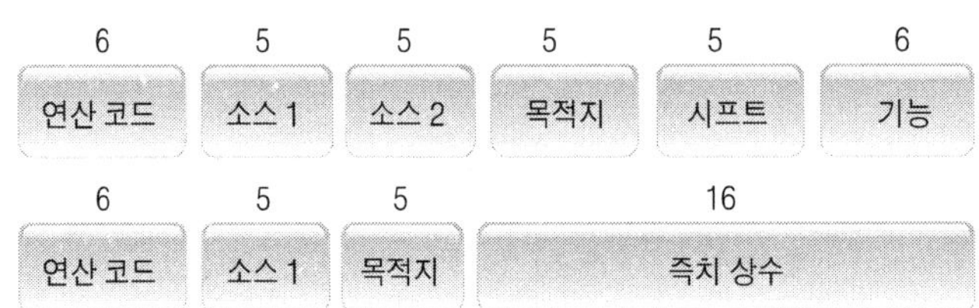

《 그림 10-5 》 MIPS 3-오퍼랜드 명령어 포맷

MIPS는 부동소수점 연산을 직접적으로 지원하지는 않는다. 부동소수점 연산은 특수한 보조프로세서에 의해서 수행된다. MULT와 DIV와 같은 명령어가 있으며, 이것은 특수한 기능 장치를 사용한다. 2개의 레지스터의 내용이 곱해지거나 나누어져서 64비트 곱이 전용 레지스터인 LO와 HI에 저장된다. 프로시저 호출은 그림 10-6의 JUMP 명령어를 이용한다. 명령어에는 26비트 점프 목표 주소가 포함된다.

◀ 그림 10-6 ▶ MIPS 점프 명령어 포맷

MIPS의 가상 주소는 32비트 크기며, 20비트 가상 페이지 번호와 12비트 오프셋으로 나뉜다. 실제로는 패키지 구현상의 제약으로 인해서 24개의 주소로 제한됐고, 따라서 실제 물리 주소 공간은 2^{24} = 16 M워드다. 주소 변환을 위해서 칩 밖에서 TLB를 지원한다. MIPS의 구조가 그림 10-7에 나타나 있다.

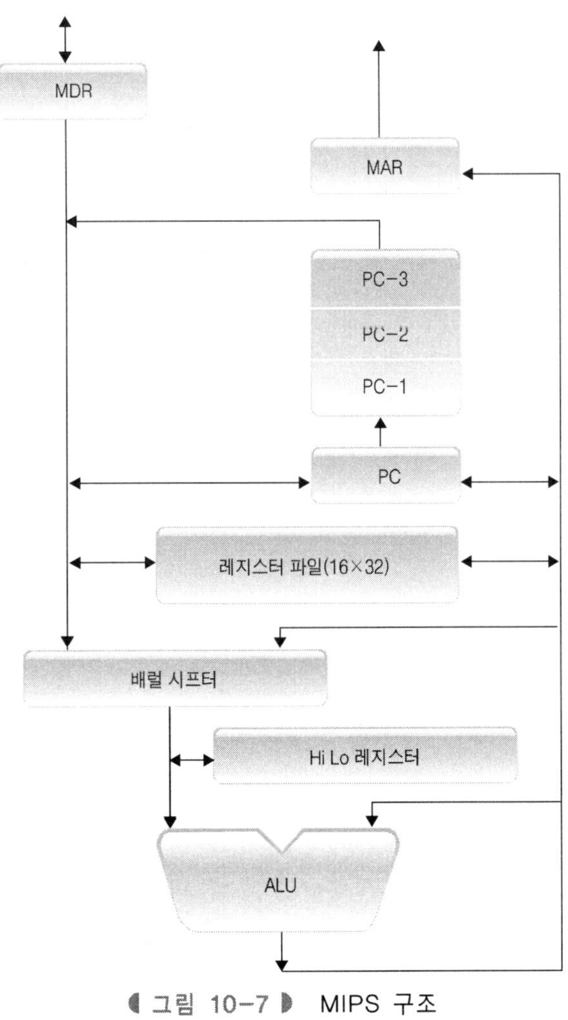

◀ 그림 10-7 ▶ MIPS 구조

10.6 현대 RISC 기계

이 절에서는 대표적인 현대 RISC 기계를 소개하는데, 파이프라인의 특징과 분기 처리 기법을 중심으로 살펴본다.

(1) 컴팩 Alpha 21264

Alpha 21264는 컴팩사의 3세대 RISC 슈퍼스칼라 프로세서였다. 64비트 프로세서며, 80개 크기의 정수형 레지스터 파일과 72개 크기의 부동소수점 레지스터 파일을 갖고 있다. 2단계 캐시를 지원하며, L1 데이터와 명령어 캐시는 각기 64 KB 크기고, 2갈래 집합 연관 구조다. L2 데이터 캐시는 1에서 16 MB의 크기로 명령어와 데이터를 공유하며, 직접 매핑 구조다. 블록의 크기는 64바이트다. 데이터 캐시는 정수 실행 파이프라인에서 매 클록당 2개의 적재나 저장 요구를 처리할 수 있다. 이것은 64 KB 온칩 데이터 캐시가 매 클록당 16바이트를 내보낼 수 있는 것에 해당하고, 프로세서 클록 속도의 2배다. 21264 메모리 시스템은 32개의 적재, 32개의 저장, 8개의 캐시 블록 채움과 8개의 캐시 실패를 처리할 수 있다.

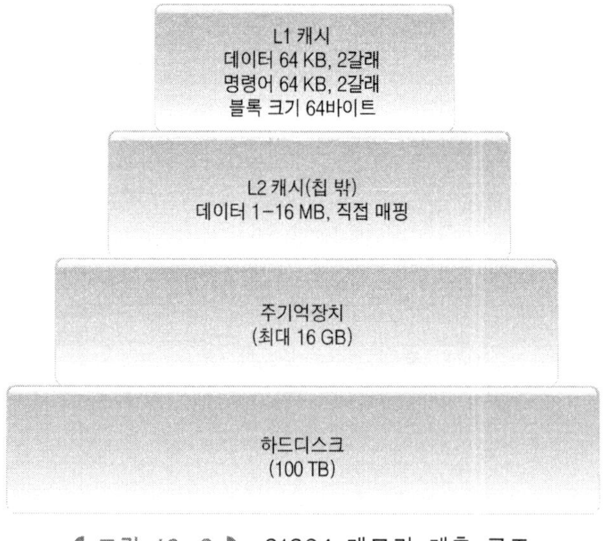

【그림 10-8】 21264 메모리 계층 구조

(2) Alpha 21264 파이프라인

Alpha 21264 명령어 파이프라인이 그림 10-9에 나타나 있다. 인출, 슬롯 할당, 재명명, 이슈, 레지스터 읽기, 실행, 메모리 단계의 7단계로 이뤄져 있다. 인출 단계는 사이클당 4개의 명령어 인출과 실행이 가능하다. 그림 10-10은 인출 단계의 블록도를 보여준다. 이 단계에서는 '블록과 집합' 예측 기법이 사용된다. 이 기법에서는 다음 4개 명령어의 위치와 그 명령어가 들어갈 집합이 예측된다. '블록과 집합' 예측 기법은 직접 매핑 캐시의 속도의 장점과 2갈래 집합연관 캐시의 낮은 캐시 실패율을 조합해서 85% 이상의 적중률을 얻었다. 잘못된 예측으로 인한 손해는 1사이클이다. 21264는 투기적 분기 예측을 사용한다. 분기 예측은 2단계 기법을 사용한다. 분기가 지역적이고 전역적인 연관관계를 보이기 때문에, 지역적 연관에서는 해당 분기의 과거 행적을 이용하고 전역적인 연관에서는 모든 분기의 과거 행적을 이용한다. 지역과 전역 예측을 조합해 지역과 전역 분기 역사를 동적으로 선택한다.

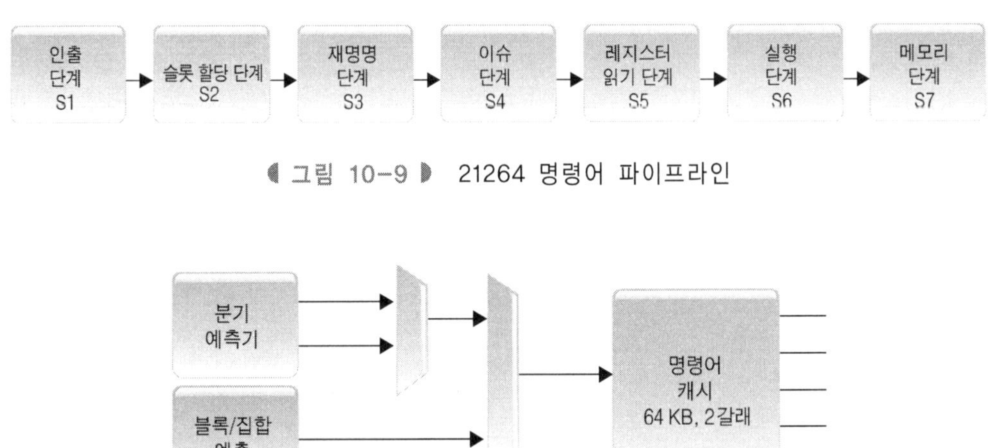

《 그림 10-9 》 21264 명령어 파이프라인

《 그림 10-10 》 21264 인출 단계

지역 분기 예측기에는 2개의 표가 있다. 첫 번째는 1024 × 10 지역 역사표로, 각 항목에는 10비트의 선택된 분기의 역사가 기록된다. 지역 역사표는 명령어의 주소를 인덱스로 사용한다. 두 번째 표는 1024 × 3 크기의 지역 예측표로, 각 항목에는 분기 결과 예측을 위한 3비트 카운터가 들어간다. 분기 후에는 지역 역사표가 진짜 분기점 값으로 갱신되고 참조 카운터도 갱신된다. 이런 예측기 훈련 과정은 올바른 예측의 가능성을 높인다.

전역 분기 예측기에는 4096 × 2 전역 예측표가 있고, 각 항목에는 2비트 카운터가 들어간다. 여기서는 최근의 12개 분기의 역사를 기록한다. 전역 분기 예측표는 4096 × 2의 선택 예측표를 인덱스로 이용한다. 분기 후에는 참조 전역 예측 카운터가 갱신되어 올바른 예측의 가능성을 높인다.

지역 예측은 한 분기가 교대로 취하고 취하지 않게 되는 경우에 유용하다. 이런 경우에는 분기의 지역적 역사가 10개의 성공과 실패의 패턴을 해결한다. 분기가 여러 번 실행되면 해당하는 지역적 역사인 예측 카운터 값이 차게 되어 예측이 정확해진다.

전역 예측은 분기의 결과가 이전 분기들의 방향에 의해서 추론될 수 있을 때 유용하다. 예를 들어 2개의 분기를 반복적으로 호출하는 경우에, 첫 번째 분기가 1001에 해당하는 값을 검사하고 두 번째 분기가 같은 값을 홀수로 검사하게 되면 성공이 된다. 전역 역사 예측기는 반복적인 분기 호출 패턴을 학습하게 된다.

2096 × 2 선택 예측기는 각 항목에 2비트 카운터를 유지하고 선택 기법을 구현하는데 사용된다. 지역과 전역 예측기의 예측이 다르면 21264는 선택된 예측 항목을 올바른 예측기로 갱신한다.

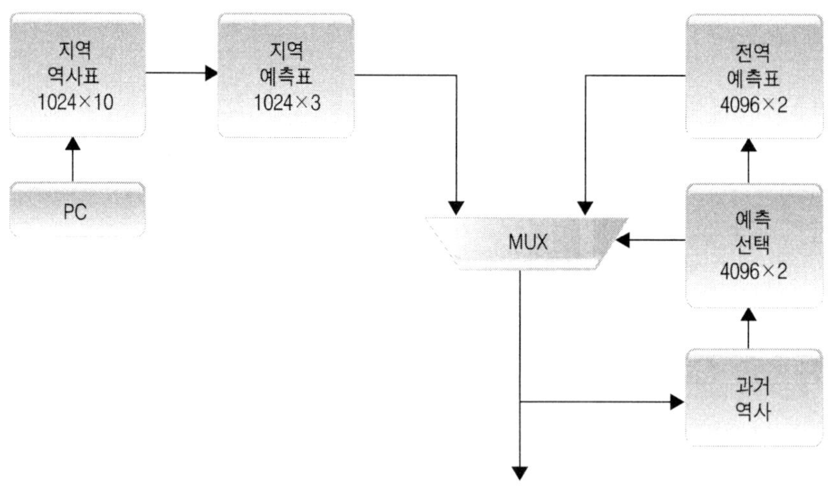

【그림 10-11】 21264 분기 예측기

슬롯 할당 단계는 단순히 명령어를 연관된 정수형과 부동소수점 큐 슬롯에 할당한다.

비순서(out-of-order) 이슈 논리는 매 사이클당 4개의 인출된 명령어를 받고, 레지스터를 재명명하고 새로 매핑하고, 오퍼랜드나 기능장치가 사용 가능할 때까지 명령어를 큐에 넣는다. 동적으로 매 사이클당 6개까지 명령어(정수형 4개, 부동소수점 2개)를 이슈할 수 있다. 레지스터 재명명은 명령어의 가상 레지스터를 내부적인 물리적 레지스터에 매핑하는 것을 뜻한다. 31개의 정수형과 31개의 부동소수점 레지스터가 사용자에게 보인다. 실행 중에 이 레지스터들은 내부 레지스터의 이름으로 바뀐다. 명령어의 실행이 끝나면 내부 레지스터는 다시 외부에서 보이는 레지스터 이름으로 돌아온다. 레지스터 재명명은 WAW(write-after- write)와 WAR(write-after-read) 데이터 종속성을 없앤다. 하지만 올바른 계산을 위해서 RAW(read-after-write) 종속성은 유지한다.

대기 중인 명령어의 목록은 비순서 큐 논리에 의해서 유지된다. 각 사이클에서 정수형과 부동소수점 큐가 실행 준비된 명령어를 선택한다. 재명명된 레지스터 스코어보드에 기반해서 이 선택이 이뤄진다. 스코어보드는 재명명된 레지스터의 상태를 유지한다. 기능장치의 이용 가능성이나 적재된 데이터의 결과에 따라서 스코어보드는 큐에서 레지스터 값을 원하고 있던 모든 명령어에게 신호를 준다. 각 큐는 데이터가 준비된 가장 오래된 명령어나 기능장치가 준비된 명령어를 선택해서 실행할 수 있게 만든다. 21264 정수형 큐는 명령어를 정적으로 4개의 파이프 중의 2개에 할당한다.

Alpha 21264는 4개의 정수형 파이프라인과 2개의 부동소수점 파이프라인을 갖고 있다. 따라서 사이클당 최대 6개의 명령어를 동적으로 이슈할 수 있다. 이슈 단계는 저장소를 유지한다. 20 항목의 정수형 이슈 큐와 15 항목 부동소수점 이슈 큐다. 명령어 이슈 재순서화가 이슈 단계에서 일어난다.

21264는 80개 항목이 있는 정수형 파일 2개가 있어서 레지스터의 내용을 복사해서 저장한다. 하나의 파일에 접근하는 2개의 파이프가 클러스터가 되어, 2개의 클러스터가 4갈래 정수형 명령어 실행을 가능하게 한다. 결과는 각 클러스터에서 다른 클러스터로 전파된다. 부동소수점 레지스터 파일은 72개의 항목을 갖는다. 2개의 명령어 실행 파이프와 부동소수점 레지스터 파일은 클러스터를 이룬다. 그림 10-12에 레지스터 읽기/실행 파이프라인이 보인다.

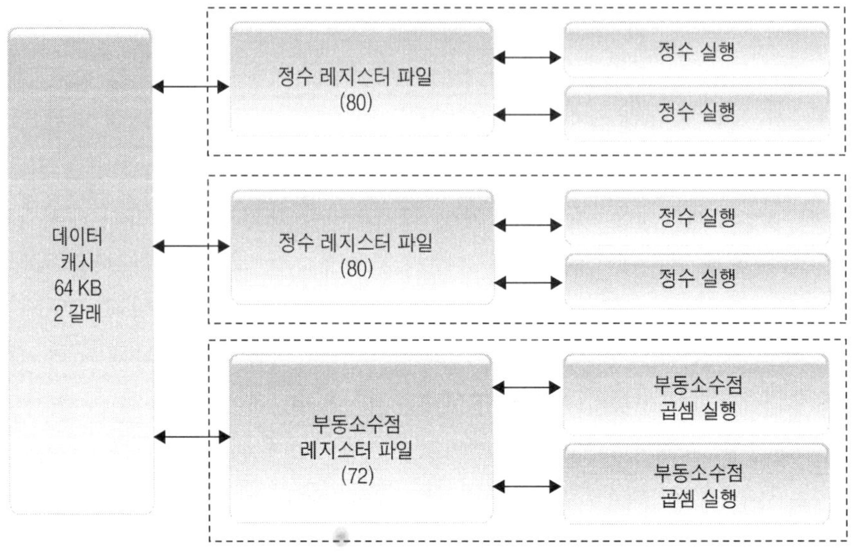

◀ 그림 10-12 ▶ 21264 실행 파이프라인

21264의 L2 캐시는 공유 메모리 멀티프로세싱을 지원하기 위해서 쓰기-무효화 캐시 일관성 기법을 사용한다. 변경, 소유, 공유, 배타, 무효의 캐시 상태를 지원한다.

(3) UltraSPARC III

UltraSPARC III은 고성능 슈퍼스칼라 RISC 프로세서고, 64비트 SPARC V9 RISC 구조를 구현한 것이다. SPARC III 프로세서를 구현한 예로는 UltraSPARC IIIi와 UltraSPARC III Cu 등 많이 있다. 이 절에서는 구현에 무관한 내용을 다룬다.

UltraSPARC III는 제3세대 64비트 SPARC RISC 마이크로프로세서다. 64비트 가상 주소 공간과 43비트 물리 주소 공간을 지원한다. 다중 레벨 캐시 구조를 사용한다. 예를 들면, 32 KB 4갈래 집합연관 L1 명령어 캐시와 64 KB 4갈래 집합연관 L1 데이터 캐시, 2 KB 선인출 캐시, 2 KB 쓰기 캐시가 있다. UltraSPARC IIIi는 1 MB 4갈래 집합연관 명령어/데이터 통합 L2 캐시를 갖고 있으며, 캐시 블록 크기는 64바이트다. UltraSPARC III Cu 구조는 1, 4, 8 MB 2갈래 집합연관 명령어/데이터 통합 캐시를 지원하고, 캐시 블록의 크기도 64바이트에서 512바이트까지 변한다.

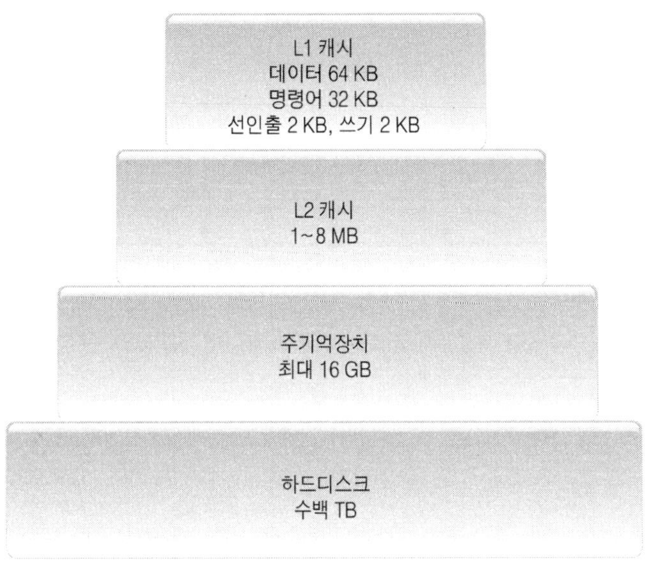

《 그림 10-13 》 UltraSPARC III 메모리 계층 구조

UltraSPARC III은 2개의 명령어 TLB와 3개의 데이터 TLB를 사용한다. 2개의 명령어 TLB는 16개 항목 완전연관 방식으로 8 KB, 64 KB, 512 KB, 4 MB 페이지 크기를 지원한다. 128 항목의 2갈래 집합연관 TLB는 8 KB 페이지 크기를 위해서만 사용된다. 3개의 데이터 TLB는 8 KB, 64 KB, 512 KB, 4 MB 페이지 크기를 지원하는 16 항목 연관 방식 1개와 512 항목 2갈래 집합연관 방식 2개로 구성된다. 캐시 정책은 쓰기할당, 모아쓰기 방식을 사용한다.

UltraSPARC III의 파이프라인은 9장에서 다뤘다. UltraSPARC III는 1에서 4개의 멀티프로세싱을 지원한다. JBus는 작은 규모의 멀티프로세서 시스템에 사용된다. JBus는 네트워킹과 임베디드 시스템에 필요한 고대역폭을 제공한다. JBus를 사용하면 주변 논리가 없이도 캐시 일관성이 유지되는 공유버스 방식으로 프로세서를 붙일 수 있다.

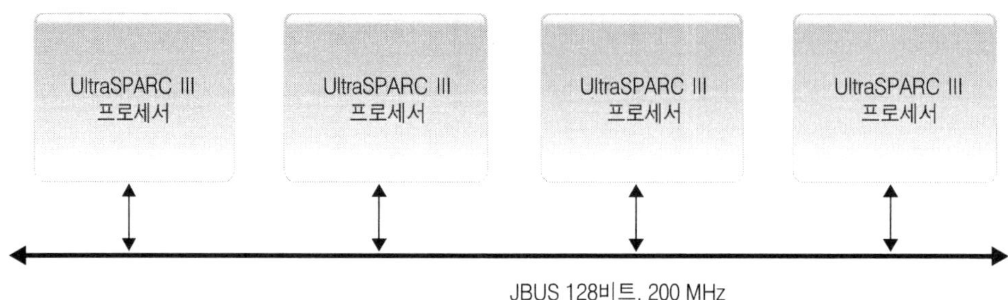

《 그림 10-14 》 4갈래 UltraSPARC III 멀티프로세서 구성

연습문제 exercise

1. 중첩 레지스터 윈도우의 운영 방식을 설명하라.
2. RISC의 설계 개념을 설명하라.
3. RISC의 특징을 나열하라.
4. CISC의 특징을 나열하라.
5. RISC 설계 원리를 구현하기 위한 스탠포드 MIPS와 버클리 RISC의 접근법에 있어 차이점을 설명하라.
6. 컴팩사 Alpha 프로세서의 구조를 설명하라.
7. SUN사 UltraSPARC-III의 구조를 설명하라.

11장 _ 멀티프로세서

11.1 멀티프로세서 소개

11.2 컴퓨터 구조의 분류

11.3 SIMD

11.4 MIMD

11.5 상호연결망

11.6 분석과 성능 지표

단일 프로세서의 설계와 분석에서 제기되는 문제들에 대해서 배웠고 단일 스트림 기계의 한계도 이해했기 때문에, 이 장에서는 멀티프로세서와 관련된 문제들을 살펴본다. 여러 개의 프로세서가 하나의 작업을 동시에 실행할 수 있도록 서로 연결된 멀티프로세서는 기존의 작은 것들 여러 개를 단순히 서로 연결해서 더 강력한 컴퓨터를 만들려는 것이 목적이다. 또한 여러 개의 프로세서로 구성된 멀티프로세서는 하나의 고성능 프로세서를 만드는 것보다 비용 면에서 더 효율적이다. n개의 프로세서로 이뤄진 멀티프로세서의 또 다른 장점은 프로세서 하나가 고장이 나더라도 고장 나지 않은 나머지 $n-1$개의 프로세서가 서비스를 계속할 수 있다는 것이다.

11.1 멀티프로세서 소개

멀티프로세서 시스템은 2개 이상의 프로세서가 주어진 작업을 병렬적으로 수행할 수 있도록 공유되는 형태로 서로 연결되어 있다. 병렬처리(parallel processing)는 다수의 프로세서가 여러 개의 프로그램 또는 한 프로그램의 분할된 부분들을 분담해 동시에 처리하는 기술이다. 병렬처리는 고성능 컴퓨터 시스템을 만드는 한 가지 좋은 방법이다. 프로세서들을 효율적으로 사용하기 위해서는 두 가지 전제가 필요하다. 주어진 작업을 수행할 때 프로세서 간에는 통신 오버헤드가 작아야 한다. 또한 작업에는 병렬성이 내재되어 있어야 한다. 즉, 어떤 한 프로그램을 여러 개의 작은 부분으로 분할할 수 있어야 하며, 분할된 부분들을 병렬로 처리한 결과가 전체 프로그램을 순차적으로 처리한 경우와 같아야 한다.

멀티프로세서 연결망을 위한 여러 가지 통신 방식이 있다. CM(Communication Model)에 의한 분류나 PC(Physical Connection)에 의한 분류가 가능하다. CM에 의하면 멀티프로세서(단일 주소 공간 혹은 공유 메모리) 혹은 다중 컴퓨터(다중 주소 공간 혹은 메시지 전송)로 더 분류할 수 있다. PC에 의하면 버스 기반과 네트워크 기반 멀티프로세서로 분류할 수 있다. 전형적인 시스템의 크기가 표 11-1에 나타나 있다.

▌표 11-1▐ 멀티프로세서 시스템의 전형적인 크기

분류	소분류	프로세서 개수
통신 모델	멀티프로세서 멀티 컴퓨터	2~256 8~256
물리적 연결	버스 기반 네트워크 기반	2~32 8~256

멀티프로세서 시스템의 구조와 성능은 상호연결망에 많은 영향을 받는다. 멀티프로세서의 상호연결망으로 하나의 공유버스를 사용할 수 있다. 또 한편으로는 상호연결망으로 크로스바 스위치를 사용할 수 있다. 첫 번째 기법은 간단하고 확장이 쉬운 위상을 갖고 있지만, 한 번에 하나 이상의 프로세서/메모리 전송을 지원하지 못하기 때문에 성능에 한계가 있다. 크로스바는 프로세서/메모리의 완전 연결을 지원하지만 비싸다.

다단계 상호연결망(MIN: Multistage Interconnection Network)은 단일 공유버스 시스템의 한계와 크로스바 시스템의 비용 사이에서 균형을 맞춰 준다. MIN에서는 동시에 하나 이상의 프로세서/메모리 연결이 가능하다. 특히 프로세서와 메모리의 수가 클 때, MIN의 비용은 크로스바에 비하면 상당히 낮다. 여러 프로세서와 여러 메모리 모듈을 연결하기 위해서 다단계 버스를 사용하는 것도 제안됐다. 그림 11-1은 여기서 언급된 네 가지 형태의 상호연결망을 보여준다.

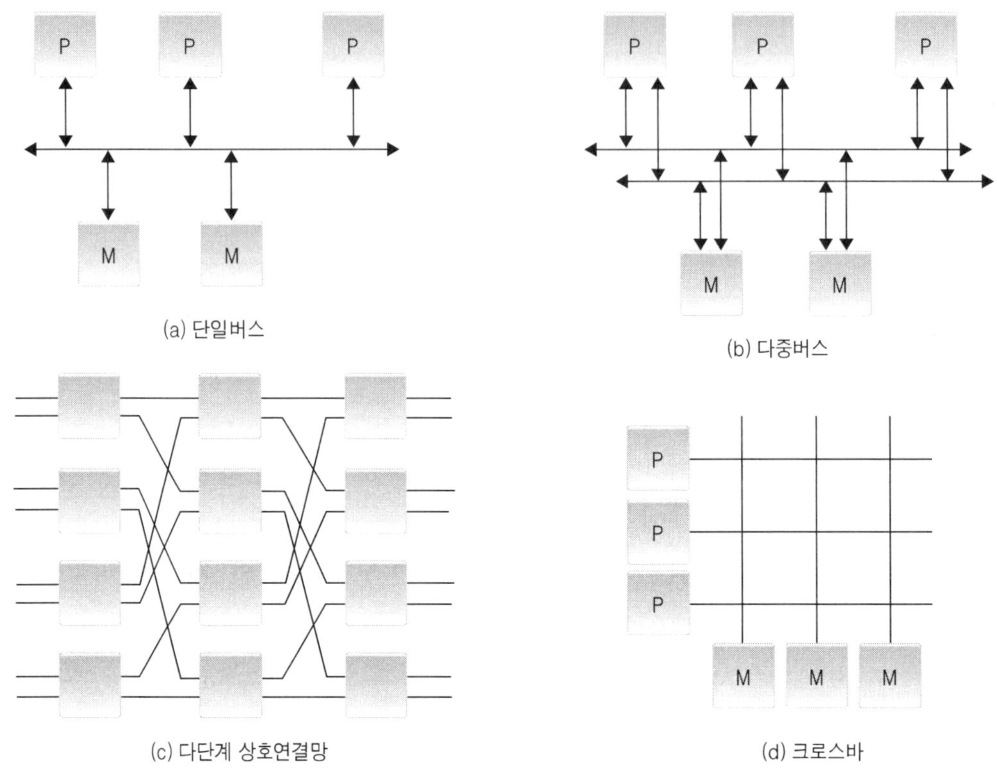

《 그림 11-1 》 상호연결망

11.2 컴퓨터 구조의 분류

컴퓨터 구조에서 분류는 공통된 특징을 가진 구조들을 유사한 그룹으로 묶기 위한 것이다. 컴퓨터 구조의 분류 기법은 두 가지가 있다. 첫 번째는 구조의 외부적인 특징에 기반한 것이고, 두 번째는 구조의 진화적인 특징에 기반한 것이다. 첫 번째는 완성된 형태의 구조에 중점을 두고, 두 번째는 그 조상에서 갈라진 방식과 후대에 제안하는 특징에 중점을 둔다.

(1) Flynn의 분류

Flynn의 분류법은 구조의 외부적인 특징에 기반한 것으로, 컴퓨터가 처리하는 명령어 스트림과 데이터 스트림의 수에 따라서 분류한다. 명령어 스트림은 컴퓨터에 의해 실행되는 명령어들이 순차적으로 나열된, 명령어들의 집합으로 정의된다. 데이터 스트림은 메모리와 처리장치 사이에 교환되는 데이터의 집합으로 정의된다. 즉, 데이터 스트림은 명령어들을 실행하는 데 필요한 순서대로 나열된 데이터다. Flynn의 분류에 의하면 명령어나 데이터 스트림은 1개이거나 여러 개다. 따라서 컴퓨터 구조에는 네 가지 구분이 있다.

1. 단일 명령어 단일 데이터 스트림(SISD)
2. 단일 명령어 다중 데이터 스트림(SIMD)
3. 다중 명령어 단일 데이터 스트림(MISD)
4. 다중 명령어 다중 데이터 스트림(MIMD)

Flynn의 분류에 의한 구조의 블록도가 그림 11-2에 나타나 있다. 표 11-2는 각 그룹에 속하는 상업적인 기계의 목록을 보여준다.

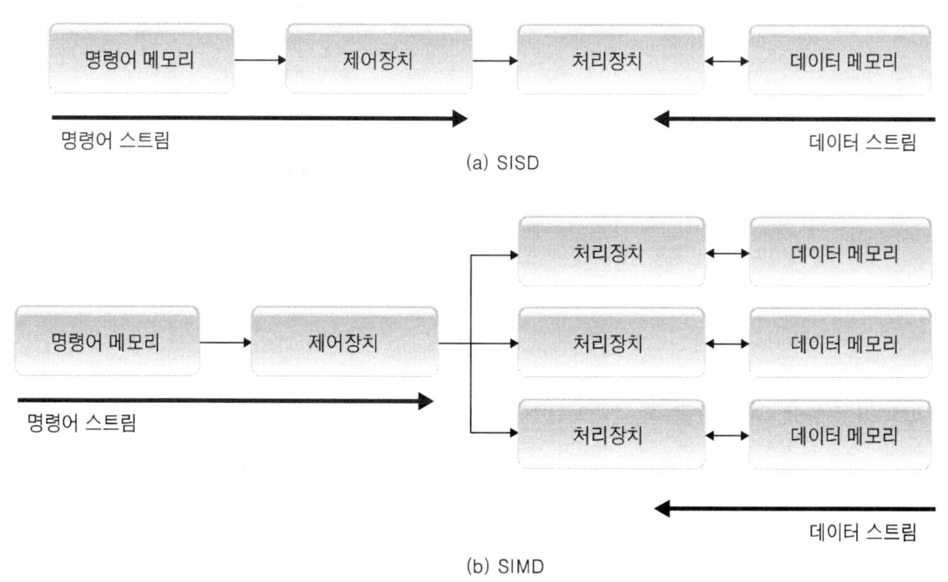

【 그림 11-2 】 Flynn의 분류에 의한 네 가지 구조

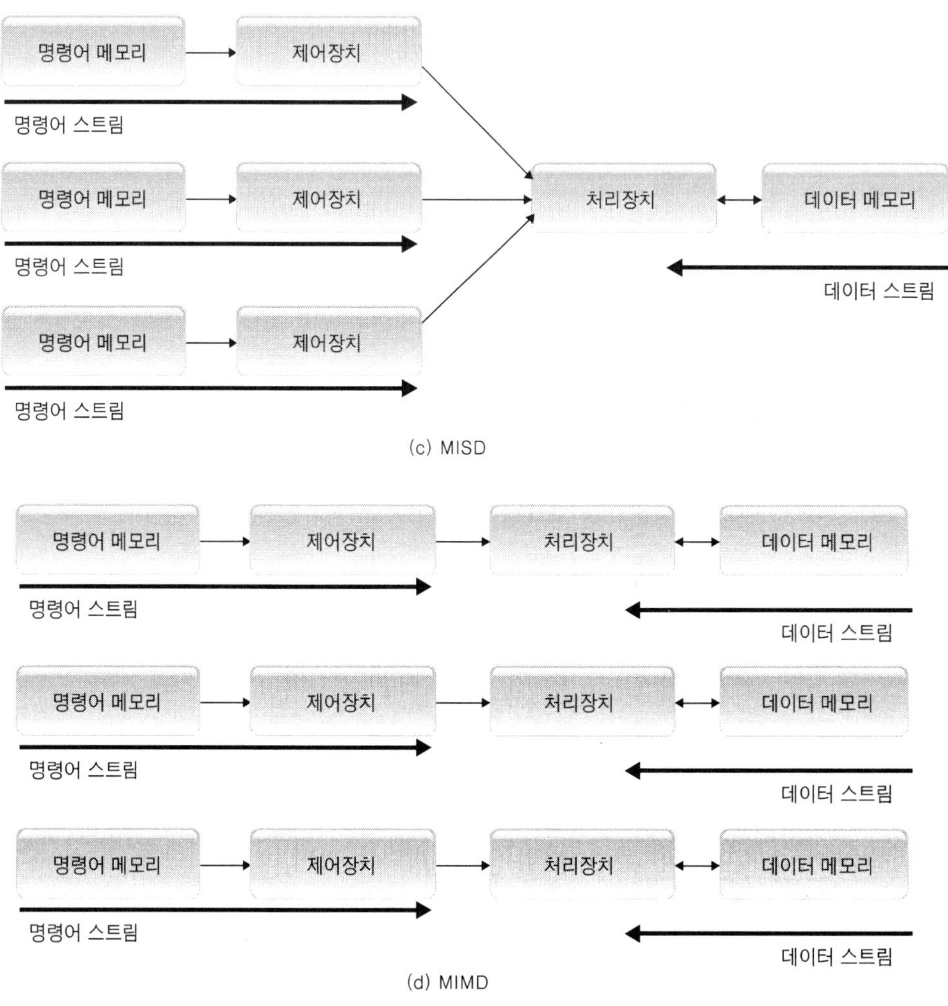

《 그림 11-2 》 Flynn의 분류에 의한 네 가지 구조(계속)

● Flynn의 분류에 대한 고찰 ●

1. Flynn의 분류는 이 분야 최초의 연구에 해당하며 이후의 분류에 많은 영향을 줬다.
2. 이 분류는 당시의 기계를 분류하는 데 도움을 줬으며, 이후에 소개된 기계에도 사용됐다. 예를 들어 SIMD와 MIMD 기계 모델의 소개로 인해서 이런 새로운 기계 모델을 설계하도록 자극했다.

3. 메모리와 프로세서 수준의 관계를 강조하고, 다른 구조적인 수준은 간과했다.
4. 구조의 외부적인 특징만 강조했다. 같은 분류에 속하는 혁신적인 구조에 관한 관계에 대해서는 정보를 제공하지 못한다.
5. 추상적인 모델이기 때문에 여기서 제시한 MISD 모델인 경우에는 해당하는 실제 기계를 찾아볼 수 없다. 일부 학자는 파이프라인과 시스톨릭 어레이 컴퓨터가 MISD의 예라고 말하기도 한다.
6. Flynn의 분류는 기계의 성능이라는 중요한 측면이 부족하다. 직관적으로는 SIMD와 MIMD가 SISD와 MISD보다는 우수할 것이라는 인상을 주지만 SIMD와 MIMD 기계의 상대적인 성능에 대해서는 어떤 정보도 주지 못한다.

(2) Kuck의 분류

Flynn의 분류는 많은 학자에 의해서 확장됐다. 그중 하나가 1978년 D. J. Kuck에 의한 분류다. 여기서 명령어 스트림은 단일(스칼라와 배열) 및 다중(스칼라와 배열) 스트림으로 확장됐다. 데이터 스트림은 Kuck의 분류에서는 실행 스트림이라고 하는데, 역시 단일(스칼라와 배열) 및 다중(스칼라와 배열) 스트림으로 확장됐다. 이것들을 조합하면 전체 16가지의 구조적인 분류가 표 11-2처럼 가능하다.

❙표 11-2❙ Kuck의 분류

명령어 스트림	실행 스트림			
	단일		다중	
	스칼라	배열	스칼라	배열
단일 스칼라 배열	단일 프로세서	단일 프로세서 ILLIAC-IV	SIMD	
다중 스칼라 배열			NYU Ultracomputer	Cray X MP

Flynn과 Kuck의 분류는 전체 구조 공간 모두를 대상으로 한다. 하지만 Flynn의 분류가 명령어 집합 수준에서 구조를 설명하는 것에 중점을 둔 반면에, Kuck의 분류는 하드웨어 수준에서 구조를 설명하는 것을 강조한다.

(3) Hwang과 Briggs의 분류

Hwang과 Briggs는 클래스라는 개념을 소개했다. Flynn의 분류를 더욱 세분화하는데, 예를 들면, SISD는 단일 기능장치 SISD(SISD-S)와 다중 기능장치 SISD(SISD-M)로 세분화된다. MIMD는 약결합 MIMD(MIMD-L)와 강결합 MIMD(MIMD-T)로 더욱 세분화된다. SIMD는 워드 슬라이스 처리(SIMD-W)와 비트 슬라이스 처리(SIMD-B)로 세분화된다. 따라서 Hwang과 Briggs의 분류는 기계의 계층 단계를 하나 더 추가해서 SISD, SIMD, MIMD로 분류한 다음 다시 더 세분화된다.

Hwang과 Briggs의 분류에 따르면 SISD-M이 SISD-S보다는 언제나 성능이 좋을 것이라고 예측할 수 있다. 하지만 이런 예측이 SIMD-W와 SIMD-B 사이에서도 통할지는 의문이다. 예를 들면, 최대로 가능한 잠재적인 병렬성을 이용할 수 있는가를 기준으로 하면 ILLIAC-IV 기계(SIMD-W)가 MPP 기계(SIMD-B)보다 열등하다. 또한 이 분류에 의하면 공유 메모리 시스템이 MIMD-T에 해당하고, 비공유 메모리 시스템은 MIMD-L에 해당한다.

11.3 SIMD

병렬 구조를 만들 때 SIMD와 MIMD가 가장 자주 사용된다. 이 절에서는 SIMD의 개념에 관해서 알아본다. SIMD는 행렬 연산에 있는 병렬성을 이용하기 위해서 주로 사용된다. 상업적으로 제작된 실제 기계로는 ILLIAC-IV(1972), STARAN(1974), MPP(1982) 등이 있다.

실제로는 그림 11-3과 같은 두 가지 구성이 사용됐다. 첫 번째는 모든 프로세서가 자신의 고유한 지역 메모리를 갖는다. 프로세서는 상호연결망을 통해서 서로 통신한다. 상호연결망이 프로세서 간에 직접적인 연결을 제공하지 못한다고 하더라도 중간에 있는 프로세서를 통해서 데이터를 교환할 수 있다. ILLIAC-IV는 이런 상호연결 기법을 사용한다. ILLIAC-IV에서 프로세서는 주변의 프로세서 4개와 직접 통신을 한다. 8 × 8 행렬 패턴에서 i번째 프로세서는 (i − 1), (i + 1), (i − 8), (i + 8)번째 프로세서와 통신한다. 두 번째 SIMD 기법에서 상호연결망을 통해서 프로세서와 메모리 모듈이 통신한다. 두 개의 프로세서는 서로 통신하기 위해서 메모리 모듈을 사용하거나 프로세서를 사용한다. 프로세서 i가 메모리 모듈 (i－1), i, (i＋1)에 연결되어 있다고 가정하면 프로세서 1은 메모리 모듈 2, 3, 4를 이용해서 프로세서 5와 통신한다. BSP(Burrough Scientific Processor)가 여기에 해당한다.

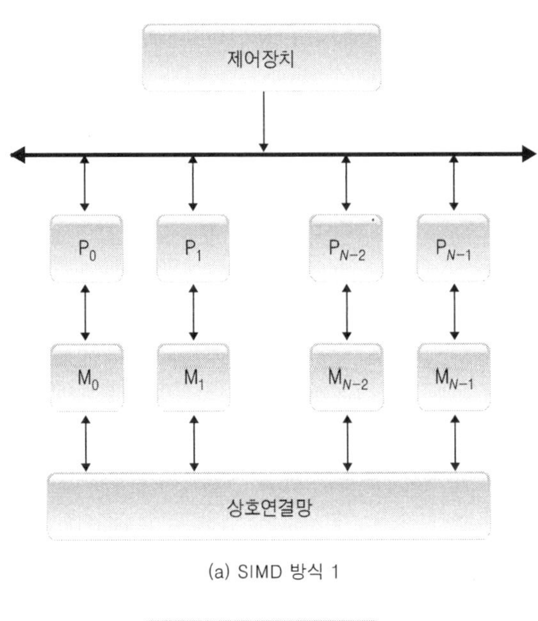

(a) SIMD 방식 1

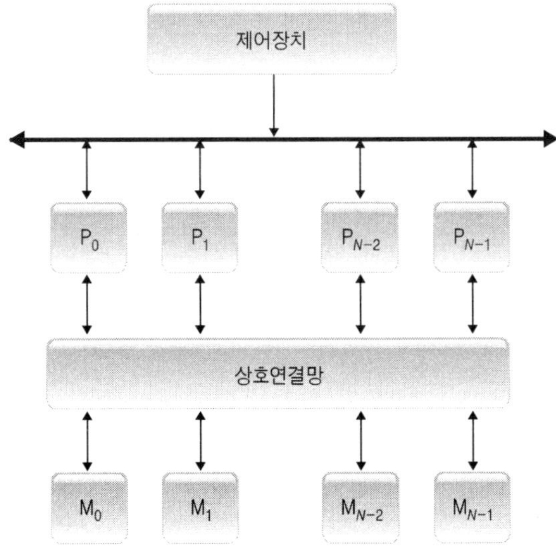

(b) SIMD 방식 2

◀ 그림 11-3 ▶ SIMD 방식

배열 연산 처리에 있어서 SIMD가 효과적임을 보이기 위해서 두 개의 일차원 배열 A와 B에 있는 원소들끼리 더해서 세 번째 배열 C에 저장하는 동작을 예로 들어 보자. 모든 배열에는 N개의 원소가 있고 SIMD 기법 1이 사용된다고 가정하자. M_0에는 A(0), B(0), C(0)가 있고, M_1에는 A(1), B(1), C(1), ..., M_{N-1}에는 A($N-1$), B($N-1$), C($N-1$)이 있는 것처럼 각 배열의 원소가 잘 배분되어 있다면, N개의 덧셈이 한 번에 이뤄질 수 있다. 이 경우에는 모든 프로세서가 $C \leftarrow A + B$ 형태의 덧셈 명령을 동시에 실행한다. 모든 프로세서가 이 단일 연산을 수행하고 나면 결과 배열 C는 메모리 모듈 간에 M_0에 C(0)가 저장되고, M_1에 C(1)이 저장되는 식으로 저장될 것이다.

SIMD 기계를 (N, C, I M, F)의 5 튜플로 나타낼 수 있다. 각 인자의 의미는 다음과 같다.

1. N: 프로세싱 요소의 개수($N = 2^k$, $k \geq 1$)
2. C: 제어장치에서 사용하는 제어 명령어 집합. 예: do, for, step
3. I: 활성 프로세싱 장치에서 실행되는 명령어의 집합
4. M: 활성화된 프로세싱 요소의 집합
5. F: 프로세싱 요소 간에 통신 링크를 결정하는 상호연결망의 기능 집합

11.4 MIMD

MIMD 기계는 자신의 고유한 메모리를 가지며, 주어진 작업을 실행하기 위해서 협력적으로 일하는 프로세서들의 모임을 이용한다. 일반적으로 MIMD 시스템은 메모리 구조가 공유 메모리인지 메시지 전송 구조인지에 기반을 두어 구별된다. 두 방식 중의 선택은 통신 비용과 부하의 불균형 정도에 관계된다.

(1) 공유 메모리 구조

분산 공유 메모리 시스템에 대한 관심이 높아지고 있다. 그 이유는 공유 메모리가 프로세서 간 상호작용을 위한 매력적인 개념을 제공하기 때문이다. 공유 메모리 모델에서

프로세서는 공유 메모리에서 읽고 쓰기를 하며 모든 프로세서가 동일하게 접근할 수 있다. 모든 프로세서는 레지스터, 버퍼, 캐시, 그리고 추가적인 메모리 자원으로 지역 메모리도 가질 수 있다.

공유 메모리 시스템 설계에는 고려해야 할 기본적인 사항이 많다. 접근 제어, 동기화, 보호, 안전성 등이 이에 해당한다. 접근 제어는 어떤 프로세스가 어느 자원에 접근이 가능한지를 결정한다. 접근 제어 모델은 프로세서가 공유 메모리에 접근하려는 모든 요청을 접근 제어표를 기준으로 하여 검사한다. 접근 제어표는 모든 접근 시도가 적법한지를 결정한다. 자원에 대한 접근 시도가 있을 경우에 원하는 접근이 종료될 때까지 모든 비인가된 접근 시도와 불법적인 프로세스는 금지된다. 공유 프로세스로부터의 요청은 실행 중에 접근 제어표의 내용을 바꿀 수도 있다. 접근 제어 플래그와 동기화 규칙은 시스템의 기능을 결정한다. 동기화는 공유 프로세스가 공유 자원을 접근하는 시간을 제약하는 요소가 된다. 적절한 동기화는 정보가 올바르게 흘러서 시스템이 올바로 동작하게 만든다. 보호는 프로세스가 다른 프로세스에 속하는 자원에 임의적으로 접근하는 것을 막는다. 공유와 보호는 양립할 수 없다. 공유는 접근을 허용하고 보호는 접근을 막는다.

2개의 프로그램 복사본을 2개의 프로세서에서 실행하는 것은 단일 프로세서보다 성능을 떨어뜨린다. 공유 메모리에 대한 충돌 때문이다. 동시에 실행되는 복사본이 3개 4개, 혹은 그 이상이 될수록 성능 저하는 심해진다.

공유 메모리 컴퓨터 시스템은 독립적인 프로세서의 집합, 메모리 모듈의 집합, 상호 연결망으로 구성된다. 가장 간단한 공유 메모리 시스템은 하나의 메모리 모듈(M)과 두 개의 프로세서 P_a와 P_b로 구성된다. 그림 11-4에 간단한 공유 메모리 시스템이 있다. 요청이 포트를 통해서 메모리 모듈에 전달된다. 메모리 모듈에 있는 중재장치가 요구를 메모리 제어기로 전달한다. 메모리 모듈이 바쁘지 않을 때 한 개의 요청이 도착하면 중재기는 요청을 메모리 제어기로 전달하고, 그 요청이 처리된다. 요청이 처리되고 있는 중에는 busy 상태가 된다. 메모리가 busy인 동안에 새로운 요구가 도착하면 메모리 모듈은 메모리 제어기를 통해서 wait 신호를 요청한 프로세서에게 보낸다. 그러면 요청한 프로세서는 메모리가 free가 될 때까지 요구를 중단하거나 나중에 다시 요구를 내보낸다. 만일 중재기가 두 개의 요청을 받으면, 하나를 선택해서 메모리 제어기로 전달한다. 거부당한 요청은 요구를 중단하고 있든지 나중에 다시 요구를 내보낸다.

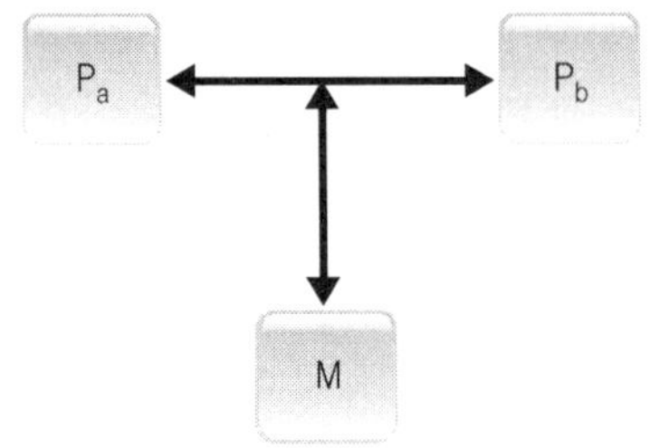

《 그림 11-4 》 간단한 공유 메모리 시스템

2개의 프로세서가 메모리 모듈을 사용하는 데는 중재기가 적합하지 않을 수도 있다. 두 개의 프로세서 간에 상호작용의 순서를 정하는 것이 더 큰 문제다. 2개의 프로세서 P_a와 P_b가 동일한 메모리 위치 M(1000)에 접근하는 두 가지 시나리오를 생각해 보자. 그림 11-5에 순서가 나타나 있다. 메모리 M(1000)은 초기값이 150이라고 가정한다. 두 경우에 각 프로세서에서 실행되는 명령어의 순서는 같다. 차이는 2개의 프로세서가 M(1000)의 값을 갱신하는 상대적인 시간이 다르다는 것이다. 첫 번째 시나리오에서는 M(1000)의 최종값이 151이 되고, 두 번째 시나리오에서는 152가 된다.

시나리오 1

사이클	프로세서 P_a	프로세서 P_b
1	a ← M(1000);	
2		b ← M(1000);
3	a ← a + 1;	
4		b ← b + 1;
5	M(1000) ← a;	
6		M(1000) ← b;

시나리오 2

사이클	프로세서 P_a	프로세서 P_b
1	a←M(1000);	
2	a ← a + 1;	
3	M(1000) ← a;	
4		b ← M(1000);
5		b ← b + 1;
6		M(1000) ← b;

《 그림 11-5 》 공유 메모리 문제

위의 예는 간단한 공유 메모리 시스템의 비기능적인 동작을 잘 나타낸다. 이런 예를 통해서 이런 시스템이 성공적이기 위한 전제 조건을 알 수 있다.

1. 경쟁하는 프로세서 간의 충돌 해결 방식
2. 순서 제한을 규정하는 기법
3. 순서 사양을 강제하는 기법

공유 메모리 멀티프로세서 시스템은 상호연결망 종류에 따라서 다음과 같은 시스템이 된다.

1. UMA(uniform memory access) 공유 메모리 구조
2. COMA(cache only memory architecture)
3. NUMA(nonuniform memory access)인 분산 공유 메모리 구조

그림 11-6은 세 가지 공유 메모리 구조의 전형적인 구조를 보여준다. UMA 시스템에서 단일 프로세서가 메모리에 접근하듯이 모든 프로세서가 상호연결망을 통해서 공유 메모리에 접근한다. 따라서 모든 프로세서는 모든 메모리 위치에 대해서 동일한 접근 시간을 갖는다. UMA에서 사용하는 상호연결망은 단일버스, 다중버스, 크로스바, 다중포트 메모리 등이 가능하다.

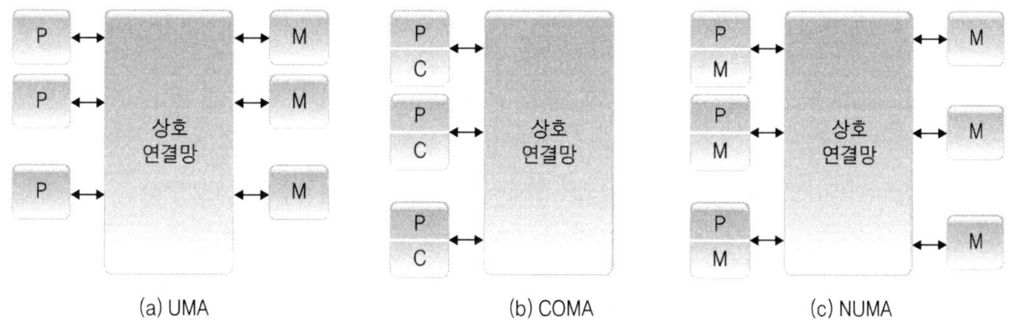

《 그림 11-6 》 공유 메모리 구조의 예

NUMA 시스템에서는 모든 프로세서가 공유 메모리의 일부를 갖고 있다. 메모리는 단일 주소 공간을 갖기 때문에 모든 프로세서는 실 주소를 이용해서 모든 메모리 위치에 직접 접근한다. 그러나 접근 시간은 모듈과 프로세서의 거리에 따라 다르다. NUMA 방식으로 프로세서와 메모리를 연결할 수 있는 구조로는 트리, 계층버스 등이 있다.

NUMA와 유사하게 COMA에서도 모든 프로세서가 공유 메모리의 일부를 갖고 있다. 하지만 이 경우에는 공유 메모리가 캐시 메모리로만 구성된다. COMA 시스템에서는 프로세서가 데이터를 요구하면 그 데이터가 이동된다.

(2) 메시지 전송 구조

메시지 전송은 여러 프로세서가 통신하고 데이터를 교환하는 또 다른 방식이다. 프로세서 간에 메시지를 전송하기 위해서 전역 메모리가 아닌 지역 메모리가 사용된다. 메시지는 프로세서 사이에 직접 경로를 통해서 전송되는 연관된 정보의 블록으로 정의된다. 메시지 전송을 위한 많은 모델이 있다. 메시지 전송 시스템의 예로는 코스믹 큐브, 워크스테이션 클러스터, 트랜스퓨터 등이 있다.

트랜스퓨터 시스템 T212는 1983년에 발표된 최초의 메시지 전송 멀티프로세서다. 1985년에는 T414가 발표됐고 VLSI 트랜스퓨터는 1986년에 발표됐다. 후속으로는 T800과 T9000이 있다. 코스믹 큐브 메시지 전송 멀티프로세서는 1981~1985년에 칼텍에서 설계됐다. 최초의 하이퍼큐브 멀티프로세서 시스템이었다. 메시지 전송으로 웜홀 라우팅 방식이 1987년에 발표됐다. 기존의 저장-전달 라우팅에 비해서 버퍼의 크기를 줄이고 메시지 지연 시간도 단축시켰다. 웜홀 라우팅에서 패킷은 플릿(flit)이라는 더 작은 단위로 나뉘고 플릿은 파이프라인 방식으로 이동한다. 헤더 플릿이 목적지 노드를 찾아간다. 네트워크 혼잡으로 헤더 플릿이 멈춰 서면 나머지 플릿들도 멈춰 선다. 전체 시스템을 느리게 만드는 큰 전역 메모리가 없어도 되고, 비동기적인 것이 메시지 전송 기법의 유리한 점이다. 공유 메모리 멀티프로세서와 마찬가지로 응용 프로그램은 더 작은 부분으로 나뉘고, 각 부분은 프로세서에서 맡아서 동시적으로 실행한다.

메시지 전송 멀티프로세서의 간단한 예가 그림 11-7에 나타나 있다. 그림에서 볼 수 있듯이 프로세서는 지역 버스를 이용해서 지역 메모리와 통신하고 상호연결망을 이용해서 다른 프로세서와 통신한다. 한 프로세서에서 실행되는 프로세스들은 내부적인 채널을 이용해서 서로 메시지를 교환한다. 서로 다른 프로세서에서 실행되는 프로세스들은 메시지 교환을 위해서 외부 채널을 이용한다. 이 기법은 많은 수의 프로세서를 수용할 수 있는 유연성을 갖기 때문에 확장성이 좋다. 프로세스의 크기는 프로그래머에 의해서 결정되고 입자크기(granularity)로 표현된다.

$$\text{입자크기} = \frac{\text{계산 시간}}{\text{통신 시간}}$$

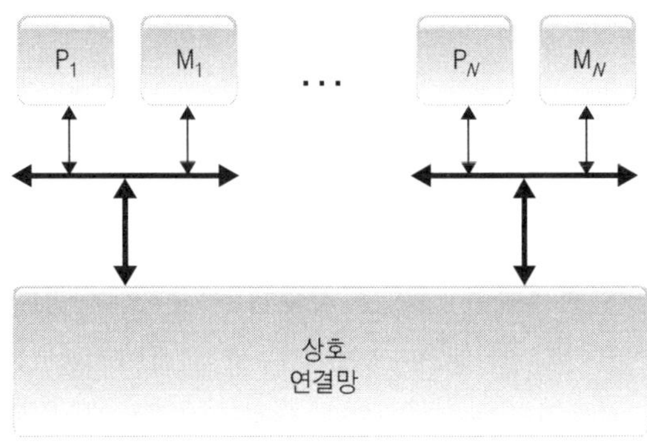

◀ 그림 11-7 ▶ 메시지 전송 멀티프로세서 구조

세 가지 종류의 입자크기를 생각할 수 있다.

1. 거친 입자크기: 모든 프로세스는 많은 수의 순차적인 명령어를 포함하고 있으며, 실행에 상당한 시간이 걸린다.
2. 중간 입자크기: 입자크기가 감소할수록 프로세스 통신 오버헤드는 커지기 때문에, 중간 입자크기는 각 노드의 통신 시간을 줄이는 방법이 된다.
3. 가는 입자크기: 모든 프로세스는 몇 개의 순차적인 명령어를 갖는다.

메시지 전송 멀티프로세서는 중간 입자크기나 거친 입자크기를 사용한다.

메시지 전송 멀티프로세서는 지역 통신을 위해서 정적인 네트워크를 사용한다. 하이퍼큐브 네트워크가 특히 주목을 받았다. 2차원과 3차원 메시 네트워크도 사용됐다. 메시지 전송 네트워크로 하이퍼큐브와 메시 네트워크가 좋은 두 가지 중요한 이유는 VLSI 구현이 쉽다는 것과 2차원과 3차원 응용 프로그램에 적합하다는 것이다.

이런 네트워크 설계에는 두 가지 중요한 설계요소를 고려해야 한다. 즉, 대역폭과 네트워크 지연 시간이다. 링크의 대역폭은 단위 시간당 전송할 수 있는 비트 수로 정의된다. 네트워크 지연 시간은 메시지 전송을 완료하는 데 걸리는 시간으로 정의된다. 예를 들면, 링크는 한 방향 혹은 양방향이고, 한 번에 한 비트 혹은 여러 비트를 전송할 수 있다. 네트워크 지연 시간을 추정하기 위해서는 경로 설정 시간을 결정해야 한다. 경로 설정 시간은 경로상의 노드 개수에 의존하고, 실제 전송 시간은 메시지의 크기에 의존한다.

한 소스에서 네트워크로 정보를 전달하는 방식은 두 가지가 있다.

1. 회로교환 네트워크: 이 방식에서는 각 노드에 버퍼가 필요하지 않다. 소스와 목적지 사이의 경로가 우선 결정된다. 경로상의 모든 링크는 예약된다. 정보가 전달된 후에는 예약된 링크가 해제되어 다른 메시지가 사용할 수 있게 된다. 회로교환 네트워크는 지연 시간이 가장 작다. 링크의 효율성이 떨어지는 것이 가장 큰 단점이다. 따라서 회로교환 네트워크는 많은 메시지를 전송할 때 사용된다.
2. 패킷교환 네트워크: 이 방식에서는 메시지가 노드 간에 전달되기 전에 패킷이라는 작은 부분으로 나뉜다. 모든 노드는 수신된 패킷을 전송하기 전에 이것을 담고 있을 만한 충분한 크기의 버퍼가 있어야 한다. 전송이 시작될 때는 소스에서 목적지 간에 완전한 경로가 설정되지 않았을 수도 있다. 링크가 사용 가능해지면 패킷이 노드에서 노드로 이동되고 결국에는 목적지 노드에 도착한다. 이 기법은 저장-전달 패킷교환 기법이라고도 한다.

저장-전달 패킷교환 네트워크는 전송 시작 시에 완전한 경로가 필요 없지만 이것이 전체적인 네트워크 지연 시간을 증가시킨다. 패킷이 노드에 있는 버퍼에 저장되고 나가는 링크가 사용 가능해지기를 기다리기 때문이다. 필요한 버퍼의 크기를 줄이고 네트워크 지연시간을 줄이기 위해서 웜홀 라우팅이 제안됐다.

11.5 상호연결망

상호연결망을 분류하는 기준이 많이 있다. 이런 기준들은 다음과 같다.

(1) 동작 모드

동작 모드에 따라서 동기적인지 비동기적인지 구별된다. 동기 모드에서는 단일한 전역 클록이 사용되고 전체 시스템이 구령에 맞춰서 동작한다. 비동기 동작 모드에서는 전역 클록이 없으며, 시스템 간의 동작을 조정하기 위해서 핸드셰이킹 신호를 사용한다. 동기 시스템이 비동기 시스템보다 더 느리기는 하지만 레이스나 해저드가 없다.

(2) 제어 전략

제어 전략에 따라서 중앙집중적인지 분산적인지 구별된다. 중앙집중 제어 시스템에서는 하나의 중앙 제어장치가 모든 시스템 부품의 동작을 관장하며 제어한다. 분산 제어에서는 제어 기능이 여러 다른 부품에 분산된다. 중앙집중 시스템에서는 중앙 제어장치의 기능과 신뢰성이 병목이 된다. 크로스바는 중앙집중 시스템이고 다단계 상호연결망은 분산 시스템이다.

(3) 스위칭 기법

상호연결망은 교환 기법에 따라 회로교환인지 패킷교환인지 구별된다. 회로교환 기법에서는 통신이 시작하기 이전에 소스와 목적지 사이에 완전한 경로가 설정된다. 설정된 경로는 전체 통신 기간 동안에 그대로 유지된다. 패킷교환 기법에서는 소스와 목적지 사이의 통신이 패킷이라는 작은 메시지에 의해서 이뤄진다. 목적지로 가는 동안에 패킷은 저장-전달 방식을 이용해서 노드에서 노드로 전달된다. 패킷교환이 네트워크 자원을 더 효율적으로 사용하지만 패킷 지연 시간이 일정하지 않다.

(4) 토폴로지

토폴로지에 따라서 상호연결망은 정적인지 동적인지 구별된다. 동적 네트워크에서는 입력과 출력 간의 연결에 스위칭 요소를 이용한다. 스위치 설정에 따라서 다른 연결이 가능하다. 정적 네트워크는 노드 간에 고정된 경로가 존재하고 스위칭 요소를 사용하지 않는다.

상호연결망을 구분하는 일반적인 기준을 배웠으므로 토폴로지에 따라 상호연결망을 분류해 본다. 그림 11-8은 이 분류를 보여준다.

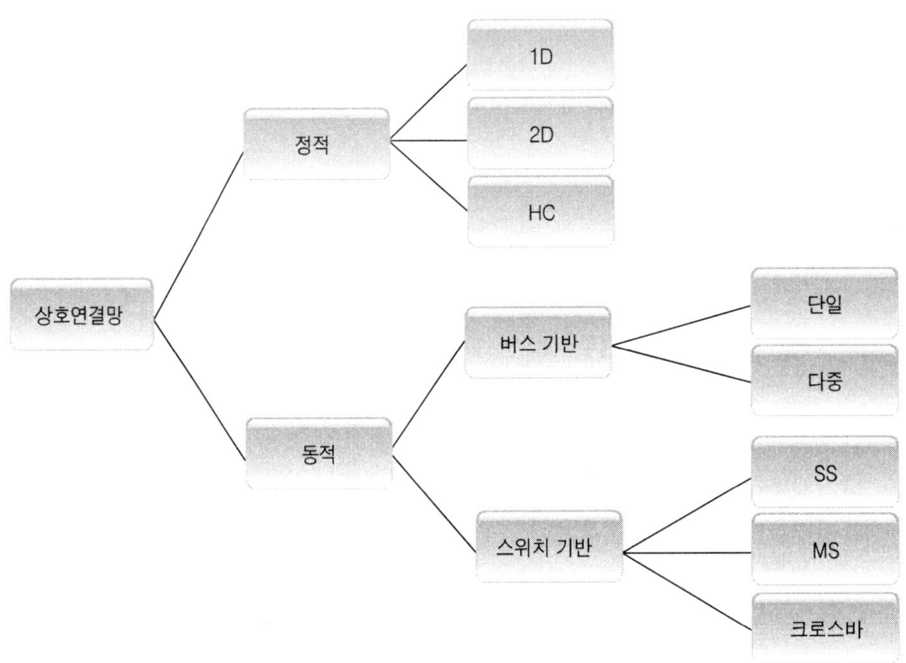

【그림 11-8】 토폴로지에 의한 상호연결망 분류

이 분류에서는 상호연결망이 정적 혹은 동적으로 구별된다. 정적 네트워크는 연결 패턴에 따라서 1차원, 2차원 혹은 하이퍼큐브로 더 세분화된다. 동적 네트워크는 연결하는 기법에 따라서 버스 기반과 스위치 기반으로 세분화된다. 버스 기반 상호연결망은 단일 버스 혹은 다중버스로 구별된다. 스위치 기반 동적 네트워크는 상호연결망의 구조에 따라서 단일단계(SS), 다중단계(MS) 혹은 크로스바 네트워크로 세분화된다.

11.6 분석과 성능 지표

멀티프로세서의 성능에 관해서 살펴보자. 멀티프로세서를 이용하면 단일 프로세서보다 주어진 문제를 얼마나 더 빠르게 풀 수 있는가? 이 질문은 속도향상으로 공식화된다.

$$\begin{aligned} S(n) &= \text{속도향상} \\ &= n\text{개의 프로세서로 이뤄진 멀티프로세서 시스템을 이용해서 얻는 속도의 이득} \\ &= \frac{\text{단일 프로세서 사용 시 실행 시간}}{n\text{개의 프로세서 사용 시 실행 시간}} \end{aligned}$$

또 얼마나 효율적으로 n개의 프로세서가 사용됐는가에도 관심이 있다. 효율은 다음과 같이 공식화된다.

$$E(n) = \text{효율} = \frac{S(n)}{n} \times 100\%$$

멀티프로세서를 이용해서 작업을 수행할 때, 작업이 n개의 같은 크기의 작은 작업으로 나뉘어 각 프로세서에서 실행된다고 가정한다. 따라서 효율 $E(n)$ = 100%이면 속도향상 $S(n) = n$이 된다. 하지만 작업이 n개의 작은 작업으로 나뉘고, 각기 프로세서에 의해서 실행된다는 가정은 현실적이지 않다.

연습문제 exercise

1. UMA, NUMA, COMA를 설명하라.
2. Flynn의 네 가지 분류법을 설명하라.
3. 멀티프로세서를 연결하기 위한 상호연결망 구조를 나열하라.
4. 병렬처리가 이득이 되기 위해서는 어떤 조건이 선결돼야 하는가?
5. 파이프라이닝과 슈퍼스칼라 기법은 Flynn의 네 가지 분류 중에서 어디에 적용할 수 있는가?
6. MIMD를 프로세서의 상호작용 정도에 따라서 두 가지로 더욱 세분할 수 있다. 이를 설명하라.
7. Kuck 분류와 Flynn 분류의 차이점은 무엇인가?
8. Hwang과 Briggs 분류의 특징을 설명하라.
9. 상호연결망을 스위칭 기법에 따라 두 가지로 구분할 수 있다. 이를 설명하라.
10. 상호연결망의 토폴로지에서 정적 네트워크와 동적 네트워크로 구분할 수 있다. 이들의 차이점은 무엇인가?
11. 멀티프로세서 시스템의 성능향상 매개변수의 값을 얻는 공식은 무엇인가?
12. 멀티프로세서의 성능 매개변수 중에서 효율을 나타내는 공식은 무엇인가?
13. SIMD와 MIMD의 장단점을 설명하라.
14. 공유 메모리와 메시지 전송 방식의 장단점을 설명하라.

찾아보기

ㄱ

ㄴ

ㄷ

ㄹ

ㅁ

ㅂ

ㅅ

ㅇ

ㅈ

저자소개

최 종 필 jpchoi@kpu.ac.kr
한국산업기술대학교
컴퓨터공학과 교수

최 신 구 jkchey@kpu.ac.kr
한국산업기술대학교
컴퓨터공학과 교수

개념과 **원리** 중심의

컴퓨터 구조

1쇄 발행 2008년 8월 29일

지은이 최종필, 최진구
발행인 최규학

마케팅 최복락
본문디자인 조찬영
표지디자인 Arowa & Arowana

발행처 도서출판 ITC
등록번호 제8-399호
등록일자 2003년 4월 15일

주소 경기도 파주시 교하읍 문발리 파주출판단지 535-7
세종출판벤처타운 307호
전화 031-955-4353(대표)
팩스 031-955-4355
이메일 itc@itcpub.co.kr

인쇄 예림인쇄 용지 태경지업사 제본 문종제책사

ISBN-10 : 89-90758-85-8
ISBN-13 : 978-89-90758-85-9 93560

값 18,000원

www.itcpub.co.kr